编委会

普通高等学校"十四五"规划旅游管理类精品教材
教育部旅游管理专业本科综合改革试点项目配套规划教材

总主编

马 勇　教育部高等学校旅游管理类专业教学指导委员会副主任
　　　　中国旅游协会教育分会副会长
　　　　中组部国家"万人计划"教学名师
　　　　湖北大学旅游发展研究院院长，教授、博士生导师

编 委（排名不分先后）

田 里　教育部高等学校旅游管理类专业教学指导委员会主任
　　　　云南大学工商管理与旅游管理学院原院长，教授、博士生导师
高 峻　教育部高等学校旅游管理类专业教学指导委员会副主任
　　　　上海师范大学环境与地理学院院长，教授、博士生导师
韩玉灵　北京第二外国语学院旅游管理学院教授
罗兹柏　中国旅游未来研究会副会长，重庆旅游发展研究中心主任，教授
郑耀星　中国旅游协会理事，福建师范大学旅游学院教授、博士生导师
董观志　暨南大学旅游规划设计研究院副院长，教授、博士生导师
薛兵旺　武汉商学院旅游与酒店管理学院院长，教授
姜 红　上海商学院酒店管理学院院长，教授
舒伯阳　中南财经政法大学工商管理学院教授、博士生导师
朱运海　湖北文理学院资源环境与旅游学院副院长
罗伊玲　昆明学院旅游学院副教授
杨振之　四川大学中国休闲与旅游研究中心主任，四川大学旅游学院教授、博士生导师
黄安民　华侨大学城市建设与经济发展研究院常务副院长，教授
张胜男　首都师范大学资源环境与旅游学院教授
魏 卫　华南理工大学旅游管理系教授、博士生导师
毕斗斗　华南理工大学旅游管理系副教授
蒋 昕　湖北经济学院旅游与酒店管理学院副院长，副教授
窦志萍　昆明学院旅游学院教授，《旅游研究》杂志主编
李 玺　澳门城市大学国际旅游与管理学院执行副院长，教授、博士生导师
王春雷　上海对外经贸大学会展与传播学院院长，教授
朱 伟　天津农学院人文学院副院长，副教授
邓爱民　中南财经政法大学旅游发展研究院院长，教授、博士生导师
程丛喜　武汉轻工大学旅游管理系主任，教授
周 霄　武汉轻工大学旅研究中心主任，副教授
黄其新　江汉大学商学院副院长，副教授
何 彪　海南大学旅游学院副院长，教授

普通高等学校"十四五"规划旅游管理类精品教材
教育部旅游管理专业本科综合改革试点项目配套规划教材

总主编 ◎ 马 勇

会展策划与管理
MICE Planning and Management

许传宏 ◎ 编著

华中科技大学出版社
http://press.hust.edu.cn
中国·武汉

内 容 提 要

本书具有系统性、应用性和创新性等特点,既能站在全球会展业发展的前沿,引入"会展策划与管理"领域研究的最新成果,又能注重指导应用,将理论与实践融为一体,通过"相关链接""案例阅读"等多种形式深入解读会展策划与管理的原理、流程、方法与实战。全书共分十章,包括会展立项、宣传、现场活动以及会议、展览、节事、演艺、赛事项目、后续事项等的策划与管理。本书不仅可作为高等院校会展、旅游以及酒店管理等专业的教材使用,同时,对于会展从业人员、会展职业培训人员、会展理论研究者等都具有一定的实用性和参考价值。

图书在版编目(CIP)数据

会展策划与管理/许传宏编著. —武汉:华中科技大学出版社,2019.10(2023.8重印)
教育部旅游管理专业本科综合改革试点项目配套规划教材
ISBN 978-7-5680-5698-4

Ⅰ.①会… Ⅱ.①许… Ⅲ.①展览会-策划-高等学校-教材 ②展览会-管理-高等学校-教材 Ⅳ.①G245

中国版本图书馆 CIP 数据核字(2019)第 198384 号

会展策划与管理 许传宏 编著
Huizhan Cehua Yu Guanli

策划编辑:胡弘扬
责任编辑:倪 梦
封面设计:原色设计
责任校对:曾 婷
责任监印:周治超

出版发行:华中科技大学出版社(中国·武汉)　　电话:(027)81321913
　　　　　武汉市东湖新技术开发区华工科技园　　邮编:430223
录　　排:华中科技大学惠友文印中心
印　　刷:武汉开心印印刷有限公司
开　　本:787mm×1092mm　1/16
印　　张:16.75　插页:2
字　　数:409 千字
版　　次:2023 年 8 月第 1 版第 4 次印刷
定　　价:49.80 元

本书若有印装质量问题,请向出版社营销中心调换
全国免费服务热线:400-6679-118　竭诚为您服务
版权所有　侵权必究

总 序

  旅游业在现代服务业大发展的机遇背景下，对全球经济贡献巨大，成为世界经济发展的亮点。国务院已明确提出，将旅游产业确立为国民经济战略性的支柱产业和人民群众满意的现代服务业。由此可见，旅游产业已发展成为拉动经济的重要引擎。中国的旅游产业未来的发展受到国家高度重视，旅游产业强劲的发展势头、巨大的产业带动性必将会对中国经济的转型升级和可持续发展产生良好的推动作用。伴随着中国旅游产业发展规模的不断扩大，未来旅游产业发展对各类中高级旅游人才的需求将十分旺盛，这也将有力地推动中国高等旅游教育的发展步入快车道，以更好地适应旅游产业快速发展对人才需求的大趋势。

  教育部2012年颁布的《普通高等学校本科专业目录(2012年)》中，将旅游管理专业上升为与工商管理学科平行的一级大类专业，同时下辖旅游管理、酒店管理和会展经济与管理三个二级专业。这意味着，新的专业目录调整为全国高校旅游管理学科与专业的发展提供了良好的发展平台与契机，更为培养21世纪旅游行业优秀旅游人才奠定了良好的发展基础。正是在这种旅游经济繁荣发展和对旅游人才需求急剧增长的背景下，积极把握改革转型发展机遇，整合旅游教育资源，为我国旅游业的发展提供强有力的人才保证和智力支持，让旅游教育发展进入更加系统、全方位发展阶段，出版高品质和高水准的"全国普通高等院校旅游管理专业类'十三五'规划教材"则成为旅游教育发展的迫切需要。

  基于此，在教育部高等学校旅游管理类专业教学指导委员会的大力支持和指导下，华中科技大学出版社汇聚了国内一大批高水平的旅游院校国家教学名师、资深教授及中青年旅游学科带头人，对"十三五"规划教材做出积极探索，率先组织编撰出版"全国普通高等院校旅游管理专业类'十三五'规划教材"。该套教材着重于优化专业设置和课程体系，致力于提升旅游人才的培养规格和育人质量，并纳入教育部旅游管理本科综合改革项目配套规划教材的编写和出版，以更好地适应教育部新一轮学科专业目录调整后旅游管理大类高等教育发展和学科专业建设的需要。该套教材特邀教育部高等学校旅游管理类专业教学指导委员会副主任、中国旅游协会教育分会副会长、中组部国家"万人计划"教学名师、湖北大学旅游发展研究院院长马勇教授担任总主编。同时邀请了全国近百所开设旅游管理本科专业的高等学校知名教授、学科带头人和一线骨干专业教师，以及旅游行业专家、海外专业师资等加盟编撰。

  该套教材从选题策划到成稿出版，从编写团队到出版团队，从内容组建到内容创新，均展现出极大的创新和突破。选题方面，首批主要编写旅游管理专业类核心课程教材、旅游管

理专业类特色课程教材,产品设计形式灵活,融合互联网高新技术,以多元化、更具趣味性的形式引导学生学习,同时辅以形式多样、内容丰富且极具特色的图片案例、视频案例,为配套数字出版提供技术支持。编写团队均是旅游学界具有代表性的权威学者,出版团队为华中科技大学出版社专门建立的旅游项目精英团队。在编写内容上,结合大数据时代背景,不断更新旅游理论知识,以知识导读、知识链接和知识活页等板块为读者提供全新的阅读体验。

在旅游教育发展改革的新形势、新背景下,旅游本科教材需要匹配旅游本科教育需求。因此,编写一套高质量的旅游教材是一项重要的工程,更是承担着一项重要的责任。我们需要旅游专家学者、旅游企业领袖和出版社的共同支持与合作。在本套教材的组织策划及编写出版过程中,得到了旅游业内专家学者和业界精英的大力支持,在此一并致谢! 希望这套教材能够为旅游学界、业界和各位对旅游知识充满渴望的学子们带来真正的养分,为中国旅游教育教材建设贡献力量。

丛书编委会

2015 年 7 月

前言

2019年，第六届"国际会展业CEO上海峰会"在朱家角召开。峰会以"传承与变革：中国会展业的未来十年"为主题，讨论了"市场""政府""企业"等话题。国际会展业的领袖们思考更多的是会展业的未来——策划高端化、展演媒体化、对象个性化、市场全球化、服务精细化和运行智能化。显然，这对于如何编写一部既有理论性又有应用性、既体现系统性又能站在全球会展业前沿的《会展策划与管理》教材具有指导意义。

不难发现，近年来，"五位一体""全球治理""绿色生态""可持续发展""人类命运共同体"等逐渐成为热词。面对新形势、新机遇、新挑战，作为专业核心课程的"会展策划与管理"也理应在传承中创新，在创新中发展。

本书在编写过程中，紧紧围绕"传承""创新""发展"这几个关键词，深入探讨了"会展策划与管理"的课程原理和内容体系。其中，第一章"会展策划与管理概述"是全书的总起，从第二章到第四章分别对会展策划与管理中的"立项""宣传""现场活动"等进行阐述，从第五章到第九章，分别就现代会展的五大领域——"会议""展览""节事""演艺""赛事"的策划与管理问题展开阐述与分析，最后，第十章"会展后续事项管理"为全书的总收，阐述了会展活动的后续事宜。

全书在构筑"会展策划与管理"课程内容体系的同时，通过"相关链接""案例阅读"等形式精选了近50个生动鲜活的案例穿插其中，通过了解这些案例，读者不仅能更好地理解书中的理论、流程和策划管理原理，还可以通过学习借鉴并增强会展策划与管理的操作技能，丰富自己的实战经验。

作为高等院校会展、旅游以及酒店管理等专业的教材，本书也适用于会展从业人员、会展理论研究者以及会展策划与管理的爱好者等阅读参考。

华中科技大学出版社的胡弘扬编辑为此书的出版付出了辛勤的劳动，在此表示深深的感谢！

在我国，会展业正从"大"向"强"迈进。不过，就会展策划与管理的理论研究来说仍显得薄弱，本书也不例外，书中一定还存在诸多的不足之处。敬请各界读者朋友不吝赐教。

谨以此书敬献给中华人民共和国建国70周年。

许传宏

2019年6月

目 录

1　第一章　会展策划与管理概述
　　第一节　会展策划的含义、原则与方法　　　　　　　　　　/2
　　第二节　会展管理的概念、原理与类别　　　　　　　　　　/12
　　第三节　会展策划与管理的关系、应用　　　　　　　　　　/31

48　第二章　会展立项策划与管理
　　第一节　会展立项的市场调查　　　　　　　　　　　　　　/49
　　第二节　会展项目的可行性分析与报批　　　　　　　　　　/57
　　第三节　会展项目策划与管理的要点　　　　　　　　　　　/66

81　第三章　会展宣传策划与管理
　　第一节　会展宣传推广的概念、类型　　　　　　　　　　　/82
　　第二节　会展宣传推广策划的内容　　　　　　　　　　　　/85
　　第三节　会展宣传推广的手段与管理　　　　　　　　　　　/88

99　第四章　会展现场活动策划与管理
　　第一节　会展现场活动管理的内容　　　　　　　　　　　　/100
　　第二节　会展活动开幕的策划管理　　　　　　　　　　　　/106
　　第三节　会展现场管理工作与实施　　　　　　　　　　　　/110

123　第五章　会议项目策划与管理
　　第一节　会议的内涵、要素与类别　　　　　　　　　　　　/124
　　第二节　会议项目策划的基本任务　　　　　　　　　　　　/131
　　第三节　会议项目的实施与管理　　　　　　　　　　　　　/135

第六章　展览项目策划与管理 ……144

第一节　展览项目策划概述 /145
第二节　招展招商的策划管理 /151
第三节　展览会的品牌管理 /161

第七章　节事项目策划与管理 ……168

第一节　节事项目策划概述 /169
第二节　节事活动策划的内容 /173
第三节　节事活动的组织管理 /179

第八章　演艺项目策划与管理 ……190

第一节　演艺项目策划概述 /191
第二节　演艺项目策划的主要内容 /194
第三节　演艺项目的管理要点 /199

第九章　赛事项目策划与管理 ……206

第一节　赛事项目概述 /207
第二节　赛事项目的策划 /211
第三节　赛事项目组织与管理 /220

第十章　会展后续事项管理 ……237

第一节　会展后续事项管理概述 /238
第二节　会展客户关系管理 /241
第三节　会展评估与总结管理 /248

参考文献 ……259

第一章

会展策划与管理概述

引言

从先秦纵横家们的政治、军事、外交等的韬略,到现代经济、管理等的实际运用,策划与管理逐渐衍生为专门的学问,越来越受到人们的重视。

本章是全书的开篇,你一定期待了解什么是会展策划?会展是怎样进行管理的?会展策划与管理之间有何关系?对于会展策划与管理我们需要掌握哪些理论?它们又如何来指导我们的会展实践?这一系列的问题,正是本章所需要一一回答的。

本章主要介绍会展策划的含义、原则与方法,会展管理的概念、原理与类别以及会展策划与管理的关系、应用等。

通过学习能对现代会展策划与管理的内容和基本要求有一个较全面的认识与了解。

会展活动尤其是大型的博览活动、节事活动等可以说是复杂而系统的工程,成功而卓有成效的策划与管理往往起着至关重要的作用。

本章我们将从会展策划的基本概念开始,探讨会展策划与管理的相关问题。

作为全书的概述,本章是从宏观、总体上对会展策划与管理作概括性的阐述,具有综合性。本章所提出的会展策划与管理特点、原则与方法等对后面各章也具有统领作用,需要重点掌握。

建议本章用4课时教学。

在学习过程中,可以参考《中国策划教程》《会展全程策划宝典》《管理学》《会展管理》等著作进行深入学习。

学习要点

1. 会展策划的概念
2. 会展策划的基本原则
3. 会展策划的方法
4. 会展管理的概念
5. 会展管理的类别
6. 会展策划与管理的关系
7. 会展策划与管理的应用

第一节 会展策划的含义、原则与方法

一、会展策划的含义

(一)会展的概念

关于"会展"这一概念,学界有各种理解。

在我国,《辞海》中关于"展览会"的词条是这样说的:

"用固定或巡回的方式,公开展出工农业产品、手工业制品、艺术作品、图书、图片,以及各种重要实物、标本、模型等,供群众参观、欣赏的一种临时性组织。"

这里,《辞海》将"展览会"说成是"一种临时性的组织"。对于这一概念,在一般的界定中,除了"展览会"之外,还有"博览会""展销会""展示会""交易会"等多种表述法。

美国著名的会展理论家桑德拉·L·莫罗在《会展管理实务:会展艺术》一书中是这样来解释会展的:

会展是在专门修建的场所里进行,一般由政府部门组织或是企业团体在政府帮助下组织,其目的是商贸促销。制造商应邀而来展示商品。和展览相同,会展将对象锁定为来自当地、外地乃至国际市场上的贸易商、零售商和批发商。会展上,通常不进行直接的商品买卖,商品参展的目的是为了促进将来的销售。

可以看出,桑德拉·L·莫罗所解释的"会展"主要指展览或展览会。

而在欧洲,会展往往被称为 C&E(Convention and Exhibition)或者 M&E(Meeting and Exhibition),其内容主要包括会议和展览。我们说这也是一种狭义的会展概念,是从比较纯粹和专业的视角来界定会展的。

很显然,这一概念要比桑德拉·L·莫罗所解释的会展在内容上有所增加,它将"会议"与"展览"一并列入了会展的领域。

在描述会展这一概念时,美国著名的营销专家小伦纳德·霍伊尔在《会展与节事营销》一书中更是将会展的内涵拓展到各种会议、展览和特殊节事活动等。

一般认为,在美国,会展被称为 MICE(Meeting, Incentive, Convention, Event),它包括各种类型的专业会议、博览交易会、奖励旅游和事件活动,这可以说是一种广义的会展概念。

俞华、朱立文先生在《会展学原理》中将会展的外延范围也分为狭义和广义两种,指出狭义的会展仅指会议和展览,广义的会展包括展览会、会议和节庆活动等,范围非常广泛。而广义会展的定义从研究领域来说,它可以扩大会展工作的范围,有利于会展业的做大做强。

过聚荣先生在《会展导论》著作中指出:

会展就是会议、展览等集体性活动的简称,是指在一定地域空间,由多个人集聚在一起形成的,定期或不定期的物质、文化交流活动。广义地看,会展包括各种类型的大型会议,博览会,展览展销活动,体育竞技运动,集体性交易活动以及节日、纪念日庆典。

综合以上分析,我们认为:所谓"会",它和我们通常所说的开会、会议有所不同,它主要是指为了实现某种目的集中在一起,进行信息交流——既是会议主办方与参会者之间的信息交流,也是参会者之间的信息交流,又是会议的主办方、参会者、观众与展商之间的信息交流;所谓"展"是指产品或者物品等的陈列、展示或展陈。从"展览"或"展览会"的角度来说,它是会展活动的参与者通过物品或图片等丰富多彩的形式的展示,在某一特定的空间里集中向观众传达各种产品或事物信息,实行双向交流、多项交流,从而达到扩大影响、树立形象,实现交易、投资或者传授知识、教育观众的目的。

展览展示自身的特点使它常常与会议、各种"节事活动"结合在一起,所以现代意义上的"展会"或"会展"并不是孤立的"展""会"或"展览",而是将展览与会议,与各类贸易、旅游、艺术节、传统节庆等节事活动以及演艺、赛事活动相结合的活动。

这一方面是展览与会议、节事活动的内在联系使然,另一方面则反映了主办者对展会的重视,希望更隆重、更有效地举行。它大大地丰富了会展的内容,提高了展会的档次,增加了展会的吸引力。

综上所述,我们所说的会展是指会议、展览、节事、演艺、赛事等集体性活动的简称,它是在一定的地域空间,由多人集聚在一起而形成的,定期或不定期的集体性的物质、文化活动。简而言之,会展是指特定空间的集体性的物质文化交流交易活动。

因此,现代会展的外延很广,它包括各种类型的会议、展览展销活动、体育竞技活动、集中性商品交易活动、各种节事活动等。在现实中,如G20会议(大型会议)、中国华东进出口商品交易会(简称"华交会")、中国北京世界园艺博览会(博览会)、奥运会(体育运动会)、爱丁堡国际艺术节(节事)等都属于会展的范围。

(二)关于策划

我们首先来了解一下"策划"的概念。

在我国,从词源上来看,"策"同"册",它最早是指古代书写的一种文字载体,古代用竹片或木片记事著书,成编的叫作"策"。以后又发展为应考者参加科举考试的一种文体。

据查,早在春秋战国时期人们就已经开始使用策划一词的含义了。那时叫作"蓍策"或者"劃策"。在司马迁的《史记》中就多次使用"画策"一词。

在《现代汉语词典》中,"策划"一词的解释是"筹划""谋划"。我国人民勤劳智慧,在长期的生产劳动中,留下了许多有关谋略和策划的成语或格言,至今沿用(参见相关链接1-1)。

相关链接 1-1　汉语中广为流传的有关谋略和策划的成语或格言

道不同,不相为谋。
预则立,不预则废。
谋事在人,成事在天。
运智铺谋,渊谋远略。

> 运筹帷幄之中,决胜千里之外。
>
> 多算胜,少算不胜,而况于无算乎。
>
> 上兵伐谋,其次伐交,其次伐兵,其下攻城。
>
> 欲胜多败算,不失其望;欲赢先败予,不失其利。
>
> 不谋万世者,不足谋一时;不谋全局者,不足谋一域。

今天,"策划"进而演变为"计谋、策略"之意,譬如人们常说的"上策""下策""献计献策""束手无策"等都是这种用法。策划的"划",亦作"画",也是"计划、打算"之意。

由此可见,策划是指与计谋相关的一种行为过程和方法系统。

从英文词源来看,"策划"一词发源于战略谋划中的计划"strategy",这之后又逐渐演变为"strategy"和"plan"的结合,也有人将它翻译为"企划""战略计划",在内容上它与"策划"概念是相同的。

在西方,"策划"一词最早出现是在20世纪50年代中期,1955年爱德华·伯纳斯在《策划同意》一书中正式提出了"策划"的概念。之后,"策划"这一概念被广泛应用于西方社会的公共关系、广告等各种领域以及社会生活的各个层面。

在现代社会中,我们说,"策划"已成为一种具有方法论意义的思维方式和运作方式。也有人将策划分为广泛性策划、机能性策划、物质策划、政府策划、社会经济策划等诸多类型。本书将从社会经济策划的角度来探讨"策划"在会展经济与管理中的具体运用。

(三)会展策划

一般说来,会展策划包括策划的需求方、策划者、策划对象、策划依据、策划方案等要素。

1. 需求方

谁是会展策划的需求方?

从会展业的实际运行情况来看,会展活动的举办者是会展策划的主要需求方。在我国,各级政府、社会团体以及公司企业等都可以依法依规举办和组织展会活动,因而,它们都是会展策划的实际需求方。

2. 策划者

策划者实际上就是会展策划的提供者。它可以是会展活动主办方所组建的策划团队,也可以是主办方委托的专业机构。近年来,政府或民间组织通过一定的形式向社会力量购买一些会展主题策划方案也逐渐成为常态。

在整个会展活动中,会展策划者起着"智囊"的作用,策划者的见识直接影响着会展活动的质量水平。

3. 策划对象

策划对象是指会展策划所围绕的目标、范围、领域等方面的要求。我们说,策划的对象既可以是某个选题的整体会展活动,也可以是整体会展活动中的某一具体项目,如会展宣传项目、会展设计项目等。

4. 策划依据

策划依据是指在会展策划过程中，策划者所依托的项目市场条件、项目背景、项目资源以及策划的手段、手法等方面的情况。它既包括策划者的知识结构、信息储存以及有关策划对象的专业信息、经验等，也包括会展项目立项的主客观条件等。

5. 策划方案

策划方案是策划者为了实现策划目标，围绕策划对象而进行总体谋划、组织设计，而且富有创意的一整套的项目策略、方法和步骤。

好的策划方案是一个系统化的内在体系。它不仅要求具有项目实施的可行性，而且，在专业性、创新性以及效应的评价方面都有详细的要求。

在会展策划中，可以说策划方案是工作的重点也是难点，它在会展项目的后续开展中起着至关重要的作用。

我们说，会展策划诸要素之间互相影响、互相制约，从而构成一个完整的体系。因而也要求在进行会展策划时，策划者要特别强调整体性与系统性的观念。

综上所述，我们对会展策划可以有一个基本的认识——所谓会展策划，它是指在会展活动开始的最初阶段就要进行的工作。从完整性上来说，会展策划有时甚至要贯穿于整个会展活动的始终，它是一种优先的、提前的、指导性的会展筹划工作。

从定义上来看，比较流行的观点认为，会展策划是对会展活动进行管理和决策的基本程序，它是一种对会展活动进程以及会展活动的总体战略进行前瞻性的规划活动。

在会展活动的决策过程中，由于展会举办的主体不同、所针对的问题不同、展会项目的特点不同等，所以，会展项目决策的程序与要求也不尽相同。

一般来说，大型会展活动如以国家政府部门、贸促机构、工商会、集团公司等为主办者的会展活动，大多都会组织相应的部门或团队专门从事展会策划工作，并有固定的决策程序，会展策划的环节是相对规范合理的。

对于一般的展会项目而言，可能对策划的要求并没有那么高，策划的环节也会简单一些。连续参加或者连续举办的展会在决策过程中也可能没有那么复杂，这一方面体现展会举办者在政策和战略方面具有连续性，另一方面也反映出这些展会项目比较合适、有效果。对于这些项目，从整体与大局方面来说，展会举办者无需再做根本性的决策，只要在展会品牌的维护以及局部或细节上加以谋划调整即可。但对于初次举办的展会，其组织者应该充分进行市场调研，并且要进行全面的考虑，慎重选择。只有加强决策的科学性，才能避免行动的盲目性。

因而，我们说，会展策划人才必须具有全局性、前瞻性的专业理念，在经济全球化的背景下，策划者要能够居于会展业的前沿位置，高屋建瓴地进行策划，而且要掌握系统扎实的会展策划、管理等知识，才能更好地胜任会展策划与管理及其相关工作。

二、会展策划的原则

会展策划必须遵循会展活动的市场经济客观规律。所以，在整个会展策划的过程中，不论是为会展活动提供的策略还是具体的行动计划，都要遵循一些指导思想与行动准则。会展策划的基本原则主要有以下几个方面。

(一)目标明确

会展活动,从宏观方面来说,其目的或者为了促进地区经济的发展与增长,或者为了塑造城市形象、打造城市品牌,促进城市经济的一体化发展;从微观方面来说,或者是为了促进企业产品的销售与推广,或者是为了传播有关的信息、知识、观念;从会展活动的组织方和参展方来说,在一次展会中,或是为了塑造展会的品牌,或是为了塑造企业的形象等等,不管怎样说,总有一定的目的。我们说,给会展活动设定一定的预期目的就是目标,目标为会展活动指明了方向。

因此,在会展策划过程中,目标应当明确清晰。不论是针对某一特定的问题进行的市场调查,还是在会展项目的总体规划、计划以及运作模式选择、媒体策略的考虑等方面都必须要针对目标来进行。

(二)切实可行

对于会展活动来说,要实现预定的目标,关键在于能够顺利地开展展会的后续工作。好的策划不仅有周密的会展计划,而且还能够高屋建瓴,整合资源,开阔思路。策划时要综合考虑人力、物力、财力等情况,顺应天时、地利、人和的时势。

会展活动的实施是会展策划的直接目的,因此,会展策划应该有充分的可行性。切实可行的会展策划要求在做会展策划方案时,必须结合会展市场的客观实际情况进行精心策划,结合相关办展机构、参展主体的具体情况以及会展项目的实施能力等来进行策划,否则就成了纸上谈兵。

(三)善于借势

孙子兵法上说:"故善战者,求之于势,不责于人,故能择人而任势。"在现实生活中,不论做什么事情,善于借势,则有可能顺风顺水,轻松地达到目的。

所谓借势,就是利用当时的有利形势,借助别人的优势为己所用。优秀的会展策划人要懂得"巧借东风为我用"的策划原则,要善于借势。

通常,借势又有借大势、借优势、借形势之分,亦即进行策划时所说的"三借"原则。

所谓大势就是指事物的战略性发展规律。人们往往用大势所趋来说明客观事物整个局势发展的趋向是阻挡不了的,它告诉人们宜应势而动,顺应时代发展的潮流,才能取得成就。

对于会展活动来说,全球会展经济的发展是大势所趋,而国家或者区域会展的战略发展也是大势。在进行会展策划时,若能够掌握大的形势,则有利于在竞争日益激烈的会展市场中保持主动。例如,在经济建设、政治建设、文化建设、社会建设、生态文明建设"五位一体"总体布局、构建和全面建成小康社会、实现社会主义现代化和中华民族伟大复兴的今天,会展策划只有乘势而前,高效、节俭、务实地发展会展业,遵循生态与可持续发展的大势才是积极、可为之路。

所谓优势是指能压倒对方的有利形势,或者是超过同类事物中其他情况的形势。借优势就是要了解掌握本部门、本单位的有利形势,并且还要了解掌握竞争对手的长处,只有知彼知己,才能百战不殆。在同质化竞争日益激烈的今天,对会展策划来说,要想使企业的形象在某一展会上脱颖而出,就必须发挥自己企业的优势,在参展策划时,选出具有独特性能或创新性的展品,或是提供给目标客户周到的服务,或是设计出引人注目的展台,精心策划,以己所长,取得竞争的优势。

以博鳌亚洲论坛为例。首先,政府支持。中国政府对博鳌亚洲论坛的支持力度非常大,历届论坛年会均有国家领导人出席开幕式。其次,组织机构高效严谨。博鳌亚洲论坛的组织机构包括:论坛会员大会、理事会、秘书处、咨询委员会和研究院等。并且,该组织已经与世界银行签署了协议,世行将帮助论坛建立一个国际智力支持网络,推进松散型智力支持社区的网络建设。第三,品牌影响力强大,每届年会都能邀请到重量级的主讲人,从而吸引全球媒体的注意力。第四,自然条件和人文环境得天独厚。"博鳌"的含义是鱼类丰(多)硕(大)的意思,鱼类资源丰富。博鳌山岭起伏,植被茂盛,聚江、河、湖、海、山、岭、泉、岛屿八大地理地貌为一体。风景宜人,气候温和,热量丰富,光照充足,雨量充沛,是海南夏季最凉爽的地方。凭借这些优势,使得博鳌亚洲论坛闻名遐迩。

《文子·自然》上说:"夫物有胜,唯道无胜,所以无胜者,以其无常形势也。"所谓形势是指事物的发展状况或当前事物发展方向。对于会展策划来说,掌握市场变化的形势十分重要,策划者要能胸怀大局,面对变化,策划出符合会展项目发展规律的规划、方案、措施。

(四)不断创新

创新是人类所特有的一种认识能力和实践能力,它也是推动一个民族进步和社会不断发展的动力。一个民族要想走在时代前列,就一刻也不能停止创新的思维,一刻也不能停止对创新的倡导与追求。

会展策划也是这样,策划的关键在于创新,如果没有创新的策划,那就可能是老生常谈,缺乏思想、缺乏灵魂。

创新性是会展策划所遵循的原则。在市场经济条件下,会展项目要想达到万商云集,闻名遐尔,那么,新颖性是必不可少的。会展活动的"新"首先要是策划的"新"。

创新,从"创"来说,就是创造、发现、寻找。从"新"来讲,就是新颖、新意、新奇。

创新最基本的要求是不雷同,但是,创新也并不排斥吸取他人之长加以改进或更新。创新的办法有观念创新、主题创新、内容创新、手法创新、模式创新、方式创新、传播创新、设计创新、管理创新等。

会展策划的创新主要表现在:会展主题的创新、会展目标的选择与决策的创新、会展组织与管理的创新、会展设计与搭建的创新等。

(五)规范有效

随着经济全球化的进程不断加快,作为服务贸易的一部分,会展业将更加开放,贸易保护主义将会越来越受到人们的谴责,服务贸易的壁垒也将会逐步被拆除。目前,中国展览业正面临国外同行更为直接和激烈的冲击,会展经济正以更快的速度和国际接轨。所以,尽快建立公平、有序、统一的会展市场体系,提高会展市场的透明度和规范性,是我国会展业亟待解决的问题。

要求会展策划首先必须遵守法律法规,要在不违反法律条规的前提下进行会展策划。

目前,我国会展方面的法律规范主要包括国务院及其有关部委颁布的行政法规和一些其他规范性文件,如《国务院关于进一步促进展览业改革发展的若干意见国发〔2015〕15号》《中国加入世贸组织(WTO)服务贸易谈判中关于展示和展览服务中的承诺和减让》以及国

家标准委办公室商务部办公厅关于印发《关于加强展览业标准化工作的指导意见》的通知《商务部举办展览会管理办法》，国家工商行政管理局发布的《商品展销会管理办法》《展览会的章程与海关对展览品的监管办法》等等。

其次，会展策划还必须遵守道德伦理的规范，在不违背社会普遍的价值观念、图腾禁忌、风俗习惯等要求下进行策划。

另外，在规范性方面，还要求会展策划必须遵循会展行业的规范，做到策划管理规范、程序设计合理、实际操作有方、行业竞争有序等。在深刻把握会展经济内在规律的基础上有效地进行策划。

我们说，能否取得良好的经济效益和社会效益是衡量会展策划是否成功的首要标准。任何会展活动都应该产生一定的正面效果，而不仅仅是有效。达到预期效果或者超出预期效果是会展活动举办者的目标。需要指出的是，会展活动的有效性不是仅仅凭借会展策划者的主观臆想来预测的，而应该通过规范、科学、严谨的会展效果预测以及监控实施手段来把握。

三、会展策划的方法

有句俗语叫作"办法总比困难多"，说的是人们在处理事情、解决问题时常常会遇到困惑，但是，只要人们能掌握一定的方法，困难总是能够被克服的。由此可见掌握方法的重要性。

与方法密切相关的概念是方法论，它是一种以解决问题为目标的理论体系或系统。方法论涉及对解决问题的方法、技巧等的论述，这里不做赘述。我们围绕方法论中的一些具体方法进行分析，来学习会展策划的方法。

以下是一些人们在策划中经常使用的方法，因而，它对会展策划也是适用的。

（一）系统分析法

美籍奥地利生物学家、一般系统论的创始人贝塔朗菲指出："系统是相互联系相互作用的诸元素的综合体。"这个定义强调系统各元素的"相互作用"与"整合作用"。

我国著名学者钱学森认为：系统是由相互作用、相互依赖的若干组成部分结合而成的，具有特定功能的有机整体，而且这个有机整体又是它从属的更大系统的组成部分。钱老指出了系统的特性——多元性、相关性和整体性。

无疑，这对我们理解系统分析法是有帮助的。从原理上说，系统方法是把事物看成是一个全面完整的系统，而这个系统既包括自身组成要素的各个方面；也包括各要素间的联系以及各相关事物间的关系与地位等。系统分析的方法要求从系统的一方面或几个方面或整体出发，对策划对象进行不同角度的全面整体分析。

在会展策划中，系统分析方法通常有以下几个步骤。

1. 明确策划目标

从系统的整体要求出发，把策划研究的目标当作一个整体，提出需要解决的中心问题，然后把这个整体再分为若干个子系统，从而确定会展活动所必须达到的总目标与分目标。

2. 拟定备选方案

根据既定的会展策划目标，制定出可以实现的各种方案。一般情况，要求策划者要拟定两个以上的备选方案,以供选择。

3. 综合评价方案

通过分析、比较和评估对策划所形成的各种方案进行综合评价。不同的方案各有优缺点,应该确定具有最佳的价值标准,评出满意程度高的方案。

4. 系统选择,方案优选

通过权衡局部利益和整体利益,进行综合分析、比较和计算,从诸多备选方案中选出最优化的方案。会展策划人员应该要求提出书面的策划报告,由会展项目主管部门决定最终的入选方案。

5. 跟踪实施、调整方案

方案入选之后,会展项目策划人员应及时跟踪方案执行情况,以便发现新的问题,对原方案进行修改、补充,最终实现总体策划目标。

(二)整合策划法

从策划思维的角度来说,整合策划法又可以包含头脑风暴法、德尔菲法以及规划整合法等。

1. 头脑风暴法

1939年,奥斯本提出头脑风暴法,这可以说是整合策划的思想滥觞。这种方法又称为集体思考法或智力激励法。1953年,奥斯本进一步将此方法丰富和理论化。

所谓的头脑风暴法一般是指采用会议的形式,如集专家开座谈会征询和听取他们的意见,把专家的意见,有条理地组织起来,最终由策划者根据专家意见做出统一的结论。在这个基础上,找出各种问题的症结所在,提出针对具体项目的策划方案。

运用头脑风暴法策划时,策划者要首先充分地说明项目策划的主题,并且要尽可能地提供必要的相关信息,创造一个可以自由发表意见的空间,以便能让各位专家充分表达自己的想法。

一般来说,参加头脑风暴会议的专家应该在业内具有一定的地位,这样才会有权威性。所邀请的专家人数不宜过多,一般为5—12人。头脑风暴会议的时间也应当适中,要求策划者具备很强的组织能力、民主作风以及指导艺术,能够紧紧抓住项目策划的主题,调节讨论气氛,调动专家们的兴奋点,从而更好地挖掘专家们潜在的智慧。

头脑风暴法也有不足之处,即邀请专家环节很重要,挑选不恰当,可能效果不大,达不到策划的目的。其次,也有些专家可能不敢或不愿当众说出真话,也难以达到目的。头脑风暴的优点是策划者可以获取广泛的信息、创意,互相启发,集思广益,在大脑中掀起思考的风暴,从而启发策划人的思维,想出优秀的策划方案来。

2. 德尔菲法

德尔菲是古希腊的一座城市,因阿波罗神殿而驰名,由于阿波罗有着高超的预测未来的能力,故德尔菲成了预测、策划的代名词。

德尔菲法是在20世纪60年代由美国兰德公司首创和使用的一种特殊的策划方法。所谓德尔菲法是指采用函询的方式或电话、网络的方式,反复地咨询专家们的建议,然后由策划人整合专家意见作出统计,如果结果不趋向一致,那么就再征询专家,直至得出比较统一的方案。

这种策划方法的优点是在进行项目策划期间,策划专家们互不见面,不会产生权威的压力,因此,每一位专家都可以自由地充分地发表自己的意见,从而得出比较客观的策划案。

运用这种策划方法时,对所选专家有一定的要求,专家需具备策划主题相关的专业知识,熟悉市场的情况,精通策划的业务操作。专家的意见得出结果后,策划人需要对结果进行统计处理。但是这种方法往往缺乏客观标准,主要凭专家判断,再者由于次数较多,反馈时间较长,有的专家可能因工作忙或其他原因而中途退出,影响策划的时效性和准确性。

3. 规划整合法

1990年,在营销领域,北卡莱罗纳大学的劳特朋(Larterborn)教授提出了用 $4C_S$ 理论取代传统的 $4P_S$ 论的观点,这就是"4C营销理论"。它强调把追求顾客的满意放在首位。以客户为中心,努力降低客户的成本,充分注意顾客购买的便利性,建立以消费者为核心的沟通方式。

借鉴整合营销的理念,在会展策划中,规划整合法强调策划者应统筹考虑会展活动的主办方、承办方、协办方、支持方、组织者、赞助商以及参展方、消费者,将会展活动的"客户"作为策划目标中要"规划"的核心因素,充分考虑到会展项目能为"客户"带来什么。

"整合"是对系统资源的综合运用。整合的内容十分丰富,可以是同类展会的主题整合、组织整合、市场整合。通过资源整合推陈出新,扬长避短,形成新的会展活动方案。

(三) 创意策划法

"创意"一词的英文为"originalit",词义是"创新的思想"。

在中文里,"创"有创新、创作、创造之意;"意"是意识、观念、智慧、思维等的意思。创意源于人类的本能,即人类自身的创造力、技能和才华。人类在漫长的生产劳动历史中,每天都在谱写着"创意"的篇章。

创意无极限,如何激发与捕捉策划者的创意潜能,十分重要。在会展策划中,智能放大法、六六讨论法、KJ法等都是常见的策划方法。

1. 智能放大法

智能放大法是指对事物有全面而科学的认识,然后在这种认识的基础上对事物的发展作夸张的设想,运用这种设想对具体项目进行策划。

由于这种方法受到一定的时间、地点以及人文条件的制约,具体操作要靠策划人自己来准确地把握。

这种策划方法因为"新奇",所以也很容易引起公众的议论,形成公众舆论的焦点,进而很快拓展其知名度,形成热点话题。"没有想不到的,只有做不到的",这是这种策划方法的原则。但是这种策划方法并不是一味地往大处想,而是在现有的客观条件下,合理地考虑到公众的心理承受力,这就是说,智能放大法是有一定风险的,太过于夸张,容易导致策划向反面发展,从而彻底改变策划的初衷。

2. 六六讨论法

六六讨论法又称菲利浦斯66法,它是美国密歇根州希斯迪尔大学校长J·D·菲利浦斯发明的一种集体思考的创造技法。

这一方法的具体做法是将创意团体分成若干个六人小组,围绕可能解决的中心问题,运用智力激励的方法,同时进行6分钟的小组讨论,每人1分钟。再到大团体中分享创意,最后得出一个解决问题的答案。

六六讨论法可以消除"人数太多,不利于自由发言,从而导致参加者提设想的积极性减退",与"人多可以有较多的发言,容易收集到相当有趣的构想"。这种方法的好处在于集中、创意、分享、灵活。很具有代表性。

3. KJ法

1964年,东京工业大学教授、人文学家川喜田二郎总结出并发表了一套科学发现的方法,该方法的主要原理是把大量的事实如实地捕捉下来,通过对这些事实进行有机的组合和归纳,最终发现了问题的全貌,并且由此建立了假说或创立新的学说。这种方法发展成包括提出设想和整理设想两种功能的方法。该方法的主要特点是在比较分类的基础上进行综合创新。在对素材卡片进行综合整理时,既可由个人进行,也可以集体讨论(见图1-1)。

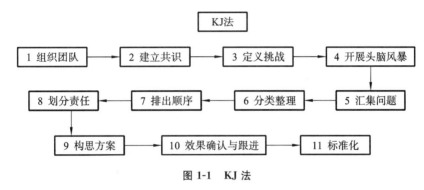

图1-1 KJ法

川喜田二郎是KJ法的创始人,KJ是他的姓名的英文Jiro Kawakita的缩写。KJ法自发表以来,逐渐发展成为一种有效的创造技法,并很快得以推广、流行(参见相关链接1-2)。

相关链接 1-2 KJ法的实施步骤

(1)准备:主持人和与会者4—7人。准备好黑板、粉笔、卡片、大张白纸、文具。

(2)头脑风暴法会议:主持人请与会者提出30—50条设想,将设想依次写到黑板上。

(3)制作卡片:主持人同与会者商量,将提出的设想概括成2—3行的短句,写到卡片上。每人写一套,这些卡片称为"基础卡片"。

(4)分成小组:让与会者按自己的思路各自进行卡片分组,把内容在某一点上相同的卡片归在一起,并加一个适当的标题,用绿色笔写在一张卡片上,称为"小组标题卡"。不能归类的卡片,每张自成一组。

(5)并成中组:将每个人所写的小组标题卡和自成一组的卡片都放在一起。经与会者共同讨论,将内容相似的小组卡片归在一起,再给一个适当标题,用黄色笔

写在一张卡片上,称为"中组标题卡"。不能归类的自成一组。

(6) 归成大组:经讨论再把中组标题卡和自成一组的卡片中内容相似的归纳成大组,加一个适当的标题,用红色笔写在一张卡片上,称为"大组标题卡"。

(7) 编排卡片:将所有分门别类的卡片,以其隶属关系,按适当的空间位置贴到事先准备好的大纸上,并用线条把彼此有联系的联结起来。如编排后发现不了有何联系,可以重新分组和排列,直到找到联系。

(8) 确定方案:将卡片分类后,就能分别地暗示出解决问题的方案或显示出最佳设想。经会上讨论或会后专家评判确定方案或最佳设想。

(资料来源:川喜田二郎. KJ 法[M]. 东京:中央公论社,1996.)

需要指出的是,方法是对具体行动方案如何产生的反映,是如何制定方案的一种行为。会展策划是整合与调动一切可能利用的资源,运用科学合理的方法与手段,对会展项目的开展进行筹划、指导实施的过程。会展策划所采用的方法得当,是做好策划方案的重要因素。可以说会展策划的方法也是多种多样的,到底选择何种方法进行策划,不仅要看会展策划团队所能利用的资源条件如何,更要看策划者本身所具备的学识、能力和素养。但是,在实际运用中,不论采取哪种策划方法,都必须围绕会展目标来进行。

总之,会展是一项复杂、浩繁的工程,它的工作环节很多,为了保证其可行、顺利、有效地开展,必须要重视会展的项目策划工作。

我们说,能激发创意,有效地运用现有的资源,选定可行性的方案,达到预期目标或解决一个又一个的难题,就是策划。会展策划在整个会展活动过程中扮演着十分重要的角色。

第二节 会展管理的概念、原理与类别

一、会展管理的概念

现代管理是指在特定的环境下,管理者通过执行计划、组织、领导、控制等职能,整合组织的各项资源,实现组织既定目标的活动过程。会展管理也是如此。

首先,会展管理是一种有意识、有目的、围绕组织目标而进行的一种管理活动。

其次,会展管理是一个连续进行的活动过程,是会展管理者为了执行会展计划而进行组织、领导、控制等职能的过程。会展管理各职能之间是相互关联的,管理过程是一个连续进行的活动过程。

第三,会展管理活动也是在一定的经济与社会环境中进行的,在开放与包容的条件下,组织所面临的环境是千变万化的,而复杂多变的环境也成为会展管理中决定一个组织生存与发展的重要因素。

会展管理是有层次之分的。从总体上来说,它包括会展的宏观管理、行业管理和微观管理。

(一)会展的宏观管理

所谓宏观管理是指在管理上抓大方向、大平衡,解决主要问题。从职能上来说,我国会展的宏观管理主要集中在各级政府以及各级会展管理机构上。

1. 政府在会展经济发展中的作用

会展属于服务贸易行业,它具有综合性产业的特点。会展经济是伴随着会展活动而形成的一种跨产业、跨区域的综合经济形态。作为一种新兴的产业,会展的魅力在于它不仅能促进就业,创造高额的经济价值,而且,它还具有强劲的拉动作用。这也正是各国或各地政府力推会展业发展的重要原因。作为世界第二大经济体,我国的会展市场巨大,会展活动也因此成为中外经济贸易和生产要素的交流交易平台。但与发达国家相比,由于我国会展业相对水平不高,市场发展程度参差不齐,因而,还存在有较浓的政府色彩等问题,这亟待调整与提高。一般来说,政府的作用体现在以下几个方面。

一是在会展市场发展的初级阶段提供相应的扶持。会展业的发展离不开政府的大力支持,政府应通过制定相应的政策为会展业的健康发展提供正确的引导,并搭建平台,提供支持。例如,在会展场馆建设方面,由于会展场馆往往投资巨大,而且,资金成本回收需要一个相当长的周期,从类别上来看,不同的用途需要建造不同的会展场馆,场馆种类繁多(参见相关链接1-3),这就需要政府部门对其作为基础建设加以投入。

相关链接 1-3　会展场馆的种类

1. 博物馆

对有关历史、自然、文化、艺术、科学、技术的实物、资料、标本等进行收集、保管、研究,并陈列其中一部分供人们参观、学习的专用建筑。

2. 展览馆(展览中心)

展览专用,有固定场馆来展示陈列和举办一些定期、不定期的临时性展览会、博览会的建筑物或场所。

3. 美术馆

指以陈列展出美术工艺品为主,主要收集有关工艺、美术藏品,进行版面陈列和工艺美术陈列等的建筑物。

4. 纪念馆

指为纪念具有历史意义的事迹或人物而建造的建筑物。

5. 陈列馆

指一般为单纯的陈列展出,或设于建筑的一角,或成为独立的建筑,其中多陈列实物以供人们参观学习。

6. 会议中心

这是主要的会议举办场所,是举办博览会等的主会场。

7. 体育场(馆)

开展群体性体育活动而设置的体育活动教学、训练和竞赛的公共体育场所。

8. 文化广场(文化馆)

面积广阔的文化场地和场所。

9. 城市规划展示馆

供人们进行传授、学习或增进知识等活动的公共建筑。它要求幽静的环境、必要的设备、适宜的空间和充足的光线等。

10. 剧院、剧场

用于戏剧或其他表演艺术的演出场所为剧院;专供演出戏剧、歌剧、曲艺等用的场所称剧场。

政府对初级阶段会展经济发展的扶持还体现在以下几个方面:

一是可以通过一定的财税政策给予会展企业适度的资金扶持。例如优惠的贷款政策、减税政策以及设立专项奖励扶持资金等。

二是在会展发展阶段充当市场引导的角色。政府在会展业的发展阶段是发挥市场在资源配置中的决定性作用,会展的市场化并不是说政府完全退出、放手不管。政府的作用是为会展业发展营造一个良好的环境。在一定的阶段,政府需要从市场中淡出,回归到自身的职能——制定规划,营造环境,提供政策,加强调控,协调服务中来。

在会展市场化发育较成熟的条件下,丰厚的利润往往驱使社会投资结构发生变化,会展业会吸引大量的私人企业和外资的投入,使得会展活动显著增多,场馆建设无序扩张。如果没有正确的引导,很容易产生恶性竞争,最终导致会展市场的混乱现象,给整个会展经济带来负面的影响。这就要求政府必须充当市场引导角色。一方面,要理顺政府与国有会展企业的产权关系;另一方面,还可以利用政府的强制性手段,限制场馆的无序投资与兴建,完善会展市场的准入与准出制度等,以确保优胜劣汰,有序竞争。

三是在会展市场成熟阶段加强宏观调控。随着会展业的不断发展,政府由初期的扶持角色要逐渐转换到宏观上的管理与服务角色上来。对会展业的宏观管理其目的是为了给会展业的发展营造宽松的产业环境。可以通过制定相关的会展管理法律法规,鼓励组建全国性的会展产业管理部门,通过会展协会的行业规范、市场规范等对会展市场进行统一协调管理。政府的宏观管理还体现在政府可以加强对诸如城市公共交通、通信、运输、安全、广告、旅游、宾馆等与会展活动密切相关部门的宏观调控,以优化城市资源的配置,发展会展业。

2. 政府在会展经济发展中宏观管理的措施

从政府的职能来看,总的来说有经济调节、市场监管、社会管理、公共服务等职能。从政府职能实现的主要手段上来看又包括行政手段、经济手段、法律手段等。一般来说,行政手段具有强制性,但也具有与"人治"相关联的一些缺点;经济手段具有平等性,但是在调解经济利益关系时也不能解决所有问题;法律手段具有权威性,但它只能在有限范围内才能发挥作用。因而,政府的宏观管理必须要统筹兼顾,高屋建瓴,全面把握。

在会展经济的发展中,政府的宏观管理职能必须通过各个具体的管理环节才能实现。

政府的宏观管理主要有以下几个方面的措施。

首先,管理体制的创新。政府应转变会展管理机构的职能,积极推进会展产业管理体制的创新。会展管理机构应当由对具体会展项目的微观管理转变到对会展经济运行进行间接的、宏观的调控。政府管理所要关注的是制定会展产业政策、进行会展总体规划的指导、社会就业的规划等,对整个会展经济实行的是间接的控制。同时,还要发挥会展业社会中介组织和会展企业的力量,承担提供会展公共产品的任务。

其次,积极推进会展业的法制化进程。在我国,会展业的立法还存在许多亟待解决的问题。会展市场准入制度尚未建立,会展主体办展的资质要求和法律程序以及会展活动的价格秩序等还不够明确,对会展活动各环节的规范也不够,参展商、观众权益问题不明晰,法律法规等的可操作性还有待提高。现代市场经济是法制经济,如果会展市场主体的行为失范的话,那势必将导致会展市场秩序混乱。因而,政府必须要通过制定会展业的法律法规、政策扶持等措施,来促进会展业自我管理能力的不断提升与健康发展。可以说,政府在会展业的依法行政方面也还有很长的路要走。

第三,行使好市场监督职能。良好的会展产业发展应该是市场运行畅通、公平竞争和公平交易,会展企业运营符合社会道德法律、规范标准。这离不开政府相关部门对企业和市场进行监管。政府在会展业的发展中应当起到一个掌舵人的作用,需要正确引导、监督会展市场的各个环节。当然,这种监督必须是在一定范围内进行的,不能无限扩大其职能。

需要指出的是,由于特定的历史原因,目前我国在会展管理的体制上还存在多头管理的现状。包括发改委、国资委、商务部、贸促会、科委以及地方政府相关部门都有对会展活动进行审批管理的职能。这种管理机制也往往是造成政企不分、重复办展、资源浪费以及管理法规不健全的原因之一。

近年来,随着国务院及其有关部委所颁布的行政法规和一些规范性文件相继出台,各地纷纷推出一些行之有效的会展管理措施。例如,为了加强对会展业的协调服务,2012年,海口市就设立了会展局,与中国国际贸易促进委员会海口市支会一起管理该市的会展工作(参见相关链接1-4)。

相关链接 1-4　海口市会展局的主要职责

(1) 根据国家有关产业政策和我市大力发展现代服务业的战略目标,组织拟订并实施全市会展业发展的中长期规划和促进会展业发展的法规、政策和措施;牵头研究全市会展业发展的态势;负责拟订并组织实施本市会展业近期发展规划和年度工作计划;会同相关部门和会展行业协会制定全市会展行业规范和标准,规范会展市场秩序,整合会展资源;承办市委、市政府交办的重大会展活动。

(2) 负责协调各有关部门做好市委、市政府主办、承办的重大会展活动保障工作;负责策划、组织引进各种会议、展览、论坛、年会等大型活动;策划并承办国际会展合作项目;负责展会的备案登记工作;扶持和打造地方品牌展会;组织承办我市参加国(境)内外会展和经贸活动;提供展览信息与业务培训服务。

(3) 收集、整理国际国内会议展览信息,协调各种资源,申办引进会展项目来我市举办。

(4) 为国(境)内外来我市举办的大中型会展活动提供配套政务服务。

(5) 开展国际交流与合作。邀请接待国际经贸组织与企业来我市考察、投资和参加会展活动,举办各类招商引资活动、洽谈会、研讨会、技术交流会和相关讲座,促进我市与国内外经贸界、会展界合作;组织我市相关单位和企业赴国(境)外参加经贸交流活动;负责安排和接待国(境)外来展。

(6) 提供国际经贸信息和法律服务。开展国际国内经贸信息收集、整理、传递和发布工作,提供经贸信息咨询和资信调查服务,办理会展和贸促法律事务。

(7) 开展宣传推广活动。开展会展和贸促工作调研,提供政策建议和咨询服务,开展全市会展业的宣传推广;负责对全市会展活动进行统计、评估,发布会展经济信息。

(8) 负责会展业发展专项资金的使用和管理。

(9) 指导、协调各区会展、贸促工作。

(10) 指导、协调、联系中国国际商会海口商会、海口市会展行业商(协)会等相关单位工作。

(11) 指导、协调会展企业进行市场化开发,促进国(境)内外会展活动在我市举办。

(12) 承办市委、市政府交办的其他工作。

(二)会展的行业管理

行业协会是一种民间性的社会中介组织,它介于政府、企业之间,但却是政府与企业之间的桥梁和纽带,国际上统称的非政府机构(又称NGO)。属于一种非营利性的机构。会展行业协会也是这样,在会展经济的发展中具有独特的价值与作用。

1. 会展行业协会的作用

从经济上来说,会展行业协会的主要作用有以下几个。

(1) 维护本国的会展利益。在国际会展活动中,有时会出现对本国同类展会发生影响的或可能产生不良影响的情况,单靠企业或者是靠政府有关部门来完成会受到种种限制,在这种情况下,行业协会就可以担当重要角色了。

(2) 协助会展企业保护自身的利益。在国际会展活动中,经常会出现不正当竞争的情况。会展行业协会可以出面,作为申诉人为有关企业主张利益。

(3) 发挥行业协会的协调作用。在开拓国际会展市场时,由会展行业协会出面协商,组织会展企业联合行动,具有集团的优势。也可以避免会展企业之间竞相压价等现象,减少摩擦。

从法制上来说,会展行业协会的主要作用有:

(1) 保障会展主体的权利。会展行业协会设立的根本目的是借助集体力量来满足同行企业的共同需要,因而,保障会展经营者的私权利也是会展行业协会产生的最初动因。会展行业协会代表行业整体利益,为所属的会员提供它们所需的各种服务,可以有效地保障会展经济主体私权利的实现。

(2) 制约并保障公权力的良性运作。任何公共权力都需要制约。以会展行业协会为代表的民间社会组织,把个体会展企业的力量凝聚起来,形成相对强大的力量,有助于现行规则的规范化和合理化。同时,会展行业协会通过发挥其代表、沟通协调等功能,利用所拥有的各种资源、专业技能等也可以代表所属的企业利益和诉求去影响公共决策。

(3) 构筑会展经济秩序的自我调控机制。不同利益体之间的冲突与整合是市场经济条件下的一个特征,在这种情况下,必须有一种开放的利益表达与实现机制,才能减少利益体之间的摩擦、冲突等,从而维护社会的稳定。会展行业协会作为自治性的团体组织,能够构筑会展经济秩序的自我调控机制。一方面,通过会展行业协会可以把合理的利益诉求和权利主张传递到政府的决策过程之中,同时,也能及时地把政府决策过程中有价值的信息反馈给会员企业,架起政府与企业的沟通桥梁,使得企业与政府之间得以充分地沟通。另一方面,通过会展行业协会,也可以在协会成员之间进行利益的协调。从而促进会展行业自身形成自觉、稳定的秩序。

(4) 制定规则实行行业自律。作为一种自治性的民间社会组织,会展行业协会需要通过制定行业规则实行自律管理。它需要在行业内部对各个企业的权利和利益进行协调,有时需要运用谈判、协商等手段来达成一种共识,成员之间共同遵守。行业自律的管理能够使协会成员形成理性自律精神,会展行业协会通过行业自律进行内部的自我调控,从而能够成为稳定与促进良好社会经济秩序建立的重要力量。

2. 国际展览业协会

国际展览联盟,原为法文 Union des Foires Internationales,后改为英文 Union of International Fairs,简称 UFI。(见图 1-2)

图 1-2 国际展览联盟标识

1925 年,国际展览联盟在意大利米兰成立,参加 UFI 的一是成员单位(展览公司),二是成员项目(即由国际展览联盟所认证的展览会)。1991 年,国际展览联盟成员发展到 153 个。

另外,国际展览联盟还拥有 40 多个协作会员,主要是以各国的全国性会展行业协会为主。如德国的 AUMA 和 FKM、美国的 IAEM、中国展览馆协会和深圳市会展业协会等。

在2003年,国际展览联盟进一步将名称做了修改,从原来的"国际展览联盟"更名为"国际展览业协会"(使用英文名称 The Global Association of the Exhibition Industry),但其简称仍沿用了UFI这3个字母。国际展览联盟是迄今为止世界展览业最重要的国际性组织。

作为一个权威组织,UFI的主要任务是促进和支持它的成员及其会展产业走向国际化,为会展业专业人士提供一个有效的相互交流理念和经验的平台,为它的成员解决地区分会和各工作组织之间的共同利益问题等。

UFI会员每年举办4000多个国际、国内及地区性展览会或贸易博览会,总展出面积超过5000万平方米,参加这些展会的参展商超过100万,观众人数超过1.5亿。当前国际展览联盟成员所拥有展览中心可供出租的展览面积超过1200万平方米以上。

对国际性展会进行权威认证是国际展览联盟的核心任务。经UFI认可的展会是高品质贸易展览会的标志。展览会举办公司只有在其举办的展会至少有一个被国际展览联盟认可后才有可能被接受为正式会员。一个展会要想获得其认证,其服务、质量、知名度皆要求达到一定的标准。国际展览联盟对申请加入的展览会的规模、办展历史、国外参展商比例、国外观众的比例等都有极严格的要求。

国际展览联盟规定的注册标准为:作为国际性展会至少已连续举办3次以上,至少要有2万平方米的展出面积,20%的国外参展商,4%的海外观众(参见相关链接1-5)。

相关链接 1-5　UFI认证步骤

准备申请成为UFI会员的机构或者展会主办者必须尽早向UFI提出申请,UFI首先备案,如果申请UFI将其纳入当年工作日程,那么申请在理论上要最迟在前一年的年底向UFI秘书处提交所有正式申请文件。申请被受理后,UFI下设的指导委员会将委派一名或者多名代表前往展会实地考察、实地核查所提交材料的情况,然后出具审核报告。相关的所有费用由申请人承担。审核报告由指导委员会先行审核,审核通过后向UFI大会提交认可提议。

UFI每年会举办一次全体会员大会,其中一项议程即为审核由指导委员会提交的认可提议,如果出席会员中有2/3的多数票支持通过认可提议,则可授予其UFI展会,通过UFI认证的条件主要包括:

(1) 首先必须获得展览会所在国家有关部门的认可,认可其为国际展会;
(2) 直接或间接外国参展商的数量不少于总数量的20%;
(3) 直接或间接外国参展商的展出净面积比例不少于总展出净面积的20%;
(4) 外国观众数量不少于总观众数量的4%;
(5) 展会主办者必须可以提供专业的软硬件服务,展场必须是适当的永久性设施;
(6) 所有相关申请表格、广告材料及目录必须使用尽可能广泛的外文,包括英语、法语、德语等;

(7) 在展会举行期间不允许进行任何非商业性活动；

(8) 参展商必须是生产商、独家代理商或者批发商，其他类的商人不允许参展；

(9) 严格禁止现场销售展品或者现场买卖；

(10) 展会定期举办，展期不超过两周；

(11) 申请认可时展会最少定期举办过三届。

国际展览联盟是代表展览会、博览会组织者的利益，维护展览会、博览会的质量标准，规范展览组织者的市场行为。它在国际间会展的运作与管理中起到重要的作用。

通常，国际展览业协会可以授予综合性和专业性贸易博览会以"国际"资格；可以对国际贸易博览会所共同关心的问题开展国际范围的研究；保护会员利益，在互相尊重对方利益的基础上，通过有关会员之间的友好对话，协调相关博览会的日程安排；解决会员之间的纠纷问题；通过干预各国相关的展会负责机构，使这些机构授予只有符合贸易博览会和展览会国际资格；并且可以向贸易博览会组织者，尤其是发展中国家的组织者提供会展技术帮助。

另外，全球性的展览协会组织还有国际展览局（BIE）、国际展览与项目协会（IAEE）、独立组展商协会（SISO）等，在此不做赘述。

3. 我国会展行业协会的发展

会展行业协会是联系政府与企业的纽带和桥梁。经济发达的国家都特别重视会展行业协会的作用。改革开放以来，我国会展行业协会的发展也比较迅速。

从全国来说，比较有代表性的行业组织有中国展览馆协会和中国会展经济研究会等。

（1）中国展览馆协会。

中国展览馆协会成立于1984年，目前为国家AAA级协会，也是国际展览业协会（UFI）的国家级会员单位。其业务主管单位是国务院国有资产监督管理委员会。该协会主要由展览主办机构、展览场馆、展览中心、展览工程公司、展览运输公司、展览媒体、高等院校、展览科研机构以及与展览行业相关的且具有法人资格的企事业单位自愿参加组成。会员单位业务范围涵盖了整个会展产业链的各个环节。内设组展专业委员会、展览工程专业委员会、展览理论研究委员会、展示陈列专业委员会。中国展协正逐步成为全国性展览行业协会等。

（2）中国会展经济研究会。

中国会展经济研究会成立于2006年，该组织致力于研究中国以及全球会展业的动态、中国会展经济的发展、会展与区域经济发展等。通过与各地行业协会、学术组织等的广泛合作、各方协调、内引外联，面向会展经济领域从事政策研究、产业研究、理论研究、行业评估、行业协调等工作。积极探索会展产业化道路，引导中国会展业的全球化调整，提升中国会展业技术水平。内设会议产业工作委员会、节庆活动工作委员会、政府性展会工作委员会、会展教育培训工作委员会、会展信息化工作委员会、大数据工作委员会以及会展统计工作委员会等20多个工作委员会。

从地方来看，全国各地会展行业协会的组建与发展不平衡。比较有代表性的协会组织有深圳市会议展览业协会（1989年成立）、北京国际会议展览业协会（1998年成立）、上海市

会展行业协会(2002年成立)、重庆市会展行业协会(2003年成立)、广州市会展业行业协会(2005年成立)以及浙江省国际会议展览业协会(2007年成立)等。

这些协会协助政府从事会展行业管理,管理的范围涵盖展览主办、展馆运营、展览设计、展览工程、展览媒体、展览广告、展览咨询、展览教育培训、会议组织、会展旅游、活动策划等领域。在保护会员的合法权益、提高会展行业整体素质、规范会展行业统计、加强会展行业自律机制、会展行业认证、培训以及组织国际交流与合作等方面都做了大量工作。

但是,总体来说,我国会展行业协会的发展还不够成熟。具体表现在:会展行业的法律法规体系还不完善,会展行业协会作用的发挥还不明显,作为社会的中介组织,其民间性、代表性、服务性和非营利性的特色还不突出,其自我管理、自我约束、自我发展的机制还有待完善。

当然,政府对于会展行业协会的发展还应该进一步扶持。尤其是在会展行业的评估系统、客户资源管理系统、会展信息系统以及会展统计系统等方面需要有进一步的奖惩机制和鼓励配套政策,从而保证会展行业协会能够健康发展。

(三) 会展的微观管理

就整体而言,我国的会展业目前尚处于一个大而不强,多而不精的状态。从制度的层面来看,会展业还缺乏完善的管理体制和行业体系。从运转的层面来看,会展市场秩序还有些混乱,还存在低水平、重复办展的现象。

因而,从微观层面来说,作为会展业发展的主体,会展企业需要加强管理,按照自身的职能运作,契合市场化的运作规律,才能富有生机和活力。

1. 会展项目管理的概念

微观层面的会展管理可以细化到会展项目的管理。所谓会展项目管理是会展企业根据具体的会展项目运营客观规律的要求,运用系统的观点、理论和方法,对正在执行中的会展项目,就其发展周期中的各个阶段,进行组织、计划、控制、沟通和激励,以实现会展目标的整个过程。

一般来说,会展项目管理主要有会展项目团队的组织、成本控制、进度控制、质量控制、合同控制、风险管理等六项任务。

会展项目管理的过程主要包含以下几个阶段。

(1) 会展的启动阶段。确认一个会展项目或者一项会展活动阶段的开始,围绕会展目标,付诸实施一系列的行动。

(2) 会展项目的规划阶段。为了实现会展目标而启动会展活动的过程,并且要提出明确目标和制订详细的会展计划。

(3) 会展项目的执行阶段。为了会展计划的实施所需执行各项会展工作,包括对会展项目人员和其他与此相关的资源进行组织、协调与整合。

(4) 会展项目的控制阶段。为了确保会展项目的顺利实施,必须对会展项目的执行过程进行监控、测量,并且,在必要的时候还要采取纠正措施,以确保会展项目启动阶段时提出的目标能得以实现。

(5) 会展项目的结束阶段。通过对会展项目或者会展项目阶段成果的总结与评价,从而使从启动阶段开始的会展活动周期有条不紊地结束。

2. 会展企业的组织管理

会展企业在对组织管理结构进行设计的时候,必须充分了解会展活动各个环节的具体目标、任务,并且对职能部门的工作进行细致划分,配备相应人员,才能确保会展企业的目标任务顺利完成。

常见的会展企业组织机构类型有职能制、矩阵制和事业部制等。

(1) 职能制。

职能制的管理组织结构最早由"科学管理之父"泰勒提出。这种组织结构模型要求一个单位的行政主管要把相应的管理职责和权力交给相关的职能机构,各职能机构在自己业务范围内向下级行政单位发号施令。下级行政单位的负责人除了接受上级行政主管人指挥外,还必须接受上级各职能机构的领导。

一个会展企业开展的会展业务如果是单一的或主导性的,一般采取职能制组织管理结构。这种管理机构一般由总经理领导下设的人事部、财务部、设计部、工程部等部门组成。

职能制的组织管理结构其优点是能充分发挥职能机构的专业管理作用,加强各部门的业务监督和专业性指导,便于高效率完成本部门职责,同时减轻直线领导人员的工作负担。其不足是多头领导,当上级领导和职能机构的指导发生矛盾时,容易导致纪律松散,管理混乱的情况。因而,这种组织结构适用于业务类型单一、规模较小的会展企业。

(2) 矩阵制。

矩阵制是以开展具体的会展项目为中心的一种组织管理结构形式。会展企业在需要完成某项具体任务时,通常会成立会展项目部,具体负责某一任务的完成。其组织结构形式如图 1-3 所示。

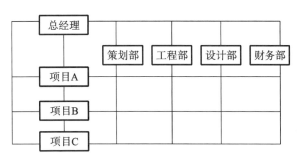

图 1-3 矩阵制会展管理组织结构图

在矩阵制的会展管理组织结构中,会展项目小组的成员既同原职能部门保持组织与业务上的联系,又参加具体的会展项目小组的工作。会展项目小组只是临时性的组织。这种组织管理结构的优点是能加强横向联系,人力资源共享;也有不足之处,即它的组织稳定性较差,容易产生短期行为。它只适用于规模庞大、业务种类齐全的大型会展公司。

(3) 事业部制。

事业部制的管理组织机构最早是由美国通用汽车公司总裁斯隆于 1924 年提出的,又称"斯隆模型",也叫作"联邦分权化"。它是一种高度(层)集权下的分权管理体制。一般适用于规模庞大、品种繁多、技术复杂的大型会展企业。它最早是国外较大的联合公司所采用的一种组织形式,近年来,我国一些大型会展企业也引进了这种组织管理结构形式。

事业部制是一种分级管理、分级核算、自负盈亏的管理形式,这种管理组织结构的最高管理层董事长授权总裁进行事业管理,由总裁办公室下设战略管理中心、人力资源中心、资产管理中心和财务中心等部门,统管若干个按区域划分的地区事业部,而每个具体的事业部内部又包括若干个具体的工作部门,如策划部、设计部、工程部等。每个部门实行独立经营,单独核算。

事业部制管理的好处是:总公司领导可以摆脱日常事务,集中精力考虑全局大事;而每个事业部实行独立核算,这样更能发挥会展经营管理的积极性,更利于会展组织的专业化生产和实现企业的内部协作;同时,各事业部之间有比较,有竞争,这种比较和竞争局面的形成有利于企业的总体发展;事业部内部也相对容易协调;事业部经理可以从事业部的整体来考虑问题,这样也有利于培养和训练管理人才。

事业部的不足之处在于:公司与事业部的职能机构有重叠,在一定程度上造成管理人员的浪费;而事业部实行独立核算,各事业部往往只考虑自身的利益,有可能影响事业部之间的协作,有时,一些业务联系与沟通往往也被经济关系所替代。

3. 会展企业的管理部门

根据会展管理的特点,既考虑企业部门划分的科学性,又兼顾会展管理的质量与效率,一般可将会展企业划分为策划部、市场部、招商部、设计部、信息管理部、工程部、财务部以及人力资源部等职能部门。

(1) 策划部。

策划部是会展企业的基础部门,其常见的组织管理结构如图1-4所示。

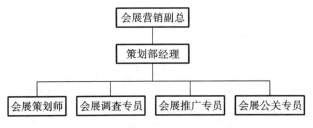

图1-4　会展策划部组织结构图

会展策划部的主要工作一般包含企业战略策划和会展项目策划两部分。企业战略策划主要是对整个会展企业形象进行策划、组织和包装等。会展项目策划是指制定会展项目的目标、工作方案,安排会展工作进程等工作。详细、周全而又具有可行性的会展策划工作是保证各方人员按时、按质、按量完成各项工作必不可少的重要环节。

(2) 市场部。

市场部是会展企业的重要部门之一,一般由会展营销的副总任市场部经理,下设市场推广、市场调查、广告策划以及联络等专员。

会展企业的市场部主要负责会展企业形象宣传、会展广告策划实施、协调企业与各相关社会团体或政府之间的关系等。宣传工作的主要手段是广告与沟通,如媒体广告、印发资料、登门拜访、电话联系等。

市场部的工作内容还包括：对会展价格政策的制定、修改、提出建议并请企业领导批准后执行，制订年度的场馆或展位销售计划，审核参展单位的资质，负责场馆营销，签订场馆租售合同，执行合同收款，负责有关展会的报批手续等。

（3）招商部。

招商部是会展企业的业务拓展部门之一，主要负责会展企业的招商工作，一般由会展运营的副总主管，由招商部经理具体负责，下设多位招商专员开展工作。

（4）设计部。

设计部是向客户提供各种创意与设计的业务部门，一般由会展运营的副总主管，由设计部经理具体负责，下设平面、三维设计师以及美工等开展工作。

一般来说，会展设计部门主要工作内容是利用空间环境，采用建造、工程、视觉传达等手段，借助展具设施以及高科技产品，将所要传播的展会信息和内容呈现在公众面前。具体业务领域包括平面设计、展台设计、空间布局设计、照明道具设计以及相应的展馆设计等。

会展设计可以从心理、思想和行为等方面对观众产生影响，它是一种创造性的劳动。这就要求会展设计团队能够掌握现代科技发展的方法与手段，在设计思维和设计能力方面进行不断的创新。

（5）信息管理部。

随着经济的全球化，组织与组织之间、组织内部各部门之间的联系日益密切，信息大量产生。再加上信息组织与存储技术的迅速发展，信息处理和传播速度越来越快，使得信息管理、存储所涉及的领域也在不断扩大。会展信息管理的对象是会展信息资源和会展信息活动管理，其贯穿于整个会展管理过程之中。

在企业里，会展信息管理部门的职能是全面管理客户关系。信息化管理能有效地实现会展集团的资源共享，并且可以对多个会展活动同时管理。在对展商和观众等的数据分类管理方面，可以实现自动处理，能有效防止客户数据因业务人员流动而流失，还可以直观地对展会过程进行有效管理，应用精确的统计数据从而能辅助企业决策。

在组织结构上，会展信息管理部一般由会展运营副总负责，下设信息管理部经理，带领多个信息专员、网络专员等开展工作。

（6）工程部。

工程部是承担会展企业各项基建、现场施工的部门，在组织结构上由会展工程副总负责，下设工程管理部经理，带领若干个机电专员、技术员以及施工人员进行工作。

（7）财务部。

财务部在会展企业中的主要职责是协助会展经营者做好企业的经营预算，控制企业的经营费用，从而使企业取得最佳的经济效益。财务部是直接管理资金、进行企业账户处理的部门，也是会展企业最重要的保障部门之一，其常见的组织结构是由财务副总负责，设有财务管理部经理，其内部又分设审计主管和会计主管，再下设若干审计人员。

（8）人力资源部。

在会展企业中，人力资源部也叫人事部，其主要职责是负责会展企业员工招聘、培训、考核、激励等工作的部门。一个高效运转的人事部门应该能确保企业在任何时候、任何地点、任何情况下都能找到合适人选。其常见的组织结构是由行政人事部经理负责，下设行政主

管和人事主管,其中,行政主管下设行政和后勤专员职位,人事主管下设人事专员、培训专员、绩效专员以及薪酬专员等职位分别开展工作。

二、会展管理的原理

俞华先生在《会展学原理》中认为:会展学是一门综合性交叉学科,会展学涉及信息学、管理学、经济学、旅游学、建筑学、运输学、广告学、艺术学、环境科学、安全科学、传播学、社会学、文化学、人类学、政治学、公共关系学以及心理学等众多学科,是这些众多学科交叉渗透的结果。从管理学的角度来看,项目管理、策划学、市场营销学、运营管理以及风险管理等都是会展管理的理论基础。

(一)项目管理理论

美国项目管理协会指出:项目管理就是把各种系统、方法和人员结合在一起,在规定的时间、预算和质量目标范围内完成项目的各项工作。有效的项目管理是在规定实现具体目标和指标的时间内,对组织机构资源进行计划、引导和控制的工作。项目管理是管理学中的一个专门的领域,它的理论起源于第二次世界大战,它是以具体的项目管理和研究为对象,通过定性定量相结合的手法,将先进的管理经验引入到日常生活项目管理之中。

项目管理的产生、发展与形成经历了三个阶段。

1. 20 世纪 30—50 年代末

这一时期,基于重大建设工程项目的需要,管理和工程人员致力于研究出一种高效的方法,使其能在预定的时间内,利用有限的资源和资金能够顺利地完成预期的工程目标。

1956 年,为了管理公司内不同业务部门的工作,美国杜邦公司在兰德公司的协助下,研制了一种系统的计划管理方法。这种方法首先应用于新化工厂的建设,以后又将其应用于生产设备的维修等,有很显著的效果。

1958 年,在汉密尔顿公司及洛克菲勒公司的协助下,美国海军特种计划局研制"北极星"导弹核潜艇,它们首次提出了控制进度的先进方法,亦即一种系统的计划管理方法——PERT 法。

因这些方法基于网络模型技术,所以统称为网络计划技术。该技术诞生后,广泛应用于军事、工程和生产之中,发挥了巨大的作用,因而也被称为是项目管理的起点。

2. 20 世纪 60—80 年代

1965 年,国际项目管理协会(International Project Management Association,简称 IPMA)在瑞士洛桑成立。这是第一个以项目管理为研究对象的学术团体,它的成立标志着项目管理的学术研究进入到一个新的阶段。

20 世纪 60 年代中后期,美国的登月工程就使用了项目管理的管理方法。1969 年 7 月 16 日,从美国卡纳维拉尔角肯尼迪航天中心开始了"阿波罗 11 号"飞船的首次登月征程。人类从地球到月球的梦想迈出了伟大的一步,他们见证了飞船登月的实现。登月工程的成功验证了项目管理的科学性和使用价值,项目管理也由此风靡全球。

1983 年,集众多专家和管理者的思想于一体的《项目管理手册》诞生了,手册汇集了众多的学术论文、专著和报告。该研究将项目管理的基本内容划分为范围管理、成本管理、时间管理、质量管理、人力资源管理和沟通管理，它为项目管理搭建起基础的理论体系。

3. 20世纪90年代以来

20世纪90年代，为了应对经济全球化的挑战，项目管理在内容上更多地加入了人的因素，注重客户，注重柔性管理，力求在变革中生存和发展。这一时期，项目管理的应用领域不断扩大，特别是在新兴产业中迅速发展，如通信、信息、软件等领域。美国Fortune杂志曾预言，项目管理将成为21世纪的首选职业。当代项目管理以超过人们想象步伐在不断发展。

20世纪90年代初，在西北工业大学等单位的倡导下，我国第一个跨学科的项目管理专业学术组织成立了。中国项目管理学科体系逐渐走向成熟。

1991年，我国建设部全面推广项目管理和项目经理负责制。2002年，建设部颁布了《建设工程施工项目管理规范》，该《规范》对促进施工项目管理的科学化、规范化、法制化，适应市场运行机制的需要以及加快与国际惯例接轨具有重要的作用。它的颁布也标志着我国工程项目管理已进入一个新水平。

从国际上来看，项目管理的发展呈以下几个特点。

一是项目管理发展的全球化。主要体现在国际间的项目合作日益增多，国际化的项目管理专业学术活动日益频繁，随着Internet技术的不断发展，项目管理专业信息的国际共享空间不断加大。

二是项目管理呈多元化发展趋势。从行业类型方面来看，社会上各种大型活动，如会展活动日益引起人们的重视，在这些领域项目管理都在发挥它的作用。从项目类型方面来说，项目管理有不同角度的理解，如宏观、微观、重点、非重点、工程、非工程、硬项目、软项目等。从项目类型上来看，如大型博览会、节事活动、赛事活动、演艺活动等都是一个项目，都存在项目管理的问题。

三是项目管理的专业化学科不断发展。从学士、硕士到博士层次的学历教育，到基层项目管理人员、高层项目经理等培训体系的非学历教育都在迅速发展。项目管理知识体系（PMBOK）以及项目与项目管理的学科探索都呈现不断深入的势头。

（二）市场营销学理论

市场营销（Marketing）又称为市场学、市场行销或行销学。它是指个人或集体将其创造的产品或价值通过交易行为以获得所需之物，从而实现双赢或多赢的过程。一般认为，20世纪初期，市场营销学产生于美国。经过不断的发展，结合了管理科学、行为科学、心理学、社会心理学等理论，市场营销学逐渐从经济学中独立出来，成为一个独立成熟的理论系统。

1967年，美国著名学者菲利浦·科特勒（Philip Kotler）教授在《市场营销管理：分析、计划与控制》一书中，全面、系统地阐述了现代市场营销的理论。他指出：营销管理就是通过创造、建立和保持与目标市场之间的有益交换和联系，以达到组织的各种目标而进行的分析、计划、执行和控制过程。并提出，市场营销管理过程包括分析市场营销机会，进行营销调研，选择目标市场，制定营销战略和战术，制定、执行及调控市场营销计划等。科特勒后来又提出了6P战略的营销理论,即由原来的4P(产品、价格、分销及促销)再加上两个P——政治权力及公共关系。20世纪90年代以来,市场营销的理论与实践问题呈多元化发展趋势。随着互联网技术的应用,网络营销得到了迅猛的发展。

在我国,从1978年开始,部分学者和专家开始重视市场营销学的研究工作。20世纪80年代,各种类型的市场营销学研究团体纷纷成立。1995年6月,第五届市场营销与社会发展国际会议在北京召开。中国市场营销学者与国际学术界、企业界进一步开展合作,开始逐渐登上国际舞台。

市场营销的最终目标是通过产品与价值的交换、交易满足需求。交换、交易是一个过程,它需要供需双方进行洽谈并逐渐达成协议。因而,市场营销者同供应商、顾客、经销商、分销商等之间建立长期、信任和互利的关系十分重要。

为了达到个人与机构目标的交换,就必须对理念、产品、服务进行一系列的规划、构思,对定价、分销和促销等进行全方位思考,这一过程就是市场营销的管理。它包括对理念、产品、服务的分析、规划、执行和控制。

在应用上,市场营销观念和理论的应用领域不断扩大。如在社会市场营销、国际市场营销、政治市场营销以及服务市场营销等领域,会展营销也是涵盖其中的应用领域。

所谓会展营销是指会展企业为了吸引更多的目标客户,提高会展品牌的价值和影响力,通过会展服务、会展形象设计以及定价、渠道、促销、宣传等手段所采取的一系列市场推广活动。简而言之,会展营销就是会展机构通过创造向目标客户提供会展产品或服务的一种社会和管理的过程。

国内学者王春雷、刘大可等是较早对会展市场营销进行深入研究的学者。2004年,王春雷在《会展市场营销》一书中梳理了会展营销的基本理论,并以发达国家(地区)会展营销为例,分析了会展营销的作用和特点以及我国会展营销的现状,并对会展城市的整体营销、运作模式、会议的目标市场定位、会议场地营销、展览会营销等进行了深入的探讨。刘大可在《会展营销教程》中,从会展产品与服务、会展产品定价方法与技巧、会展顾客采购行为、会展宣传和推广、会展营销渠道管理、会展赞助策划与营销、会展客户关系管理、因特网在会展营销中的应用、会展企业营销管理等方面提出了自己的见解。

从营销学中的分析、计划、执行和控制等方面来看会展营销,其理论应用的指导意义也非常明晰。首先,营销者需要分析会展营销的环境、会展市场、会展竞争、会展产品和服务,尤其是要对会展消费者的购买以及消费行为进行分析。其次,需要确定会展营销的目标,对会展经营的机会、威胁、优势、劣势等进行确定和评价,进行准确的销售预测,还需要考虑会展长期和短期营销计划。再次,要建立会展组织机构,选择合适的营销人员并对会展营销人员进行培训,开展各种促销活动,进行广泛交流和密切配合,建立会展营销的信息系统以及对会展新产品进行开发、价格制定及确保销售渠道等。最后,要对会展营销的数据进行分析、归纳和总结,能够用既定的绩效标准来评价会展营销活动的实际结果,并且要分析各种会展促销活动的有效性,评估会展营销人员的工作成绩等。

会展项目作为一种产品,也可以采用营销策略的组合来进行营销。在传统的4Ps营销组合基础上发展而来的7Ps营销组合策略,也符合会展产品作为服务业产品的特征要求(参见相关链接1-6)。

相关链接 1-6　会展营销 7Ps 策略组合

会展营销策略组合可以由以下 7 个要素构成:产品、价格、渠道、促销、过程、人员、实体展示,7 大元素构成了会展营销 7Ps 策略。

1. 产品(Product)

对于会展组织者来说,会展活动本身即是其向市场提供产品的过程。在这一框架内,会展产品体现为多层次、多形式的产品复合体,不但包括展览展位、会议席位等有形的要素,也包括服务质量,品牌形象等无形的要素。

会展主题的选择和开发是形成会展产品的基础。项目选择的准确意味着会展产品符合市场调研的结果,具有市场针对性和可行性。会展产品是个复合体系,不仅意味着会展产品的内涵丰富,构成复杂,也意味着不同的利益相关方对产品的认识将各不相同,产品开发和营销的不同阶段其产品内涵也不尽相同。因此,对于会展产品的任何一个组成要素都应该精心考量,系统开发,不断创新,使得会展产品日益完善,具有可持续发展的能力。当然,在这里不得不提到,会展产品必须要注重品牌,品牌会展是会展组织者的重要无形资产,对于今后的会展产品策划和营销具有重要和深远的意义。

2. 价格(Price)

一般而言,会展项目产品的价值主要是通过参展商、专业观众的参展、观展及与会者的参会来实现。会展产品营销成功后的收益主要来自参展商的参展费、与会者的参会费,以及租赁费、会刊收入、赞助费等。

而会展组织者要负担的成本主要包括各项调研费、场地费、营销推广费、设备费,以及会展结束后的信息收集整理、客户维护、其他营运和一般管理费。除一些公益性会展活动、奖励型会议与公司展览等项目外,会展产品的定价都应该注重成本与收益的比较,并在项目运营后获取一定的利润。

主办方或会展企业在制定会展产品的价格时,需要考虑以下因素:会展行业竞争状况及企业的竞争能力、会展项目的成本情况、会展市场需求状况水平、会展项目周期、市场发展情况以及市场环境、会展产品定价目标、会展企业整体经营战略等。

综合以上因素,确定会展组织者承担的成本和预期获得的收益,在运用成本导向、需求导向、竞争导向等定位方法,以及心理定价法、折扣定价法等定价技巧来确定产品。

3. 渠道(Place)

会展营销渠道是指对会展项目进行推广的路径和机构。通常,会展营销渠道可以分为直接营销、代理营销、直接与代理相结合的营销三大种类。

4. 促销(Promotion)

会展产品的促销方法主要包括人员推销、媒体广告、直接邮寄、公共关系、相关活动、相关展会促销等。

在制定和实施会展促销活动的过程中,首先要对促销对象的心理、行为、职业、媒体接触习惯等特征进行分析,并在此基础上确定选择何种促销方式,然后制定促销预算,再将各种促销活动投入运营,并根据促销效果对促销策略进行动态调整。在应用与调整促销方法时,广告成本一定要重点关注。

5. 过程(Process)

会展活动作为服务性产品,具有生产与消费同时进行的特征,很难在活动结束后通过"退换产品"的方式弥补产品的缺陷或者客户的损失。因此,会展组织者必须注重会展服务过程,以客户为本,在会展前、中、后阶段提供完善、连贯、一致的服务,优化各个服务环节,关注服务细节,尽量减少参展商和专业观众的不便,提高对展会的满意度。

6. 人员(Participants)

在会展活动中,客户始终都会与会展服务或管理人员接触,人员服务的质量对会展产品的质量有着重要的直接影响。因此,在会展产品的营销过程中,要充分重视员工服务的作用,与客户建立良好的关系,提高营销的效率和效果。会展相关机构都应根据市场要求和自身情况来培训员工,开发会展人才,使员工明确工作任务、服务内容以及服务规范,逐步提高其经营和管理技能。

7. 实体展示(Physical Evidence)

尽管会展产品是一种服务复合体,但产品构成中也包含"实体展示"的要素,而且这种有形的要素往往成为会展参与者的第一印象要素,直接影响到会展客户对产品的评价。因此,会展营销主题应该重视"实体展示"环节,将无形的会展服务用可见的具体有形的形式表现出来,便于客户对无形的会展服务有所感知。

现阶段,会展产品实体展示的内容一般包括硬件环境、设施装备、导引系统。硬件环境是指会展场馆中的展厅展位、会议室、餐厅等;设施装备包括网络、电梯、通信、水电、视听等;导引系统设置会展现场的标识标志、周边的交通指引等。

(资料来源:新社汇联合创始人兼首席营销顾问袁帅。)

(三)策划学理论

通常,我们身处的社会机构与组织都需要解决一些预定的目标与所面临的问题,这就需要策划。策划是利用个人或集体的智慧,针对目标预先拟定行动方案的一种思考活动。

美国哈佛企业管理丛书编委会把策划定义为:"策划是一种程序,在本质上是一种运用脑力的理性行为。基本上所有的策划都是关于未来的事物,也就是说,策划是针对未来要发生的事情做当前的决策。换言之,策划是找出事物的因果关系,衡度未来可采取之途径,作为目前决策之依据。亦即策划是预先决定做什么,何时做,如何做,谁来做。"

策划学有着自己独立的理论系统。在本质上,策划既是对市场信息进行管理、运作、技巧处理或操纵的过程,也是对市场进行计划、酝酿、决策并运用谋略的过程。在运行过程中,策划常常要用到新闻、广告、营销、公关、谋略等综合手段。

在策划学中,"策划"又有宏观、中观、微观几种含义。从宏观方面来看,策划是指人类在政治、军事、经济、文化等各个领域所进行的计划和谋划活动。因而,按不同领域划分就有政治策划,军事策划,经济策划,文化策划以及商业策划等。从中观方面来看,策划学更多的是关心广告营销方面的创意、设计、谋划等活动。因而,按照策划的对象划分又有选题策划,产品策划,专题策划,项目策划,会议策划,展览策划,体育策划,赛事策划,节事策划,影视策划等。在微观方面,策划可以指个人或者家庭在学习、生活以及工作事务中的具体谋划。我们说,人类所有的与计划、筹划、谋划和策略等相关的活动都在策划学的研究之列。

策划学是将策划活动作为研究对象的一门学科。在策划学发展的基础上,策划科学也随之发展起来。策划科学属于软科学学科群组,它与思维科学、决策科学、咨询科学以及管理科学之间互相依托延伸,具有时序衔接、部分叠合、归属包容的关系。策划科学是科学知识体系整体中的一个重要部分。

我们说,策划学是一门综合性的学科,它与许多学科都有密切的联系,如与运筹学、决策学、预测学、系统论、控制论、信息论,甚至和古代的谋略学说及现代的市场竞争理论等都有很密切的关系。同时,策划学也是一门新兴的学科,它是科学和艺术的统一与巧妙融合。

近年来,也有学者从运营管理、活动管理、服务管理以及风险管理等角度来研究会展管理,可以说,这些既是会展管理的理论基础,又是会展管理在会展业中的实际运用。

三、会展管理的类别

(一)会展管理的类别划分

根据不同的标准来划分,会展管理有不同的类别。

1. 根据就业岗位

根据就业岗位可以将会展管理划分为:会展企业各业务部门中的基层管理、会展企业市场拓展部的管理、会展企业项目部的管理、会展企业策划部的管理、会展企业项目设计部的管理以及会展项目经纪人员的管理等。

2. 根据会展项目的运营与管理

从会展项目的运营与管理方面来说,可以将会展管理划分为:会展现场的管理、会展危机管理、会展宣传组织与推广管理、会展人力资源开发与管理、会展客户关系管理、会展财务管理、会展物流管理、会展安全管理、会展场馆与设备设施管理以及会展的后续工作管理等。

3. 根据会展业所涉及的领域

按照会展业所涉及的领域来分,可以将会展管理划分为:会议项目管理、展览项目管理、节事项目管理、演艺项目管理和赛事项目管理等。

4. 根据会展项目的性质

按会展项目的性质来分类又可以将会展管理分为贸易类会展项目管理和消费类会展项目管理。贸易类会展项目在管理上要考虑到参展商和参观者的主体特征,一般的参展商都是来自行业的制造商、贸易商、批发商、经销商、代理商等,观众以特邀的采购商为主,一般的观众不在邀请之列。而消费类会展项目则是指为社会大众举办的展览活动,因展出内容是以消费品为主,展会的观众主要是消费者,所以在管理上往往通过大众媒介如电视、电台、报刊、网络等来吸引普通观众。

5. 根据会展项目的内容

按会展项目的内容来分类，又可以将会展管理分为综合类会展项目的管理和专业类会展项目的管理。综合性展览是指包括全行业或数个行业的展览会，有时也称为博览会，如工业博览会。这类展会具有很大的综合性，对管理的要求也往往复杂得多。而专业性展览一般指展示某一行业甚至某一项产品的展览会，如乐器展。这类展会因为"专"，所以在管理上往往也要求具有相关的专业背景。

《国际展览会公约》指出：展览会是一种展示，无论名称如何，其宗旨均在于教育大众。它可以展示人类所掌握的满足文明需要的手段，展现人类在某一个或多个领域经过奋斗所取得的进步，或展望发展前景。随着"国际展览会"的不断增多，如何按照国际会展业的管理标准进行会展管理，也显得越来越重要了。

(二) 几种具有代表性的会展业管理模式

从国际上来看，会展业的运作比较成熟的国家有德国、法国、美国、新加坡等，其管理模式主要有以下几种：

1. 德国的会展管理模式

在德国，政府对会展业的管理明显而直接。一般来说，投资巨大的会展场馆是由政府主导兴建的，场馆的经营也是政府在推动。由于展览业在德国是作为支柱产业来发展的，所以政府的扶持力度也比较大。德国政府对于出国展览往往提供直接的财政支持。

在展会的运作上，由德国政府直接推动，大型会展企业在展会中起主导作用，以此来带动中小型会展企业广泛参与，这种模式在会展管理中被称为是"垂直运作模式"。

另外，德国政府还授权成立了一个全国性的会展管理机构——德国经济展览会与博览会事务委员会（AUMA）。组织作为展览业的协作治理者，负责组织和协调每年的国内外博览会、展览会，并不直接参与举办展会。这样，德国会展业构建了比较成熟的以行业分工为主、地区分工为辅，并且面向全球的强大会展网络。

2. 法国的会展管理模式

在会展管理方面，法国政府成立了会展管理机构——海外会展委员会技术、工业和经济合作署（CFME—ACTIM）。该机构行使会展业的宏观管理权，其职权主要是制定有关的管理制度、组织会展人员培训、负责会展经费的预算和支配以及策划年度工作方案等。

在法国，大型展馆设施的建设主要由中央及地方政府投资兴设，场馆的经营管理一般也由政府出面组成国有场馆公司负责。

在权责方面，场馆公司负责开展好场馆服务业务，并不直接进行会展项目的运营。而会展公司则不拥有展馆设施，也不参与展馆的管理与经营，主要从事会展项目管理与经营。

法国也是世界的会展强国，法国拥有一批知名的品牌展览公司和国际知名的会展公司。法国的这种由市场推动、政府参与管理的模式被称为"市场主导型的综合运作模式"。

3. 美国的会展管理模式

美国是世界会展业的强国。目前，美国的拉斯维加斯、芝加哥以及奥兰多等城市都是世界著名的会展中心。

在管理模式上，美国会展业的管理主要依靠行业自律，属于企业推动型的管理模式。在行业管理上,如美国国际展览管理协会(IAEM)、美国专业会议管理者协会(PCMA)等会展业协会的影响力正在不断增强。

在行业协会的运作机制方面,主要通过行业自律来相对独立地承担会展业的管理责任,其特点是企业自愿参加,具有较强的民间性。在美国,政府部门没有专门的某个机构通过行政手段来直接管理会展业。任何商业机构和贸易组织都可以直接进入会展业,没有特定的审批程序,其会展项目运作与执行也基本不需要审批。

企业自主推动是这种模式的最大特点。会展企业出于对自身利益和市场秩序维护的需要,越来越多的产生组建行业协会的需要,它们逐渐认同用行业自律的方式来规范会展市场秩序。

美国的会展行业协会在职能上主要是为企业提供技术和信息服务,它们在政府、企业和消费者之间起着协调的作用。实力强大的行业协会,如美国商会及美国制造商协会等与联邦政府、议会都保持密切联系。一旦政企发生了矛盾,这些行业协会组织会积极主动地寻求议会的支持与介入,它们往往会按照长期以来美国人所崇尚的对立制衡原则来协调处理政府与行业协会的关系。

对于会展业,美国政府只是提供间接的支持,其管理的职能是通过对展会质量和组展水平的认证和监督来实现。如美国的商务部就具体负责贸易展认证计划和对美国企业出国参展活动的审核、监督,并且会提供相关一系列服务。这一管理,使得美国的会展企业在出国参展以及参加国内展会都能取得较好的参展效果。

4. 新加坡的会展管理模式

新加坡会展业的发展模式是以政府为经营主体的综合管理。

在新加坡,旅游局下属有展览会议署,它是一个专门协调会展业的机构,其职能是协调、指导会展公司开展工作。展览会议署经常在国际上推介新加坡举办国际会展的优厚条件,鼓励在新加坡举办各种会展活动。而且,该机构在行使职能时,并不向新加坡的会展公司收取任何费用。此外,在新加坡举办会展活动也不需要烦琐的审批手续。所以,新加坡成为举办会展活动十分活跃的国家。

在新加坡,政府的主要作用在于促进经济活跃和加强基础设施建设。例如,新加坡博览中心,其投资方是有政府背景的新加坡港务集团,博览中心的展览面积并不大,只有6万平方米左右,但是,每年的场地出租率却达到45%以上。

综上所述,在国际会展发展较为发达国家和地区,其市场经济的体系比较完善,市场机制在其中发挥了充分的作用。虽然,不同的国家、地区其会展行业的发展及其管理模式也有一定的差别,但是,实践证明,其管理的模式在很多方面都还是值得借鉴的。

第三节 会展策划与管理的关系、应用

一、会展策划与管理的关系

会展策划与会展管理之间是一个辩证的关系。从会展策划来看管理和从会展管理来看

策划,可以说,这两者之间是相辅相成的。

(一)从会展策划来看管理

策划要求策划者能够综合利用所掌握的各种资源——实物的、信息的、历史的、现实的等进行分析与整合,从而设计出一整套具有可操作性的、能有效达到预期目的的行动方案。

会展策划是一项综合性的系统工程,它所涉及的内容是多方面的。从内容上来看有会展目标的设定、会展市场调查、拟定会展计划、会展活动的实施、会展效果的评价与测定等。这其中的每一项内容都离不开管理。

1. 会展目标的设定

会展目标是会展的主办者、参加者通过会展活动所期望达到的目的。对于会展的主办者来说,实现会展的效益是根本,因而,在举办某个会展活动时,只有制定合理的会展目标才能确保会展活动获得成功。成功的会展举办者总是十分重视会展目标的管理工作,将目标管理贯穿在会展活动的始终。

2. 会展市场的调查

收集与分析会展市场信息是策划举办会展活动的一项基础性工作。会展市场调查的过程是一个系统的、有目的的管理行为过程。它需要通过调查者运用各种市场调查手段,详细地收集、记录和整理有关会展市场的信息和资料,客观地反映会展市场的态势,从而为全面认识会展市场、进行会展市场的分析和预测,以及为办展机构进行科学决策提供依据。

会展市场调查的主要内容有对会展环境的调查、对会展企业情况的调查、对会展项目情况的调查、对会展市场竞争情况的调查以及围绕参展商、观众以及支持协助单位等情况的调查。会展调查的实施部门是会展企业的市场部。通过调查,在充分了解会展的市场潜力、市场限制以及市场动态等信息的基础上,才能有针对性地做好会展策划。

3. 会展计划的拟定

会展计划所包含的内容十分丰富,例如会展工作的人员分工计划、展会招展计划、展会招商计划、展会宣传推广计划、展会服务计划、展会开幕与现场管理计划、展会相关活动计划以及展会结算计划等。

在进行会展策划时,会展计划的拟定十分重要。首先,会展计划是进行其他会展项目管理职能的前提和基础,它是"尺度、准则、灯塔、路标",是会展管理过程的中心环节。其次,会展计划是会展组织协调的前提,现代会展活动涉及方方面面,如何使得各个环节的活动都能在时间、空间和数量上有效衔接,既能围绕会展活动的整体目标,又能互相协调,就必须制订严密的计划。第三,会展计划是行动的准则,要达到会展目标并最终实现会展的组织目标,就必须按照会展计划进行。第四,会展计划是控制会展活动的依据。会展计划为各种复杂的会展管理活动确定了相应的数据、尺度和标准,它不仅为控制会展活动指明了方向,而且还为控制会展活动提供了依据。

4. 会展活动的实施

实施是进行会展活动的中心环节,因此也是会展策划的重点内容。在这一阶段,会展策划人员需要根据会展计划策划出具体的工作方案。例如,会展宣传的实施,需要精心策划宣传所要使用的主要方式,包括媒体广告、户外广告以及推介活动等。若采用媒体广告则又包括专业媒体——报纸、杂志、网站等；大众媒体——电视、电台、主导性报纸等。户外广告则要考虑利用人流量较大的公共场所，以海报、灯箱、广告牌、宣传布幅、彩旗等形式，进行会展活动的宣传。此外，新闻发布会、专业研讨会等形式也是宣传会展信息的重要渠道。

在会展活动的组织管理工作方面，以展览为例，展会前期需要组织建立参展商潜在客户的数据库、设计并投放参展须知、重视参展中的知识产权问题等。筹划的内容一般包括：首先在管理类别上要划分招展组团、宣传联络、展品运输、设计施工、行政后勤、展台工作、后续工作等不同的工作；其次，在各类工作之下都要有详细的具体事项；第三，弄清各项工作之间的关系；最后，要定期检查各项工作进度和质量，及时发现并解决问题，以保证会展活动整体工作的协调与正常运作。

5. 会展效果的评价与测定

在现代经营管理中，计划、实施、评估是不可分割的三个步骤。会展的效果评价与测定也是检验和评价会展策划实施效果的一项工作。一般来说，会展策划、实施工作结束后，相关人员应及时对会展活动进行评估，总结经验，寻找问题，并写出评估工作的总结报告。这项工作也是为以后的会展工作留下可借鉴的历史参考文献，只有这样，会展策划与管理的水平才能不断地提高。

（二）从会展管理来看策划

现代科学技术的快速发展使得会展管理在功能、组织、方法和理念上都产生了根本性的变化，现代会展管理研究呈现以下趋势。

首先，会展管理在科学研究体系中的地位将进一步提升。人们越来越深刻地认识到，会展管理在会展经济的发展中已成为不可缺少的要素。会展管理的教育将会越来越受到重视，包括会展策划在内的管理在会展领域的重要作用也将体现得更加充分。

第二，人们对会展管理的认识不断深化。会展管理的理论化趋势明显，会展管理的分支发展将更加迅速。包括会展资本管理、会展信息管理、会展人力资源管理、会展安全管理、会展服务管理以及会展策划管理等会展管理体系的建设将呈现出新的发展态势。

第三，会展管理学本身具有综合性，其自身的管理实践将不断创新。此外，会展管理学将更多地与会展经济学、会展心理学、会展社会学以及会展策划学等紧密地结合。在诸多相近学科发展的推动下，将得到迅速发展。

第四，以人为本的特色在会展管理研究中将更加突出。随着经济发展的全球化态势，会展人才数量和质量的竞争将会越来越激烈，因而，需要重视对人的智力和体力开发的研究。未雨绸缪，特别是将人作为一种知识载体的策划研究十分重要。

第五，会展管理理论与实践的结合更加紧密。管理实践在会展管理学的发展中起着核心作用。随着社会组织结构的变化以及会展管理活动的创新，会展管理的发展将会涌现更多新的研究对象和案例，在此基础上，必将形成新的会展管理理论。

从会展管理的职能方面来看，不论是计划、组织、领导，还是控制都与策划密不可分。

1. 计划

所谓计划是指确定某项工作目标以及明确达到这些工作目标所需要采取的步骤、相应过程等。计划所要解决的是"干什么"和"怎样干"的问题。会展的相关工作都要围绕计划所

确定的行动目标来进行。

可以说,会展管理的首要职能是计划。制订计划的过程其实也是会展策划的过程。它包括估量会展项目的机会、建立会展目标、制定实现会展目标的战略方案、形成协调各种会展资源和会展活动的具体行动方案等。

2. 组织

在会展管理中,组织工作是为了有效地实现会展计划所确定的目标而在组织中进行部门划分、权利分配以及工作协调等的过程。

一般认为,组织是计划工作的自然延伸,它包括会展组织结构的设计、会展组织关系的确立、会展人员的配置以及会展组织的变革等。这些也都是在会展策划过程中需要重点关注的问题。

3. 领导

管理学中的领导工作是指管理者利用职权和威信施展影响,指导和激励各类人员努力去实现目标的过程。

在会展管理中,管理者需要激励其下属,并且要指导下属进行有效的行动,选择最切实的沟通途径、解决会展组织成员之间的纷争。在领导的职能中有两个工作要点:其一是要努力做好组织的工作;其二是要尽力满足组织成员的个人需要。

领导工作最重要的是通过精心策划,调动组织成员的积极性和主动性,这就需要领导者能够运用科学的激励理论和合适的领导方式去开展工作。

4. 控制

控制工作也是会展管理活动中的一个重要职能,它包括确立会展的控制目标、衡量会展活动的实际业绩、进行差异分析以及对会展活动的实施采取纠偏措施等。这也是会展策划所要考虑的一个重要环节。

以上所说的会展管理的四大职能是相互联系、相互制约的。其中计划是会展管理的首要职能,其是组织、领导和控制职能的依据;而组织、领导和控制职能则是有效进行会展管理的重要环节和必要手段,是会展计划、会展目标能顺利实现的基本保障。

在实际工作中,只有统筹策划并且协调好这四个方面的职能,使之成为一个整体,前后关联,进行连续一致的系统管理,才能确保会展管理工作的顺利进行和会展组织目标的圆满实现。

二、会展策划与管理的应用

作为会展经济领域中具有独特性的会展活动,每一个会展项目都有其特殊性和规律性。我们分别以著名的会议、展览和节事活动为例,来看会展策划与管理的应用问题。

(一)达沃斯论坛

在瑞士东南部格里松斯地区的一条17公里长的山谷里,坐落着一个美丽的小镇——达沃斯。这里雪峰绵延,树木葱茏,景色宜人,它是举行会议和人们运动旅游度假的胜地。著名的达沃斯论坛就诞生在这里。

1. 策划过程

达沃斯论坛的策划始于1971年。它是由瑞士日内瓦大学教授克劳斯·施瓦布(Klaus

Schwab)倡议创建的。

20世纪70年代,欧洲经济出现很多问题。在施瓦布看来,欧洲经济的发展应当有所新意,于是他萌发了一个大胆的念头,提出举办由欧洲企业家参加的"欧洲管理论坛"的主张。最初提出的会议宗旨为"通过有效的世界合作加强企业活力,为全世界的繁荣作出贡献"。该论坛因每年的年会都在达沃斯召开,所以也被称为"达沃斯论坛"。

1973年,由于布雷顿森林体系固定汇率机制的瓦解,阿以战争爆发,使得论坛将年会的讨论重点从管理领域扩展至经济和社会问题,世界各国的政界领导人也首次受邀参加1974年1月的达沃斯论坛。

1979年,论坛出版了《全球竞争力报告》,这也使得该组织扩展成为一个知识中心。

1987年,欧洲管理论坛更名为世界经济论坛,同时也扩展了其愿景,包括成为一个提供解决国际冲突的平台等。如德国统一、南非总统弗雷德里克·威廉·德克勒克与纳尔逊·曼德拉的会见等政治事件都是在该论坛上进行的。

2. 主题策划

达沃斯论坛年会,一般是在每年的一月下旬举行,会议持续约一周时间,截至2019年已举办了48届年会。

达沃斯论坛的成功,离不开论坛发起人及其主办者在会议项目主旨定位及主题策划等方面的独特之处。主办方每年都要确定一个主题,在此基础上安排超过200场的分论坛讨论。随着国际形势的变化,论坛所探讨的议题逐渐突破了纯经济领域,许多双边和地区性问题也成为论坛讨论的主要内容。近年来,世界上发生的重大政治、军事、安全和社会事件多在论坛上得到反映。

世界经济论坛2004年年会的主题为"建立安全与繁荣的伙伴关系";2005年的主题是"负起艰难抉择的重任";2006年的主题为"开拓创新,把握未来";2007年以"变化中的力量格局"为主题;2008年的主题是"合作创新的力量"。

2009年,年会以"构建危机后的世界"为主题,当时,中国国务院总理温家宝出席并发表题为《坚定信心,加强合作,推动世界经济新一轮增长》的特别致辞。

2010年,第40届年会的主题是"改善世界状况——重新思考、重新设计、重新建设"。时任中国国务院副总理的李克强出席年会并发表了特别致辞。

2011年,全球政商界精英围绕"新形势下的共同准则"这一主题进行讨论,而中国继续成为论坛关注的焦点。

2012年,第42届年会的主题为"大转型:塑造新模式",论坛强调了全球各领域存在着深层结构性问题。

2013年,论坛年会的主题是"弹性和动力"。与会的政商精英围绕全球经济面临的新挑战及应对之策进行商讨。

2014年,达沃斯年会以"重塑世界:对社会、政治和商业的影响"为主题。2015年论坛的主题是"全球新局势";2016年,论坛以"掌控第四次工业革命"为主题。

2017年,论坛的主题定为:"领导力:应势而为,勇于担当"。中国国家主席习近平出席并在开幕式上发表了题为《共担时代责任,共促全球发展》的主旨演讲。中国声音成为本届论坛的一大亮点。

2018年,论坛围绕"在分化的世界中打造共同命运"的主题展开讨论。

2019年,论坛的主题为"全球化4.0:打造第四次工业革命时代的全球架构"。

3. 运营管理

世界经济论坛设有基金会,目前已有超过1000家的基金会会员,其运营所需的费用主要是来自基金会。

在管理上,基金会的理事会下设资源管理中心,该中心对资金运作进行管理。一般来说,会员企业需是年收入额在50亿美元以上的国际企业(收入额可因行业和区域而异)才具有入会资格。同时,这些企业也都是其行业或国家中的佼佼者,并对于该行业或区域的未来发展起重要作用。世界经济论坛的基金会会员每年向世界经济论坛支付年费作为世界经济论坛举办各种会议和活动以及运营的费用。世界经济论坛的基金会会员可以称为"行业合作伙伴"或"战略合作伙伴",更深入地参加论坛的活动,并发挥其在国际经济中的影响力。

(二)中国-东盟博览会

1. 策划背景

1967年8月8日,东盟(也称亚细安)国家协会在曼谷成立。1999年,东盟已发展成为包括印尼、马来西亚、菲律宾、新加坡、泰国、越南、柬埔寨、老挝、缅甸以及文莱在内的10个成员国。东盟区域是一个拥有约5亿人口的庞大经济体。中国加入世界贸易组织之后,与东盟之间的贸易关系变得越来越重要,中国与东盟之间互相取长补短,对中国和世界其他国家都有利。

2002年11月,在柬埔寨的金边,中国与东盟领导人签署了《中国与东盟全面经济合作框架协定》,中国-东盟自由贸易区的建设正式启动。

2. 地点策划

2003年10月8日,中国国务院总理温家宝在第七次中国与东盟(10+1)领导人会议上发出倡议,从2004年起,每年在中国的南宁举办中国-东盟博览会,同期举办中国-东盟商务与投资峰会。这一倡议得到了东盟10国领导人的一致欢迎。

中国-东盟博览会是中国和东盟10个国家经贸主管部门及东盟秘书处共同主办,由广西壮族自治区人民政府承办的国家级、国际性经贸交流盛会,每年在广西壮族自治区南宁举办。

南宁是广西壮族自治区首府及广西政治、经济、文化中心,是环北部湾沿岸重要经济中心。它地处亚热带,北回归线穿域而过,面向东南亚、背靠大西南、东邻粤港澳琼、西接印度半岛,是华南沿海和西南腹地两大经济区的结合部以及东南亚经济圈的连接点。南宁与越南社会主义共和国毗邻,南宁到河内的直线距离仅300多公里,到老挝首都万象与泰国首都曼谷的直线距离分别为700公里和1200公里。对于和东盟国家进行贸易交流来说,具有得天独厚的地理优势。

中国-东盟博览会的特点是在中国境内由多国政府共办且长期在一地举办的展会之一。博览会以展览为中心,同时开展多领域多层次的交流活动,是一个跨国、跨地区的交流合作平台。

3. 定位策划

围绕《中国与东盟全面经济合作框架协议》,中国-东盟博览会的定位是以中国-东盟自贸区为依托,以促进中国-东盟自由贸易区建设,共享合作与发展机遇为宗旨,遵循双向互利的原则,重点推进自由贸易区内的经贸合作,同时,博览会也为企业分享自贸区建设成果,进一步开拓市场,并且面向全球开放,为各国商家共同发展提供新的机遇。

4. 内容策划

中国-东盟博览会的内容涵盖商品贸易、投资合作、服务贸易、高层论坛、文化交流等方面。以"第15届中国东盟博览会"为例,我们来看展览的内容,主要有五大专题:

(1) 商品贸易专题。

东盟商品展区:食品及饮料、生活消费品、大宗商品、服务业产品等;"一带一路"国际展区:特色食品、生活消费品、服务业产品等;中国商品:①机械设备,包括工程机械及运输车辆、食品加工及包装机械、电力设备及新能源、农用机械等;②电子电器,包括通信设备及智能软件、智能家电及消费电子等;③建筑材料,包括门窗幕墙、室内装饰材料等。

(2) 投资合作专题。

国际经济与产能合作:国际工程承包、劳务合作、资源开发、信息科技、能源开发、基础设施建设、园区招商以及铁路、有色、电力等重点产能领域;农业合作:第三届中国-东盟农业国际合作展(中国和东盟间农业投资合作项目、15省区"一村一品""一镇一业"成果等)。

(3) 先进技术专题。

科技展区:人工智能、先进制造、智慧城市、创新创业、大健康创新技术、东盟科技创新等;气象展区:气象装备、站网设施、业务系统、天气预报影视制作系统、服务产品等;环保展区:水环境、大气、土壤、噪音治理,固体废弃物处理,环境监测与检测仪器环保技术及设备,节能及资源回收,环境应急装备与技术等。

(4) 服务贸易专题。

金融服务:科技金融创新、人民币结算、买家信贷、信用保险、信用贷款等企业金融,基金、证券、保险投资理财、互联网金融等个人金融信息咨询;旅游服务:城市形象、旅游项目合作、旅游咨询等;人才服务:海外人才创新创业成果等;其他服务:物流、质检、检验检疫、通关、法律等。

(5) "魅力之城"专题。

中国和东盟11个国家将根据本届中国-东盟博览会主题,选择本国具有代表性的实力城市作为"魅力之城"进行综合展示,并在会期举办城市主题活动、城市推介活动及城市交流活动。第15届中国-东盟博览会已确定的"魅力之城"为中国北海。

5. 特色策划

为了提高东博会的国际影响力,提升东博会的整体形象,东博会的承办方以及秘书处广泛征求创意策划的点子,不断凝练,已经逐渐形成了自己的特色。

(1) 进口与出口相结合,以进口为特色,强调对东盟市场开放,做东盟商品进入中国的桥梁。

(2) 投资与引资相结合,以中国企业"走出去"为特色,做中国企业投资东盟的平台。

(3) 商品贸易与服务贸易相结合,以旅游服务和中小企业技术创新成果转让为切入点,培育中国与东盟经贸合作的新增长点。

(4) 展会结合,相得益彰。中国-东盟商务与投资峰会和博览会同期举办,二者有机结

合,相互促进。"两会"期间,既有实实在在的经贸活动,又有政府、企业、专家学者的相互对话与交流。

（5）经贸盛会与外交舞台。博览会既是一次经贸盛会,又是一次多边国际活动,增进了了解,充分体现了中国与东盟睦邻友好、建立面向和平与繁荣的战略合作伙伴关系的宗旨和意图,务实地推动了中国与东盟国家区域经济合作的深入发展。

（6）经贸活动与文化交流相结合。博览会期间同时举办"风情东南亚"晚会、"南宁国际民歌艺术节"开幕晚会、"中华情"晚会、高尔夫名人赛、"网球之友"名人赛、时装节、美食节等,五彩纷呈的文化体育活动穿插其间。

6. 组织管理

在组织管理上,中国-东盟博览会组织机构的主办单位有:中国商务部、文莱工业和初级资源部、柬埔寨商业部、印度尼西亚贸易部、老挝工业贸易部、马来西亚国际贸易和工业部、缅甸商务部、菲律宾贸易和工业部、新加坡贸易和工业部、泰国商业部、越南工业贸易部以及东盟秘书处。

承办单位是广西壮族自治区人民政府。

协办方有:中国科学技术部、中国交通运输部、中国文化和旅游部、中国国际贸易促进委员会和香港贸易发展局等。

国内外的支持商协会有:文莱中华商会、文中友协、柬埔寨总商会（又名金边总商会）、柬埔寨成衣厂商协会、柬埔寨中国商会、柬埔寨港澳侨商总会、印尼工商会馆中国委员会、印尼中华总商会、印尼-中国经济社会与文化合作协会、老挝国家工商会、马来西亚中国经济贸易总商会、马来西亚制造商联合会、马中友好协会、马来西亚中华工商联合会、缅甸联邦工商会、缅甸林木产品商协会、缅甸豆类商协会、缅甸渔业协会、缅甸工业联合会、菲华商联总会、新加坡中华总商会、新加坡工商联合总会、新加坡制造商联合会、新加坡中国商会、新加坡中小企业工会、泰国中华总商会、泰国工商总会、泰中商务委员会、越南工商会、中国纺织品进出口商会、中国轻工工艺进出口商会、中国五矿化工进出口商会、中国食品土畜进出口商会、中国机电产品进出口商会、中国医药保健品进出口商会、中国对外承包工程商会、中国食品和包装机械工业协会等。

中国-东盟博览会秘书处是中国-东盟博览会成立常设工作机构。常设工作机构对外名称为中国-东盟博览会秘书处,对内设置为广西国际博览事务局。该机构为自治区政府直属正厅级事业单位。博览局下设综合协调处、研究发展处、招商招展处、展览管理处、对外联络处、宣传推介处、会议接待处、经营开发处、人力资源处、财务会计处十个职能处。工作人员的配备采取从区内优选抽调和面向全国公开招聘相结合,努力建设一支视野开阔、知识结构新、专业能力强、充满活力的高素质团队。

7. 安全管理

安全管理是大型会展活动管理的重中之重。广西壮族自治区政府也十分重视这一工作。主要体现在以下几个方面:

第一,开展全区安全生产大检查。中国-东盟博览会期间,明确要求各地、各有关部门和单位全面深入强化安全风险防控和隐患排查治理,坚决防范遏制重特大安全事故,确保展会各项活动现场安全稳定,确保全区特别是南宁市及周边地区的生产安全。安全大检查覆盖广西全区所有地区、所有行业领域、所有生产经营企事业单位和人员密集场所。同时，突出道路交通、地采矿山、危险化学品、烟花爆竹、水上交通等重点行业领域，突出学校、医院、商业和文化娱乐场所、机场、港口、车站、旅游景点等人员密集的公共场所，突出农民工等人员集中的劳动密集型企业，对反复发生、长期未得到根治的重点问题开展检查。

第二，要求南宁市在做好安全生产大检查的基础上，针对展会拟定的活动与接待场所，制定专项的安全实施方案，对各类活动场所的消防、特种设备、液化气管道、供电等设备设施安全运行状况和应急预案及演练情况开展专项督察，强化对活动场所临时搭建工程的安全验收，确保万无一失。广西住房城乡建设厅负责指导南宁市对展会活动场所搭建施工进行全程监管，严格安全检查验收。广西公安厅负责指导南宁市做好展会期间各类大型活动方案安全防范措施审查。

第三，要求各地、各有关部门和企业全面摸清安全隐患和薄弱环节，彻底排除各类安全隐患，依法严惩一批违法违规行为，彻底治理一批重大事故隐患，关闭取缔一批违法违规和不符合安全生产条件的企业，联合惩戒一批严重失信企业，问责曝光一批责任不落实、措施不力的单位和个人，严格落实各项安全防范责任和措施，坚决遏制重特大事故，确保展会期间全区安全生产形势稳定。

第四，为有效打击倒卖、侵占展位现象及假冒伪劣展品的行为，中国-东盟博览会从第11届开始，要求参展商同时拥有博览会秘书处颁发的《展位确认书》及参展商所属国家主管部门（或授权商协会）颁发的参展证明或会员认证，与"双证"不符的展商将被取消参展资格，展品将被撤下。

此外，还加强了对重大危险源的监控，并且，还运用信息技术手段建立了视频安全监管系统等，确保食品安全。

8. 接待服务管理

中国-东盟博览会在接待服务管理上有很多亮点。

其一，在东博会会期，继续开通"点对点"免费穿梭巴士。停靠点分别设在南宁国际会展中心、华南城会展中心和广西展览馆，采取点对点"一站式"服务，为宾客们提供安全、便捷、舒适的服务。

其二，东博会贵宾接待服务系统（部分功能）投入使用。该平台的上线可以进一步规范东博会贵宾信息统筹、整合接待资源、优化接待环节，提升东博会参会贵宾体验，为参展参会各路宾客提供高效便捷的服务。

其三，东博会接待资源调配组还派出专员进驻酒店，核实贵宾的抵离情况，协助贵宾办理入住登记和离店手续，确保接待信息的准确性。另外，资源调配组、资金保障组将首次联合召开酒店宾馆接待交流培训会，对东博会期间酒店入住、接待、结算等相关环节的最新情况和要求进行通报、讲解，为参会人员提供优质服务。

（三）中国上海国际艺术节

1. 总体策划

中国上海国际艺术节，是经中华人民共和国国务院批准，由中华人民共和国文化部主办，上海市人民政府承办的国家级国际艺术节，是我国最高规格的对外文化交流节庆活动

之一。

首届中国上海国际艺术节于1999年11月2日至12月1日在上海举行。时任中共中央政治局常委、国务院副总理李岚清出席了开幕式。首届中国上海国际艺术节以展示舞台表演艺术为主,30多台国内外优秀剧(节)目参加正式演出,20台精彩节目参加祝贺演出。同时,艺术节期间还举办了演出交易会、美术大展、艺术博览会和亚洲音乐节,开展了丰富多彩的群众文化活动。

中国上海国际艺术节每年一届,截至2018年,已成功举办了二十届,取得了骄人成绩。艺术节在促进文艺创新、文化交流、文化产业发展以及文艺人才培养方面发挥了巨大推动作用,对于充分展示上海以及中国繁荣、发展、健康的国际形象,增进中国人民与世界各国人民的了解和友谊,丰富广大人民群众的文化生活,产生了重要积极的影响。

在中国上海国际艺术节上,荟萃了国内外一流的音乐、舞蹈、戏剧等各种艺术形式,祖宾·梅塔、艾森巴赫、西蒙·拉特尔、多明戈、安德列·波切利、玛利亚·凯丽、詹姆斯·高威、麦斯基、马友友、阿依达·戈麦斯、萨拉芭拉斯、碧昂斯等明星大师在艺术节舞台上交相辉映;柏林爱乐乐团、以色列爱乐乐团、捷克爱乐乐团、英国BBC交响乐团、日本宝冢歌舞团、俄罗斯马林斯基剧院、瑞士贝嘉芭蕾舞团、蒙特卡罗芭蕾舞团等世界名团为艺术节舞台留下了永恒的经典魅力;《金舞银饰》《阿依达》《中国贵妃》《霸王别姬》《野斑马》《牡丹亭》《马可·波罗》等一批匠心独具的创新大制作,为艺术节舞台带来澎湃的原创激情。

二十年来,中国上海国际艺术节共举办了超过5000项的各类群众性文化活动,活动遍及上海市17个区县。

从中外艺术家进社区到明星、市民同台"天天演";从市民才艺大赛到"长三角"地区民歌邀请赛,总共已吸引了超过5000万人次观众参与其中。

中国上海国际艺术节自从创办嘉宾国及我国嘉宾省开展"文化周"以来,已举办了澳大利亚、俄罗斯、法国、埃及、墨西哥、新加坡、日本、韩国、德国和云南、内蒙古、青海、湖北、重庆、香港、甘肃等各具特色的国内外文化周系列活动。

中国上海国际艺术节演出交易会是推广民族文化走出去、引进国外优秀文化走进来的重要平台,目前已经有60多个国家160多个城市和地区的1000多家中外著名艺术节、演出经纪机构、演出团体参加了交易会。每届都有几百个节目在这个平台达成初步合作意向,极大地推动了国内演出市场的发展繁荣。

琳琅满目的展览,丰富多彩的活动也是中国上海国际艺术节不可缺少的组成部分和重要的延伸渠道。古埃及国宝展、毕加索大展、敦煌艺术展、写意中国·大写意国画展等中外展览、博览会,每年吸引大量的观众参观。

中国上海国际艺术节在海内外文化界和广大人民群众心目中的影响越来越大。

2. 主题策划

会展主题是整个会展活动过程所反映的政治、经济、科学文化等社会生活内容的中心思想。可以说,主题是会展活动的灵魂和精髓,也是保持会展活动魅力的源泉。主题鲜明是会展运作专业化的重要表现之一,同时,也是会展品牌形象塑造的重要手段之一。

艺术节种类繁多,几乎每个大城市,每隔一两年都会有自己的艺术节,通常有组委会、常设的办公室和整个团队。国际艺术节的功能是展示丰富多彩的各种当代艺术,因此,它必须面向世界,借鉴各种艺术形式,形成艺术节的主题概念。一般的国际艺术节都是有主题的。

上海国际艺术节的宗旨是:吸引世界优秀文化,弘扬中华民族艺术,推动中外文化交流,繁荣文化市场。围绕这一宗旨,根据国际文艺的发展潮流和趋势,上海国际艺术节每年的举办主题也有所不同,例如,第十届中国上海国际艺术节高举"经典一流"和"探索创新"两面旗帜,以"艺术,城市的礼赞、生活的盛典"为主题。

第十一届中国上海国际艺术节是在举国欢庆新中国成立60周年和迎接上海世博会的2009年举办的,具有特别重要的意义。艺术节以"用艺术点亮心灵"为主题,精心策划了舞台演出、群文活动、节中节、演出交易会、论坛、展览博览6大板块活动,营造喜庆祥和的"庆国庆"和"迎世博"氛围。

第十二届中国上海国际艺术节恰逢世博年,组委会确定了要融入世博、服务世博,办成一届艺术的世界博览,用艺术演绎世博主题,为上海世博会增光添彩。该届艺术节的主题为"炫动世博,舞动上海",设计了舞台演出、论坛、群文活动、展览博览、节中节、演出交易会六大板块内容。艺术节内容选择的指导思想是要让国内外观众在艺术节看到想看的、好看的艺术和很国际、很精彩、既时尚又高雅的世界艺术。让外国观众和游客看到很中国、很民族,既传统又创新的中国艺术。就像在世博园区欣赏各国千姿百态、各具特色的展馆一样。

2011年,第十三届中国上海国际艺术节以"艺术的交流,心灵的相约"为主题。一如既往地贯彻"艺术交流的盛会、人民大众的节日"的宗旨,力求让艺术节舞台充分展示世界各国的多元文化,努力挖掘新人新作,让金秋的上海充满艺术激情,让所有参加艺术节的艺术家和观众充满喜悦和欢乐。这一届艺术节可谓是"名家荟萃,名团集聚,名作纷呈";展博览项目贯穿东西文明,串联古今精品,在策展题材的广度和深度上都颇有新意,尤其是"2011年毕加索中国大展"展出了62件真品,囊括大师七十多年创作生涯各个时期的代表作品,影响深远。

从中国上海国际艺术节的主题演绎情况来看,主要还是围绕艺术节的宗旨,从艺术自身的价值、功能、作用等来提炼主题,并没有做成专门主题性的艺术节,比如"水""树"等。

关于这一点,原上海国际艺术节中心总裁陈圣来先生曾经指出,专门的或主题性的艺术节包容性太小,暂时还不适合。就目前来看,艺术节就是要在2000万人口的特大型城市发挥最大的包容性的效应。

3. 运营管理

近年来,我国的节庆活动层出不穷,节庆经济蓬勃发展,据不完全统计,日前我国将近有6000多个节庆活动。以"中国艺术节"为例,截至2019年1月底,百度搜索的相关词条就有超过400万条之多。

举办艺术节的目的之一是唤醒人们的公共意识和责任感,强调国家间无障碍艺术交流的重要性。越来越多的艺术节采用国际化的运作方式。这样更有利于艺术家才华的展现和艺术事业的发展,同时,国际化的艺术节还有利于增进各国人民间的友谊和相互了解,促进世界和平和发展。

正是因为艺术节具有独特的社会意义与公益性质,所以,在国外,很多艺术节是以政府的投入和支持为主的。以蒙特利尔艺术节为例,该艺术节90%的预算由政府出资,其中联邦政府33%,魁北克省25%,蒙特利尔市政府33%,展览费用和社会捐赠只占10%。

"3∶3∶3"是国外艺术节通常运用的模式,这个模式是指政府提供1/3,企业赞助1/3,票房1/3。

如今,节庆产业的市场化运作已是大势所趋。利用文化生产力本身,用市场活力来激发文化艺术产品内在的生命力,将使文化艺术生产进入良性循环。

与政府贴钱的"官办"模式不同,上海国际艺术节虽由文化部主办、上海市人民政府承办,但市政府主要只是给予政策上的推动,具体操作全由上海国际艺术节中心按国际惯例市场化运作,面向社会,自筹经费。中心设立于2000年,是上海国际艺术节的常设机构。中心主要负责每年一届的中国上海国际艺术节的筹划和运作,对每年的艺术节进行策划、组织、统筹、协调、认定和指挥,同时展开日常对外文化交流活动;策划、组织各类文艺演出。

上海国际艺术节运作的基本现状是政府的1/3是空缺的,企业的赞助基本上是广告行为。票房的主要收入归演出公司,艺术节中心收取的只是3.5%的管理费。

中国上海国际艺术节的市场化操作的一般步骤是由各地文化主管部门向文化部申报节目,经组委会节目筹划部和文化部艺术司进行筛选后,再由演出中介公司、剧团、剧场三方检验,有市场的才签约。

这种运作方式,将对艺术节提出很高的要求,它首先需要高质量的节目,兼具经典性和艺术性;其次需要有高明的文化经营机构和经营者;同时,更需要得到广大百姓的认可和踊跃参与,使他们肯自己掏钱买票进剧场。这无疑会赋予艺术节新的、不同于以往表演方式的鲜明特色。

与此同时,每年一届国际性演出交易会的举办,使人们看到了中国艺术和世界艺术交流的前景。上海国际艺术节中的交易会除邀请国内演出经纪机构、经纪人、团体、演出场所代表外,还邀请了国外演出经纪机构、演出经纪人与会洽谈交易。交易内容以演出剧节目为主,国外剧节目要求在国际上享有一定声誉并具有代表性,国内剧节目要求具有鲜明的民族特色,上乘的艺术质量,易于在国际上推广。

演出交易会安排开、闭幕式,酒会等活动,每天安排洽谈交易,并根据需要安排节目介绍发布会、视频播放展示活动。节目介绍发布会、大屏幕播放、播放演示各自收取费用,参加交易会人员的旅费、食宿费用自理,充分体现了以会养会、市场化运作的特点。

从国际艺术节通行的运作方式来看,赞助商在节庆营销活动中扮演十分重要的角色。赞助商的选择在很大程度上取决于艺术节的运转模式。

以美国的节庆赞助为例,其渠道是"无孔不入",据国际节事协会总裁史蒂文·施玛德介绍,举办一个波伊西河的"流域节",赞助商多达600多个。有人形象地比喻:赞助商,是一种智商,更是一种"文化商"。赞助商参与程度不仅考验节庆策划者的智力,更成为考量节庆文化影响力和品牌价值的重要尺度之一。提升节庆的文化"含金量",需要全新的赞助理念和赞助模式。因而,打造节庆文化赞助产业链,拓展赞助渠道,完善赞助评估系统,探索节庆赞助的国际化已经成为当前亟待解决的课题。

如何更多更好地引入社会资金、社会力量,也是艺术节正在思考的问题。自2012年以来,上海国际艺术节成立了基金会,从社会募集一部分资金,用以引进更多一流经典节目,举办更多公益场演出。并且,艺术节还走出了上海,在杭州、无锡等地设立了分会场,在长三角形成了城际联动效应。

在办节模式、策划思路、寻求社会支持等方面不断与国际接轨,越来越有国际视野、开放胸怀和文化自信,中国上海国际艺术节的运作模式在不断创新。

4. 发展趋势

(1)国际化盛会。

中国上海国际艺术节已成为中国规模影响最大的国际文化交流盛会。艺术节上汇集的中国与世界优秀的艺术精品,为国际艺术节带来了广泛的国际影响。

先后在中国上海国际艺术节登场展演的有世界瞩目的景观歌剧《阿依达》、美国哈莱姆舞剧院的《火鸟》、英国皇家爱乐乐团与BBC苏格兰交响乐团的交响乐音乐会、德国科隆的萨克管五重奏音乐会、以色列的幽默现代舞、俄罗斯的冰上马戏、欧洲各国的哑剧精品、亚洲五大男高音音乐会、越南富有特色的水上木偶戏等。"节中节"中的"上海国际魔术节"也已连续举办了十多届,每一届艺术节都吸引来自五大洲的数十个国家和地区的演出团体、近万名艺术家参与。中国上海国际艺术节的国际化程度越来越高。

(2)大众化之路。

广泛开展群众性文化活动,为人民大众送平安送快乐,是中国上海国际艺术节的重要内容。

上海国际艺术节举办期间,丰富多彩的文化活动源源不断地被送到工地、街道和社区。如"幸福欢乐送"文艺巡演、外国艺术家巡演、"长风杯"新上海人歌手大赛、"江桥杯"外来建设者才艺大赛……在上海这座城市里,"阳春白雪"和"下里巴人"都拥有生存和发展的空间。各区县都广泛组织富有地方特色的文化艺术活动,同时,总工会、市教委等系统都会举办具有行业特色的艺术展演活动,让更多群众参与艺术节,享受艺术节,营造平安、快乐、和谐的社会氛围。

例如,综合类文艺节目"天天演"活动,让高雅艺术走上街头,节目内容多种多样,无论现代的、传统的;通俗的、高雅的;民族的、世界的,都可以在"天天演"的舞台上一展风采,充分展示出现代文化的活力与激情,体现一种宽度与广度;"中外艺术家下社区"是历届艺术节群文活动的保留节目,也是艺术扎根于人民大众、深入百姓生活的重要载体。

(3)民族化色彩。

鲁迅先生在《且介亭杂文》中说:"只有民族的,才是世界的。"世界上有众多的民族,每个民族的文化都是世界文化的有机组成部分。没有民族的也就没有世界的。民族文化是有其特性的,这是人类各民族文化的共同点。

在往届上海国际艺术节中,传统民族的演出备受青睐,具有民族化色彩的节目在国际艺术交流中更具有竞争性。

如匈牙利布达佩斯艺术宫邀请上海交响乐团于2010年在艺术宫演出交响音乐会;俄罗斯阿汉格斯戏剧节邀请中国武汉杂技团在俄罗斯阿汉格斯市参加戏剧节演出;云南民族歌舞《踩山舞云》也特别吸引了众多国外机构的眼球;泰国曼谷国际舞蹈与音乐节邀请云南文山壮族苗族自治民族歌舞剧团在泰国曼谷演出;芬兰柯斯基民间艺术节邀请云南文山壮族苗族自治州民族歌舞团参加民间艺术节演出。美国特别娱乐公司邀请黑龙江省杂技团走美国拉斯维加斯演出杂技专场。上海淮剧团的淮剧优秀传统折子戏专场团队赴美国北卡罗来纳州格林斯伯勒音乐学院巡演。美方对淮剧的程式化表演及带有浓郁民族特色的配乐感

到很满意。

澳大利亚昆士兰表演艺术中心总监约翰表示:"艺术节上的中国传统的民族戏剧表演令人惊叹,无论是音乐唱腔、歌舞表演还是舞美服装,它们都深深感动着我,我一定要把它们带回我的故乡。"

(4) 品牌化发展。

一流的城市需要一流的文化,世界著名大都市往往都是国际文化中心。而具有全球影响的国际艺术节,往往又成为文化都市的名片,如巴黎金秋艺术节、纽约林肯中心艺术节、东京艺术节和爱丁堡艺术节等等。艺术节不仅吸收世界优秀文化,推进本国和世界文化的交流,还能扩大民族艺术在世界的传播和影响。

一年一度的中国上海国际艺术节,历经十三年的成功运作和精心打造,目前已发展成为融国际性、经典性、群众性和创新性为一体的艺术节著名品牌,并在世界艺坛享有一定的知名度,赢得优良的声誉。

一手牵引国际国内一流艺术精品,一手连通千万百姓。中国上海国际艺术节已蜚声海内外,成为中外艺术家各展身手的国际舞台。每年的艺术节吸引了来自国内外的著名艺术团体、顶尖艺术大师、演艺巨星。艺术节以有知名度、有成就的名作名团名家为主导,力推高质量的经典作品、艺术精品和新创首演剧(节)目,可谓"大师毕至,明星闪烁,经典荟萃,新作迭出"。

澳大利亚外交部长在给艺术节中心的一封贺信中写道:"上海国际艺术节是全世界办得最出色的艺术节之一。"

中国上海国际艺术节"已经成为国际艺坛上具有影响力的艺术节之一,成为我国对外文化交流的标志性工程和重要品牌"。

5. 需要重视的问题

上海建设文化大都市的需求旺盛。"十三五"时期,上海"国际化大都市"竞争力、影响力与辐射力的进一步打造,迫切需要大力发展文化事业和文化产业,大幅度提升城市的软实力。基于此,中国上海国际艺术节必须重视以下几个方面的问题。

(1) 如何均衡经济效益与社会效益问题。

一般而言,公共服务与商业经营是相对独立的,对于中国上海国际艺术节来说,如何使它的经济效益与社会效益均衡起来,互相支持、利益共赢、和谐发展、健康发展是重要的问题。

上海应当以建设文化魅力十足、文化特色突出、文化设施一流、文化精品纷呈、文化氛围浓厚的国际文化大都市为方向,努力将上海打造成为与"四个中心"地位相匹配的公共文化魅力之都、文化产业集聚高地、文化资源配置枢纽、文化艺术创作中心、文化交流国际平台、海派文化传承创新基地。

此外,中国上海国际艺术节还需要从顶层设计,充分考虑到上海"国际文化中心"的大功能,重新思考功能与定位的提升等问题。

(2) 商业模式与公益模式如何协调问题。

直接地说,商业模式追求的是通过什么途径或方式来赚钱。而公益是指为了公众利益的活动,内容包括社区服务,环境保护,知识传播,公共福利,帮助他人,社会援助,社会治安,紧急援助、青年服务、慈善、社团活动、专业服务、文化艺术活动、国际合作等等。中国上海国际艺术节在运作模式上,两者如何协调也是一个问题。

艺术节市场化方向的选择是可行的,但前提是,艺术节从行政手段到市场行为的转变过程中,必须完成大量的基础性工作,比如,要理顺艺术中心与演出公司之间的关系,形成一个运转自如的艺术节市场链。

艺术节承载着宣传艺术、体现城市文化水平、节目展演、艺术交流等许多社会功能。它的功能是综合性的,它引进的节目也是综合的,有着多样的艺术形式、多种艺术类别。因而,艺术节的社会公益性,不是仅靠几百万的公益广告投入就能解决的,还需要政府、学界、业界进行深入的思考与研究;要完全市场化,艺术节还必须进行必要的市场细分。

（3）如何建构中国上海国际艺术节文化个性与内涵问题。

文化个性的多样性是人类文明发展的内在生命动力。在推进中国现代化建设、构建和谐社会和推进城市文明的发展中,中国上海国际艺术节的文化个性内涵、基础及文化多样性等问题是值得深思的。

加拿大首都渥太华每年有20多个艺术节庆,从室内音乐节到蓝调音乐节、烟火节等,每个节庆都有自己特定的市场和观众群,尽管规模不大,但运转得都很有特色,深得观众的喜爱。他们的做法值得借鉴。

从往届的运行情况来看,上海国际艺术节也有低价票,但凡看过几回演出的人都知道,那些需要带望远镜才看清楚的座位,观众更多的只能是感受氛围,看看热闹。

一流的艺术节应该由一流的节目支撑,同样,成功的艺术节也应当从打造每一个细节入手,兼顾大众的感受与自身的不断创新,包括节目的遴选如何体现中国上海国际艺术节文化个性与内涵等问题,这对主办方也是相当大的考验,否则就很容易弄成一锅大杂烩。

(资料来源:中国上海国际艺术节网站。http://www.artsbird.com/newweb13/festival.php？idx＝1/)

本章小结

会展在内涵上涉及会议、展览和节事活动等领域。一般来说,会议侧重于信息交换,可以是经济行为,也可以是政治行为、科技行为等;而展览则侧重于产品展示、技术交流、文化交流,主要是一种经济行为,也包含文化行为。节事活动包括节日、庆典以及各种文化、体育等具有特色的活动。它集旅游观光、购物娱乐、经贸洽谈、科技文化等多种活动于一体。与会议展览相比,节事活动更加贴近公众生活。从传播学的角度来看,会展是一种特殊的流通媒介,是信息传播与实物传播的载体。本章在梳理现代会展概念的基础上,对会展策划的概念、特点、基本原则、基本内容和基本流程、策划方法以及会展管理的概念、原理、类别等作了概述。最后,从相辅相成的角度厘清了会展策划与管理的关系,并举了3个典型案例讨论会展策划与管理的应用问题。

复习思考题

1. 名词解释：会展策划、会展管理。
2. 会展策划的基本原则是什么？
3. 简述会展策划的基本方法。
4. 简述会展管理的类别。
5. 简述会展策划与管理的关系。
6. 举例说明会展策划与管理的应用。
7. 阅读下列策划案例并讨论问题。

2010年上海世博会城市最佳实践区策划

城市最佳实践区案例征集活动2007年5月启动，2008年1月31日截止。组织者共收到113个案例，经梳理归纳及与申报城市充分协商确认，最终获得有效申报案例106个。最终遴选出了实物建设案例15个、展馆案例40个，两大类共55个。

入选案例涵盖了宜居家园、可持续的城市化、历史遗产保护与利用、建成环境的科技创新等4大类主题，五大洲的发达国家和发展中国家均有案例入选。实践区展现出的是人类的智慧，并且是全方位的、立体的智慧。这其中离不开一个又一个成功的策划。

1. 创新策划

在世博会历史上分为官方参展者和非官方参展者。官方参展者就是国家和国际组织，非官方参展者传统意义上主要是企业，所以从办馆的主体来说，有国家馆、国际组织馆、企业馆。把城市纳入世博会的城市最佳实践区是2010年上海世博会的首创。

2. 细节策划

最初的策划名称是"城市实验区"，后来，策划者把名称改为"城市最佳实践区"。"实验"意味着我们还没做某件事，在考虑当中，是将实验室里面的拿出来展示，可能是未来的东西；"实践"是已经实践了，而且已经取得了成功，大家是可以学习的。它会引领未来，是当今已经做出来的东西，具有推广、示范价值，从而引领未来。一字之差，意义却有很大的不同。

3. 生态、高科技主流策划

入选的15个实物建设案例涵盖居住建筑、办公建筑、休闲建筑、公共空间4类，包括"水中心""植物墙建筑""活水公园""自行车的复活""帐篷城"等项目。入选的案例当中，生态、高科技是一个主流，体现了生态、科技发展的方向。

如"沪上生态家",它的原型是在上海申富路568号的上海生态建筑示范工程,包括一个综合办公楼、多层公寓和独立住宅。"沪上生态家"原型坐落于闵行区申富路568号建科院科技发展园区内。从外形看它呈火柴盒状,大楼正中竖着一个巨大"烟囱",像一幢乡村别墅。其实,这是一幢办公楼,从规划设计到技术和产品的选用再到运行维护,都有一套完整的生态建筑理论支持。如其外墙装有太阳能电池板;楼内采用导光系统,朝北的房间依然可以感受阳光;房屋的通风、采光等各个系统可根据天气情况和人体感受自动调节等。

4. 一个美术馆救了一个城市的策划

西班牙毕尔巴鄂地区的一个案例,其名称为"毕尔巴鄂古根海姆"。毕尔巴鄂地区最初是西班牙的一个传统工业地区,在20世纪80年代,因为传统工业的崩溃,以及1983年发生的一次洪灾,历史中心出现了严重的毁坏,经济一蹶不振。毕尔巴鄂从1983年起开始了城市革命,当时它的市政府领导人引进了一个在西班牙非常著名的建筑师,也是国际级的大师,建造了一座古根海姆博物馆,它的外形非常独特,每年吸引了大量的游客到毕尔巴鄂地区参观游览。所以这个古根海姆博物馆作为一个城市引领项目,使得毕尔巴鄂地区发生了巨大的变化,在古根海姆效应的影响下,毕尔巴鄂在过去的25年之中,已经操作了25个重要项目,完全改变了它的面貌。就是通过古根汉姆这个项目,整个城市都获得了新生。

城市最佳实践区是集中展示全球有代表性的城市,为提高城市生活质量所进行的各种最佳实践,这些实践都具有创新意义和示范价值。

最佳的实践离不开最佳的策划。2010年世博会城市最佳实践区的主题创意离不开一个又一个成功的策划。

思考并讨论:
1. 举例说明2010年上海世博会城市最佳实践区生态、高科技主流策划的特点。
2. "毕尔巴鄂古根海姆"的案例在策划上有什么独特之处?

第二章

会展立项策划与管理

引言

所谓会展立项策划,是指策划者根据能够掌握的各种市场信息,对即将要举办的展会项目进行可行性论证,对将要举办展会的有关事宜进行初步规划,设计出展会项目的基本框架。

在论证与确定展会项目切实可行,并且在展会策划与管理的内容都得到落实之后,还需报请有关部门进行审核批准,这些都是展会项目立项与管理的基本工作。

在一个会展项目将要开展之前,策划者需要进行广泛的市场调研,综合分析各种信息资料,研究会展市场的变化规律,完成会展立项策划,以便为展会的举办者进行项目决策提供依据。

通过本章学习,读者可以了解会展市场调查、会展项目立项与分析等的主要内容,掌握会展项目立项的基本要素,从而学习制定切实可行的会展立项具体实施方案。

建议本章用8课时教学。

在学习过程中,可以参考《会展策划》《会展项目策划与组织》《会展管理》《会展服务管理》等著作进行深入学习。

学习要点

1. 会展市场调查
2. 会展项目立项策划的基本要素
3. 会展项目的实施方案
4. 会展项目的可行性论证
5. 会展项目的报批
6. 会展项目策划与管理的要点

第一节 会展立项的市场调查

会展立项过程中,需要掌握会展市场的实际状况、特征以及相关关系等各种消息、数据和情报。它需要策划者通过各种市场调查手段,有目的、系统地进行收集、记录和整理相关的市场信息资料,并对其进行有针对性的市场分析和预测。一个会展项目的立项策划,在会展市场调研环节主要包括四个方面:产业、市场、法律以及相关展会的信息等。

一、会展的产业情况调查

产业是生产物质产品的集合体,涵盖的内容广泛,通常所说的产业包括农业、工业、交通运输业、邮电通信业、商业饮食服务业以及文教卫生业等。从会展的角度来看产业,凡是对举办展会有参考价值的信息都可以纳入到会展的产业信息范畴。

会展的产业信息所反映的产业状况是举办展会的前提条件,也是进行会展项目决策的基础。调查主要围绕以下几个方面进行。

(一)产业性质

产业性质主要是指产业的技术特点、市场结构、规模经济大小、外部经济性等对产业的内在规定性。这些产业规定因素会随生产、技术的变化而不断变化。要策划举办一个与产业相关的展会项目,首先要考察准备举办展会的产业性质。

通常所说的农业、工业、交通运输业、邮电通信业、商业饮食服务业或者文教卫生业等的经营方式、经营形态、企业模式和流通环节等都有所不同。这些产业内部也有自己的业态循环体系。

例如对创意产业的考察,不仅包含广告、建筑艺术、艺术和古董市场、手工艺品、时尚设计、电影与录像、交互式互动软件、音乐、表演艺术、出版业、软件及计算机服务、电视和广播等业态,甚至还可以将旅游、博物馆和美术馆、文化遗产和体育等纳入其体系之中。

(二)产业规模

产业规模主要是指该产业的生产总值、销售总额、进出口总额和从业人员数量等。这些信息是策划举办展会项目时需要参考的重要数据。例如,我们可以通过了解产业的生产总值和销售总额来预测会展项目活动的规模;可以通过了解产业从业人员的数量来预测会展的专业观众数量。

随着人们对规模经济研究的不断深入,产业规模也呈现出新的特点。产业规模向横向扩展,即生产、经营同类产品的规模不断扩大;产业规模向纵向扩展,即从研发到技术成果转化、推出产品、市场营销,产业规模逐渐向成本低效益高的方向发展。

可以说,产业规模对会展规模产生直接的影响,因而,在进行产业规模信息收集时,不仅要收集产业规模的现有数据,还要对产业规模未来的发展趋势进行预测,以便为会展项目的长期发展提供策略上的参考。

(三)产业分布情况

对某个产业分布状况的调查,不仅要了解该产业的产品分布及地区的分布、厂商数量及分布,也要了解其产品销售模式及其市场成熟度等情况。这对于展会的正确定位很重要,同时,对于招展和展会宣传推广等来说也是十分重要的。

以目前我国的中高端进口产业为例,其中的汽车集成电路、汽车及其零部件、集成电路以及显示面板是我国进口最多的中高端工业品。其产业分布从城市就业机会来看,据调查北京、上海、广州、深圳、成都、重庆、天津、武汉、杭州、苏州、南京等城市是这些高端产业就业集中的城市。因此,在进行与此相关的展会项目策划时,就必须关注这些重点城市的产业分布情况。

(四)厂商数量

从理论上说,一个产业拥有的厂商数量就是即将举办的展会的潜在参展商和专业观众的数量。如果某个产业拥有的厂商数量太少,则展会的潜在参展商和专业观众也会较少,展会举办成功的可能性也较小;反之则成功的可能性较大。所以,在会展项目策划阶段,就必须事先了解相关产业的厂商数量,这对于策划举办展会、确定展会规模和招展招商都十分重要。

(五)产品销售渠道模式

销售渠道是产品销售的通路,是将商品送到每一个目标终端消费者的渠道或道路。成熟的销售渠道能够使每一个愿意或希望购买商品的消费者都能够快速方便地买到商品。管理良好的渠道,对销售有良好的促进作用,有利于市场的拓展,从而实现销售拓展的最大化。

从模式上来看,产品销售渠道又可以分为直接营销渠道和间接营销渠道两种。直接营销渠道没有中间环节,产销可直接见面;间接营销渠道在消费者市场中则广泛应用。

一个产业的产品销售模式及其成熟度对举办展会的影响较大。一般来说,如果某产业的销售渠道较成熟,各企业的销售渠道都已经自成体系,则展览会招展就较困难,举办展会就可能举步维艰。这些因素在进行市场调查阶段就必须充分考虑到,这样才能做到有的放矢。

(六)产业技术含量

所谓产业技术含量主要是指某产业的产品以及生产设备所需要的技术的难易程度,以及它们的体积大小和重量等。在会展市场调查中,能了解到详细的产业技术信息,对于将要举办的展览会的场地选择有着十分重要的参考意义。由于种种原因,各地的展览场馆在建造时,展馆室内的高度、承重能力、展馆进出通道等方面的技术数据有较大差别,因而,展馆对其展品的要求也不相同。

当然,在对上述产业信息进行调研时,收集的范围也并不是漫无边际,调研是与计划要举办的展会定位有关的。一般来说,如果计划举办的展会是一个国际性的展会,那么则需要收集国际和国内的相关产业信息;如果计划举办的展会只是一个地方性的展会,那么只需要收集该地区的相关信息就可以了。

从另一方面来看,计划举办展会,准确的定位是需要有准确的产业信息来做支撑的。一般认为,如果计划举办的展会所涉及的地区范围要靠对收集的信息的分析来确定,那么,需要收集的信息是否全面、充实和详尽,就直接决定了该范围最终能否定位准确了。

另外,在收集产业信息时,还要密切注意收集那些分析该行业的发展趋势、该行业的热门话题和行业的亮点等方面的信息,这些信息对策划展会相关活动都有极大的帮助作用。

二、会展的市场信息调查

市场信息所反映的市场状况是举办展会的决策依据。此类调研必须全面了解本地区的市场情况、地理位置、交通状况、展馆条件等因素,优先考虑本区域的优势产业、主导产业、重点发展的行业以及政府扶植的行业来举办展会。此外,还要具体分析行业市场状况,摸清行业归属。分析办展资源,如资金、人力、物力、信息(目标客户的信息、合作单位的信息、行业产业信息)和其他社会资源(政府主管部门、全国及海外合作伙伴、招展组团的代理机构、专业传媒和大众传媒等)。

从策划举办一个展览会的角度出发,需要收集的市场信息主要有:市场规模、市场竞争态势、经销商情况、行业协会状况、市场发展趋势、相关产业状况等。

(一)市场规模

市场规模又称市场容量,市场规模是需求测量的目标。市场规模情况对于准确衡量与决定展览会的举办与否具有指导意义。

一般来说,某一产业的市场规模的大小,对在该产业内举办的展会的规模会产生直接的影响。如果市场规模过小,举办该产业题材的展会就会失去市场基础,展会就很难举办成功。了解市场规模不仅要了解现在的市场规模,还要预测市场规模的将来增减趋势,因为市场规模的增减直接影响到展会规模的变化。如果市场规模缩减过快,那么展会规模也将会在较短的时间内很快缩小;当市场规模缩减到一定的程度时,展会也就失去了继续存在的基础。

(二)市场竞争态势

竞争是市场的特点,市场竞争在结构上一般由市场领导者、市场挑战者、市场追随者和市场弥缺者组成。在产品市场中,市场领导者往往占有最大市场份额,它在市场价格的变动、产品的更新以及渠道的拓展等方面都具有很大的优势。市场竞争态势是指产业内部企业之间的竞争态势以及政府对该产业的控制力和影响力如何。从参展商选择的角度来考量,市场竞争态势对企业的参展意愿会产生重要的影响。不同的市场竞争态势对展会的影响是不一样的。

例如,市场垄断性较强的产业,不管这种垄断性是来自产业本身还是来自政府的政策,产业内企业通过参加展会的方式来营销的积极性就较小,在该产业内举办展会的难度就较大;市场竞争较自由的产业,产业内企业通过参加展会的方式来营销的积极性就较大,在该产业内举办展会就较容易成功一些。另外,产业集中度的高低也同样会影响展会。在具体调查产业市场竞争态势时,还要注意了解该市场的归属,即它是属于买方市场还是卖方市场,处于买方市场状态的市场往往更适合举办展会。

(三)经销商情况

经销商是展会重要的潜在客户,他们既可能是参展商,也可能是专业观众。能够准确掌握产业的经销商的数量和分布状况,对展会的举办有着重要的意义。这里说的经销商,不仅包括批发商,也包括零售商。在会展市场调研中,不仅要掌握经销商在全国的分布状况,还要掌握其在各地区的具体分布情况。对于国际性的展会而言,还需要尽量多地掌握该产业在全世界较重要的经销商的数量和分布情况。

以互联网与大数据的应用为例。在互联网产业O2O的趋势下,互联网企业已逐渐将业务延伸到金融、保险、生活、旅游、健康、教育等多个行业,极大丰富了数据来源,促进了分析技术的发展,拓展了大数据分析在诸多传统行业的应用场景。阿里、百度和腾讯是三大互联网巨头。与阿里相关的有淘宝、蚂蚁金服、芝麻信用、高德地图、庆科(物联网)、中长石基、数据魔方、虾米音乐以及阿里旅游等;与腾讯相关的有腾讯视频、腾讯云、大众点评、腾讯广点通、面包旅行、腾讯路宝、四维图新、科菱航赛、腾讯征信、中海达、丁香园以及腾讯健康云等。与百度相关的有百度知道、爱奇艺、去哪儿、百度地图、百度云、百度视频、百度迁移、百度精算、百度语音、作业帮、元征科技、无忧停车、百度数据开放平台、长地万方以及融360等。无疑,能详细掌握这些企业的经销商情况对于举办该领域的展会具有十分重要的意义。

(四)行业协会状况

某个产业内是否有行业协会的存在以及行业协会在该产业内的影响力如何,这些因素对于展会的成功举办影响很大。一般来说,如果某个产业内已经设立行业协会,那么就意味着该产业内已经有一些行业共识的规范和行业管理制度,该产业内的企业行为和市场行为也会相应地受到某些约束,否则,市场竞争可能会无序和混乱。从另一方面来说,如果某个行业协会在产业内有较大的号召力,那么,该行业协会对企业的参展意愿和参展行为都能产生较大的影响,相反,其对企业的参展意愿和参展行为的影响就会微不足道。

由此可见,策划举办一个展会,对该产业内的行业协会状况的情况调研是十分必要和有用的。清晰的掌握行业协会状况,进而获得该行业协会的支持,并进一步与其合作,将有助于展会的成功举办。

(五)市场发展趋势

市场发展趋势是由区域市场的过去、现在与未来的发展前景所决定的。它和市场的功能定位、人文状况、经济状况、基础设施状况等相关,并表现在产品市场的品质、供应、销售量、价位、购买特征、推广销售等方面。

市场发展趋势直接影响到展会的发展前景。了解某一产业的市场发展趋势,就是要在了解该产业市场的现状的基础上,对该产业的未来发展趋势作出科学的预测,以此了解在该产业举办展会的发展前景如何,并对展会的未来发展进行预测和规划。

对于一个展会项目的策划而言,需要了解的市场发展趋势的内容很多,比如市场容量的增减趋势、市场集中度的发展趋势、产业市场营销方式的变化趋势、市场竞争的发展趋势、市场分布状况的变化趋势以及相关产业状况等。

(六)相关展会信息的调查

在展会项目策划中,一定要对项目所涉及的行业内现有的展会情况做一个全面的调查。了解这些信息,可以为是否在该产业内举办展会提供决策依据,同时也可为制定相应的展会竞争策略提供参考。

需要收集的相关展览会信息主要有同类展会的数量和分布情况、同类展会之间的竞争优势、重点展会的基本情况等。

1. 同类展会情况

一般来说，同类展会的数量越多，对于在该产业中策划举办新的展会项目越不利；同类展会的分布离计划举办的展会的地域越近，对策划举办新展会项目也不利。因而，要尽量全面了解产业内同类展会的数量、举办地区分布情况。它将是决策并举办展会项目的重要依据。

2. 同类展会之间的竞争态势

同类展会之间总是存在这样那样的竞争关系。通过调研，了解清楚同类展会之间的基本竞争关系，对是否策划立项举办新展会和为新展会制定竞争策略有着十分重要的意义。

3. 重点展会的基本情况

这里所说的"重点展会"，是指那些规模和影响较大，或者是对策划举办的新展会有直接的竞争关系的展会。对于这些展会，策划者要对其组展机构、办展时间、办展频率、办展地点、展会规模、参展企业数量及分布、观众数量及来源、展品范围、展会定位等情况都要有比较全面详细的了解。只有知彼知己，才能百战不殆。

三、会展法规及相关情况的调查

举办展会必须遵守相应的法律法规，会展法规可以通过对国内外企业参展意愿和参展行为的影响来间接影响展会；也可通过对展会的组织方式等的约束来直接影响展会；还可通过对展会的举办单位的市场准入的限制来影响展会。

在进行展会项目策划时，对会展业的法规体系、市场准入规定、知识产权保护以及海关有关规定等深入地了解。

（一）会展业的法规体系

在我国，随着会展组织者审批与管理法律制度等的不断完善，会展业的法律法规体系建设步伐也在不断加快。

1. 通用法律规范

展会活动与其他经济活动一样具有营利性、公开性、参与主体多等一些特征。展会活动也需要实现公平竞争、诚实信用、安全环保等目标。所以，如《合同法》《公司法》《广告法》《保险法》《反不正当竞争法》《著作权法》《专利法》《商标法》以及《大型群众性活动安全管理条例》等通用法律规范也同样适用于规范展会活动。这些是在进行展会项目策划时必须要清楚的。

2. 会展专项法律规范

与通用法律规范不同，会展专项法律规范政策性、针对性强，对会展业来说具有很强的指导性。在国务院及部委层面，会展专项法律规范已经出台了《国务院关于进一步促进展览业改革发展的若干意见》（国发〔2015〕15号）、《对外贸易经济合作部关于印发〈在境内举办对外经济技术展览会管理暂行办法〉的通知》（〔1998〕外经贸政发第325号）、《展会知识产权保护办法》等。在地方或行业层面,如《上海市展览业管理办法(2015修正)》《上海市展览业行为公约》等对会展业的发展都具有一定的约束作用。

(二)产业政策与市场准入规定

1. 产业政策

这里所说的产业政策,是指政府对产业产品销售、产品的使用和生产等方面的规定。这些规定对展会的举办、企业的参展意愿和参展行为等都会产生直接或间接的影响。

2. 产业发展规划

产业发展规划是指国家和地方政府对某一产业的发展所作的长远的和宏观的规划。这种规划在某种程度上决定着该产业在今后较长时间内的发展状况和发展趋势。一般来说,在新兴产业和政府规划为重点发展的产业里选择题材,举办展会,其成功的概率要高一些且发展前景要好一些。另外,产业发展规划和政府的产业政策密切相关,它不仅从宏观上影响着展会,也从展会的具体操作方式上影响着展会。

3. 市场准入规定

主要包括两个方面,一是对举办展会的企业或机构的资格审定,二是国家对外资进入该产业的政策规定。以国际展为例,已出台的相关规定有《国际博览会联盟章程》《设立外商投资会议展览公司暂行规定》《在境内举办对外经济技术展览会管理暂行办法》《出国举办经济贸易展览会审批管理办法》《关于举办来华经济技术展览会审批规定》《在祖国大陆举办对台湾经济技术展览会暂行管理办法》《文物出国(境)展览管理规定》《中华人民共和国海关对进出口展览品监管办法》等。

(三)其他规定

由于举办展会会涉及多种产业,因此,政府对交通、消防、安全、金融、保险以及海关、知识产权保护等都有相关的规定,这些也会对展会产生这样或那样的影响。因此,在策划展会项目时,对这些规定也要有所了解(参见相关链接2-1)。

相关链接 2-1　会展业的法律规范要点

根据会展业法律服务的相关要求,可以将会展业的法律规范要点概括如下。

1. 项目备案

2015年之前,对境内举办的对外经济技术展览会,根据展会性质、规模实施分级审批管理,审批机关为国务院、商务部(原对外贸易经济合作部)、省级人民政府商务主管部门(原举办地外经贸主管部门)。

2016年,国务院取消了地方负责的境内对外经济技术展览会办展项目审批事项。由商务部负责的境内举办对外经济技术展览会办展项目审批条件和程序保持不变,地方进行预审和转报。国务院部门所属单位及机构、中央企业、全国性行业协会、境外机构,其他举办冠名"中国""中华""全国"等类似字样的对外经济技术展览会,以及举办展期超过6个月对外经济技术展览会均属商务部审批范围。

2. 办展资质

2003年,国务院发布《国务院关于取消第二批行政审批项目和改变一批行政审批项目管理方式的决定》(国发〔2003〕5号)决定取消在我国境内举办对外经济技术展览会的主办和承办单位的资格审批。

3. 展会名称

根据《对外贸易经济合作部关于重申和明确在境内举办对外经济技术展览会有关管理规定的通知》(外经贸贸发〔2001〕651号)、《中华人民共和国商务部境内举办对外经济技术展览会办展项目审批指南》规定,展会名称一经发布,主办方一般不得变更;确需变更的,主办方应当立即告知参展方,若涉及审批的,还需办理相应变更手续。

通常展会名称是由"展会届数＋举办地点(区域范围)＋展会主题＋展览会"等要素构成,由于展会名称本身具有品牌价值的属性,对此可通过《商标法》《著作权法》《反不正当竞争法》等法律规范进行保护。

4. 信息公示

《展览业管理办法》明确规定发布者(展览企业或其授权主体)应发布客观、真实的招展信息,对参加同一个展览会的参展者应当发布一致的信息,信息内容应当覆盖展览名称、展览主题、展览范围等;若信息发布时尚未签订场馆租赁协议或未获有关行政批文的应在招展信息中进行显著标识。

违规发布招展信息的,工商行政管理部门可责令其限期予以更正并根据不同违规行为对其处以1—3万元以下罚款。《展览业行为公约》《展览业自律公约》也对招展信息发布的具体要求提供了指导意见。

5. 治安许可

根据《大型群众性活动安全管理条例》的规定,公安机关对大型群众性活动实行安全许可制度。负责筹备、举办大型群众性活动并申请安全许可的法人或者其他组织对活动的安全负责,并在举办日的前20日根据预计参加人数规模向公安机关提出安全许可申请;对经安全许可的展会,承办者不得擅自变更活动时间、地点、内容或规模,否则将受到行政处罚;若因承办者违反规定致使发生重大事故、治安案件等严重后果的,直接责任人员应承担相应法律责任。

6. 消防安全

《展览业管理办法》规定主办方应当向公安消防管理部门申报并领取检查后的《消防安全检查意见书》,未经消防检查,擅自办展的将按照有关法律、法规承担法律责任。

7. 噪音管理

根据《中华人民共和国环境噪声污染防治法(1996)》及《声环境质量标准》(GB3096-2008)、《社会生活环境噪声排放标准》(GB22337-2008)的规定,主办单位在进行商业活动时应当注意噪音管理,若违反有关规定,公安机关或环境保护行政

主管部门(经省级以上政府授权)有权进行行政处罚。

主办方可在招展合同中对噪音标准、噪音管理及其违约责任进行约定,并通过管理守则进行细化;展会举办期间,主办方可聘请有资质的专业公司进行检测,根据检测结果并按照招展合同、管理守则规定对相关参展方采取措施。

8. 知识产权保护

《展会知识产权保护办法》《加强展览会专利保护实施细则》等会展专项法律规范均涉及主办方制定展会现场知识产权纠纷处理规则、在展会现场设置知识产权侵权投诉接待机构等举措,意在维护知识产权权利人的合法权益。

国家知识产权局发布了《"互联网+"知识产权保护工作方案》(国知发管字〔2018〕21号)将大型展会作为重点领域,探索通过知识产权侵权案件信息共享、展品报备机制、智能检测平台反溯侵权假冒线索等方式强化会展知识产权保护。对于展会现场知识产权纠纷,主办方应做好事前防范,在招展合同中对参展方知识产权保护及不侵权承诺进行明确约定;事中处理时可借助展会举办地的行政主管部门、公证机关、调解机构对争议双方进行调解或对涉嫌侵权产品进行证据保全,并引导争议双方通过诉讼或仲裁方式进行解决。

9. 海关监管

根据海关总署于2017年公布的《中华人民共和国海关暂时进出境货物管理办法》(海关总署第233号令)的规定,在展览会中展示或者使用的货物属于暂时出入境货物。该办法第三章专门针对暂时出入境展览品的监管作出了明确的规定,境内展览会的办展人(主办方)在货物进境前需向当地海关报告,并且提交展览品清单和展览会证明材料,办理有关手续。

10. 入境签证

《中华人民共和国出境入境管理法(2012)》《中华人民共和国外国人入境出境管理条例(2013)》均就外籍人士参加境内举办的展览会应申办的来华签证种类作出明确规定。

在办理来华签证时或需《邀请函》(《邀请确认函》)。经国务院批准,我国在苏浙沪、京津冀地区实施部分国家人员144小时内过境免签政策,允许部分国家人员在指定范围内暂时免签停留。

11. 隐私保护

在全球网络数据保护意识崛起以及我国推进"互联网+""双线会展"模式发展的综合背景之下,公民个人信息保护也将成为未来会展法律合规的重要组成部分。如欧盟于2016年发布的《General Data Protection Regulation》(2018年5月25日已生效),不仅对欧盟境内的企业有管制作用,甚至可能对所有采集与欧盟人员相关信息的境外企业也发生影响。我国相继出台的《侵权责任法》《网络安全法》等亦对公民个人信息保护逐步加深。

(资料来源:钱晔文,卓鑫。)

第二节　会展项目的可行性分析与报批

一、会展项目的SWOT分析

SWOT分析是近代西方学者对经济现象进行分析的一种系统方法。SWOT本身是四个英文单词的简称,即由(Strength)优势、(Weakness)弱势、(Opportunity)机会、(Threat)威胁四个单词的首个字母缩写组成。其中(Strength)优势、(Weakness)弱势是内部可控制因素,也可以说是自身条件,人们可以有意识地分析认识它们,从而找出相应的对策去控制和改变它们;(Opportunity)机会、(Threat)威胁是外部不可控因素,亦即所处的外部环境,人们只能去认知和影响它们,却无法控制和改变它们(见图2-1)。

优势 Strength	弱势 Weakness	自身条件
机会 Opportunity	威胁 Threat	外部环境

图2-1　SWOT分析示意图

任何一个会展项目都会面临着内外部的竞争环境和竞争条件,策划者需要对会展项目的各种主要内部优势、弱势和外部的机会和威胁等,通过SWOT分析调查列举出来,用系统分析的思想,将各种因素相互联系起来加以分析,从中得出相应的可行性结论,通常,SWOT分析的结论带有一定的决策性。

(一)会展项目SWOT分析基本步骤

首先,对会展项目内部的优势和劣势进行分析,重要的是要找出对会展项目具有关键性影响的优势和劣势。

第二,要分析会展项目所面临的外部机会和威胁。会展项目所处的外部环境往往是不断变化的,在策划时应当充分考虑如何抓住机会,回避风险。

第三,将会展项目内部的优势、劣势和外部的机会、威胁等进行联系,形成可行的备选战略。

(二)会展项目SWOT分析的基本内容

会展项目SWOT分析要根据会展项目的性质有针对性地进行。对会展项目所具有的优势、劣势、机会和威胁的分析一般可以从以下几个方面进行。

1. 竞争优势(S)

(1)地理位置和区位优势。

展会项目对于地理环境有一定的依赖度。得天独厚的地理环境、畅通便捷的交通位置、四通八达的地区物流中心等都是展会项目举办的必要条件。自古就有"天时地利"之说,在策划展会项目时,气候条件、航空、铁路、公路、国际海运等因素都可以成为举办展会的优势。

(2) 城市竞争力。

现代会展项目往往对举办城市有特殊的要求，在策划展会项目时，能抓住城市的特点分析往往能取得好的效果。城市综合竞争力的分析可以从制度竞争力、政府管理竞争力、企业管理竞争力、结构竞争力、人才、资本、科技、基础设施、综合区位、环境、文化、开放以及综合排名等方面进行。

(3) 经济优势和产业依托。

一般来说，举办行业性展会项目需要有区域的经济优势和产业依托，包括区域或城市的经济活跃度、主要经济指标、生产总值、产业状况等都可以列为分析的重点。

(4) 客户优势。

展会项目的举办方本身具有强大的经销商网络，并且与供应商保持良好的伙伴关系，对市场环境的变化也能够灵敏反应。

(5) 资产优势。

展会项目举办方的资产包括有形资产与无形资产。有形资产优势主要指吸引人的不动产地点、充足的资金、完备的信息资料等。无形资产优势主要是指优秀的品牌形象、良好的商业信用以及积极进取的公司文化等。

(6) 技术技能优势。

技术技能方面的优势主要包括独特的生产技术、低成本的生产方法、领先的革新能力、雄厚的技术实力、完善的质量控制体系、丰富的营销经验、上乘的客户服务、卓越的采购技能等。

(7) 人力资源优势。

人力资源方面的优势主要是指在关键领域拥有专长的职员情况以及积极上进的职员、有很强的组织学习能力、丰富经验的职员等。

(8) 组织体系优势。

组织体系优势是指办展主体具有高质量的控制体系、完善的展会信息管理体系、忠诚的客户群、强大的融资能力等(参见相关链接2-2)。

相关链接 2-2　第二届中国(唐山)国际钢铁冶金工业博览会的组织

第二届中国(唐山)国际钢铁冶金工业博览会由唐山市人民政府主办，中国钢铁工业协会、中国金属学会、中国金属材料流通协会、中国废钢铁应用协会、全联冶金商会指导，唐山市贸促会、唐山市钢铁工业协会、路南区人民政府、报春钢铁网承办，钢铁研究总院、冶金工业规划研究院、大连商品交易所协办，以"绿色环保智能制造高质量发展"为主题。展会共举办4天，展区面积10000多平方米，来自全国的200多名参展商和2000多名钢铁企业采购商参加本届博览会。

2. 竞争劣势(W)

知己知彼方能百战不殆。在会展项目策划中,能够清醒地认识到自己的劣势是很必要的。一般从以下几个方面来分析劣势。

(1) 关键领域的竞争能力正在丧失。
(2) 缺少有竞争力的有形资产、无形资产、人力资源、组织资产。
(3) 缺乏具有竞争意义的技能技术。
(4) 缺乏创办国际品牌展会的战略。
(5) 展会的同质化倾向,主题雷同,重复办展严重。
(6) 办展活动规范化欠缺,高素质展会项目管理人才缺乏。

3. 会展项目面临的潜在机会(O)

机会是组织机构的外部因素,它可以指项目实施后所获得的新市场、新项目、新题材以及市场壁垒的解除和竞争对手的失误等。主要包括以下几方面。

(1) 宏观政策导向较明显。
(2) 有行业协会和政府的支持。
(3) 与会展项目主题相关的产业较发达。
(4) 市场需求增长强劲,可快速扩张。
(5) 客户群的扩大趋势。
(6) 市场进入壁垒降低、获得并购竞争对手的能力。

4. 会展项目的外部威胁(T)

从展会项目的外部因素来说,可能面临的威胁因素是多种多样的。如展会项目的主题产业走向没落,竞争对手的侵扰等,需要从国际、国内两方面的威胁进行分析。

(1) 会展市场无序竞争、恶性跟风的现象严重,替代性展览的出现。
(2) 高素质专业管理人才缺乏。
(3) 市场需求减少。
(4) 客户或供应商谈判能力提高。
(5) 出现将进入市场的强大的新的竞争对手。
(6) 汇率和外贸政策的不利变动。
(7) 人口特征、社会消费方式的不利变动。
(8) 不利于会展活动的政治、经济等相关因素。

(三)会展项目SWOT分析的组合类型

SWOT分析有四种不同的组合类型,并由此衍生出SO战略、WO战略、ST战略和WT战略(见图2-2)。

具体说来,SO战略概括起来为"优势明显,机会增长"。它是一种发挥会展项目内部优势与利用外部机会的策略。当举办展会的主体内部具有特定方面的优势,而外部环境又为发挥这种优势提供有利机会时,可以采取该策略。如具备举办类似活动经验、有可利用的空间和人力资源、并且展会项目的主题新颖、暂时没有明确的竞争者、有地区行业协会的强力支持等。

	优势S	劣势W
机会O	SO战略（增长型战略）	WO战略（扭转型战略）
威胁T	ST战略（多种经营战略）	WT战略（防御型战略）

图 2-2　SWOT 战略分析矩阵图

WO 战略概括起来为"虽有劣势，暗藏机会"。它是利用外部机会来弥补内部弱点，使会展项目改变劣势而获得优势的一种战略。当外部存在一些机会时，而会展项目目前的状况又限制了它利用这些机会时，可以采取此战略，利用外部机会克服内部弱点。如某会展项目管理者没有类似活动的管理经验，项目实施没有足够的场所和人力资源，管理人员没有就此活动接受充分培训；但主题新颖，没有竞争者，地区行业支持展会。

ST 战略概括起来为"利用优势，规避威胁"。它是利用会展项目的优势回避、减轻外部威胁的影响。威胁可能来自外部环境的变化，也可能来自竞争对手。如项目举办者具备类似活动经验、有可利用的空间和人力资源；会展项目的主题新颖，虽然存在竞争者，但其行为受到法律限制。

WT 战略概括起来为"减少劣势，化解威胁"。它是一种旨在减少内部弱点的同时回避外部环境威胁的防御性技术。如会展项目没有类似活动经验，会展项目实施也没有足够的场所和人力资源，项目管理人员没有就此活动接受充分培训，会展项目存在竞争者等。

尽管 SWOT 分析方法还存在自己的一些不足，例如它不能动态的反应 SWOT 四要素的变化等，但它仍不失为一种分析展会项目竞争力的好方法。在使用这种方法时，策划人员应该对影响外部展会项目环境和办展机构实力的相关因素进行动态调整或者作出科学预测，这样所作的决策才能更具有可行性。

二、会展项目立项可行性论证报告

在确定了展会的目标、选择好了展会的题材以及明确了展会立项的基本要素之后，需要进行展会项目的可行性论证，撰写会展项目立项可行性论证报告。

会展项目立项可行性论证报告是会展项目策划者就某一个会展项目进行可行性研究的书面表达，它是展会项目组织者决定是否继续推进某项展会活动的依据。根据会展项目策划与管理的特点，会展项目立项可行论证报告的内容主要包括以下几个方面。

（一）项目背景分析

背景分析部分主要阐述有关会展的环境，会展项目的社会经济意义，立项的必要性，项目宗旨，项目主题的主要理念、思想及简要的背景资料。

（二）会展项目的现状分析

阐述本项目在国内外的发展现状、所存在的主要问题以及近期的发展趋势，并将本项目与国内外同类会展进行对比分析。这一部分包含有关的全国性和地区性宏观会展经济资料,如相关的统计数字、销售额、增长速度等。

(三)行业市场分析

这一部分可以参照波特的五力模型分析会展行业市场的基本竞争态势。主要是从外部环境分析方法中对会展项目的微观市场进行分析。论述会展项目题材的发展前景,并进行市场需求分析,内容包括以下几方面。

(1)会展项目的供应和需求(国际、国家/地区),如市场细分、市场结构、相关的和潜在的参加展会公司名单等。

(2)会展项目的市场-销售系统,如市场结构、销售渠道、有关分销商名单等。

(3)确定目标群体、利益相关者,并对它们进行目标分析。

(4)参展商和观众分析、会展主办者分析、潜在入侵者分析等。

(5)项目市场趋势、技术进步和发展前景等。

(四)会展项目的目标

在会展项目立项可行性论证报告中,会展项目的目标可以从定性和定量两个方面进行描述。其主要内容包括以下几方面。

(1)会展项目的总目标。

(2)该会展项目题材的选择与创新点。

(3)会展项目的分阶段目标、完成后预期取得的效果。

(4)主体内容与辅助内容构想。

(五)会展项目的SWOT分析

对会展项目已开展的前期工作,实现项目预期目标的基础条件以及该项目实施在技术、设备、人才、资金等方面具备的条件和优势,该项目实施的劣势、机会、威胁等进行论述。

(六)会展项目组织管理

内容主要有项目组织机构、战略合作伙伴(如协会、报刊、主办商、大学);组织管理(如项目小组、时间可用度、员工组成等);根据预期参展商确定展会的地点和规模;营销管理(如媒体、销售渠道管理);规划管理(如内容管理和项目管理、时间表)等。

(七)项目计划方案

主要包括资金筹措方案、招展招商计划、宣传推广计划、服务供应商选择、人员安排计划、现场服务与管理计划等主要目标和内容。

(八)项目进度安排

可采用甘特图的方式直观表明会展项目任务计划的时间,以及实际进展与计划要求的对比关系。分月度列出项目实施进度安排、月度主要工作内容和主要目标。大型的展会活动有两年或更长时间的倒计时进度安排,一般的展会活动应该有一年的倒计时进度安排。

(九)经费预算

简述项目总投资及资金筹措渠道,根据项目进度和筹资方式,编制资金使用计划。对申

请周转资金的,应对还款来源、还款能力进行分析。

会展活动的各项费用,可分为固定费用和可变费用。固定费用不随参加展会人数变动,即使实际收益少于预期收益时也不变。如媒体宣传费用、场馆租用的费用等。可变费用会根据参展商及观众人数或其他因素的变动而变化。如餐饮费是典型的可变费用,实际支出的餐饮费取决于实际需要的人数。

按照是否直接计入预算,展会费用又可以分为直接费用和间接费用。直接费用是指为筹办展会直接开支的费用,不同的展会项目之间会有比较大的差异。展会直接费用由展会项目有关人员负责、管理,属于展会项目工作的一部分。展会的间接费用是指为筹办展会而花费的人力、时间以及从其他预算中开支的费用。在有些会展项目的预算中,间接费用不计入预算。

(十)风险预测

风险是指某一行动的结果具有不确定性。既表现为收益的不确定性,也可以表现为成本或代价的不确定性。风险具有客观性、普遍性、必然性、可识别性、可控性、损失性、不确定性和社会性等特性。会展项目的风险主要包括政策风险、技术风险、财务风险、市场风险、管理风险等。

(十一)经济、社会效益分析

具有良好的经济和社会效益是会展项目是否需要进行的一个重要指标。会展项目的经济和社会效益分析一般包括生产成本和销售收入估算、财务评价、国民经济评价、不确定分析、社会效益和社会影响分析等。

从表现形式角度看,经济和社会效益分析还要对会展交流、交易效果和会展本身可能产生的效果进行评价;从时间角度看,应该对会展即时效果和其潜在效果(长期效果)进行综合评价,并以此作为会展项目是否切实可行的依据。

(十二)可行性研究结论和建议

在系统分析的基础上对展会项目的目标、组织管理、计划方案、进度安排、经费预算等可行性分析提出结论,也可以提出可能存在的风险或问题、解决办法以及结论性的建议等。这部分还包括项目策划过程中所需要的附图、附件等。

三、会展项目的报批

会展项目通过可行性论证后,一般都需要报请有关部门批准后才能正式启动。报批的会展项目首先要有一份申办报告。

(一)会展项目申办报告

就国内机构提交的会展申办报告来看,可以分两种情况。其一是国内机构申请在国内举办的会展活动;其二是国内机构申请举办国际组织发起的会展活动。这两种情况都需要按有关规定报批后才能举办。近年来出台的相关法规是写作与提交会展项目申办报告的重要依据,如"商品展销会管理办法"等(参见相关链接 2-3)。

相关链接 2-3　商品展销会管理办法

第一条　为了加强对商品展销会的监督管理，维护市场秩序，规范市场行为，保护生产者、经营者、消费者的合法权益，根据国家有关法律法规的规定，制定本办法。

第二条　本办法所称商品展销会，是指由一个或者若干个单位举办，具有相应资格的若干经营者参加，在固定场所和一定期限内，用展销的形式，以现货或者订货的方式销售商品的集中交易活动。

第三条　举办商品展销会的单位（以下简称举办单位），参加商品展销的商品生产者或者经营者（以下简称参展经营者），均应当遵守本办法。

第四条　各级工商行政管理机关对商品展销会进行登记和监督管理。

第五条　举办商品展销会，应当经工商行政管理机关核发《商品展销会登记证》后，方可进行。未经登记，不得举办商品展销会。

第六条　举办单位应当具备以下条件。

（一）具有法人资格，能够独立承担民事责任。

（二）具有与展销规模相适应的资金、场地和设施。

（三）具有相应的管理机构、人员、措施和制度。

第七条　参展经营者必须具有合法的经营资格，其经营活动应当符合国家法律、法规、规章的规定。

第八条　举办单位应当向举办地工商行政管理机关申请办理登记。

若干个单位联合举办的，应当由其中一个具体承担商品展销会组织活动的单位向举办地工商行政管理机关申请办理登记。县级人民政府举办的商品展销会，应当向举办地地级工商行政管理机关申请办理登记；地、省级人民政府举办的商品展销会，应当向举办地省级工商行政管理机关申请办理登记。上一级工商行政管理机关可以委托举办地工商行政管理机关对商品展销会进行监督管理。

第九条　异地举办商品展销会的，经申请举办单位所在地工商行政管理机关核转，依照本办法第八条规定向工商行政管理机关申请办理登记。

第十条　申请办理商品展销会登记手续时，应当提交下列文件。

（一）证明举办单位具备法人资格的有效证件。

（二）举办商品展销会的申请书，内容包括商品展销会名称、起止日期、地点、参展商品类别、举办单位银行账号、举办单位会务负责人名单、商品展销会筹备办公室地址、联系电话等。

（三）商品展销会场地使用证明。

（四）商品展销会组织实施方案。

（五）其他需要提交的文件。

依照国家有关规定需要经政府或者有关部门批准方可举办的商品展销会,应当提交相应的批准文件。

两个以上单位联合举办商品展销会的,还应当提交联合举办的协议书。

……

第十九条 本办法由国家工商行政管理局负责解释。

第二十条 本办法自1998年1月1日起施行。

(资料来源:国家工商行政管理局。)

一般而言,向国内审批机关提交的会展项目申办报告主要包括以下内容。

1. 会展项目名称

举办国际性会展活动应有中英文对照。

2. 主办单位与承办单位

主办与承办单位分别写出,举办国际性会展活动应有中英文名称。必须写明各单位间的职责分工和具体责任。

3. 历届展会的基本情况

历届展会的时间,地点,展会规模,主办、承办单位,展会效果等。首次举办的展会项目不需要报告本项内容。

4. 本届展会的基本情况

包括本届展会的背景、目的、意义、宗旨、条件、主题、时间、地点、会期或展期、与会者、参展范围、系列活动等。

5. 会议人数或展览面积

国际会议申请一般需要提供总人数和国外代表人数(不含我国港、澳、台地区代表);展览面积是指净面积。

6. 经费来源

详细说明经费来源情况,尤其是有政府拨款或有赞助的情况。

7. 出国展特别说明

申办国外展需要说明工作人员在外停留天数、出访路线等。

8. 联系方式

会展活动的联系人、联系方法、电话、传真、电子邮件地址和网址。

9. 附件

申办重要的国际会议以及1000平方米以上的展览应提交可行性研究分析报告、作为主办或支持单位机构的同意函、举办地主管部门的意见等。

此外,提交主办单位主管部门或举办地工商行政管理机关申报立项的主要材料还包括举办展会的项目可行性报告;合作单位证明材料(包括主办单位、承办单位、协办单位等),联合或委托举办的证明材料(境外机构联合或委托境内单位举办的需报);招展招商方案与计划;责任承诺书;场地租用情况证明材料;安全防范工作方案;上一届举办的总结和会刊;其他相关材料。

如向举办地工商行政管理机关申报立项的展会项目还需提交举办者具有法人资格的证明材料;举办展会的项目申请书(包括会展项目的名称、地点、起止时间、展会类别、单位银行账号、负责人名单、筹备组地址等);当地政府的立项批复;会展的组织实施方案等材料。

(二)国内展会项目的审批

2002年,国务院取消了关于全国性非涉外经济贸易展会的审批制,改为登记制。也就是说,在国内举办全国性非涉外经济贸易展会已经不再实行审批制,只需到举办地工商行政管理机关登记即可。

目前,在国内举办展销会审批的法律依据是按照国家工商行政管理局颁布的《商品展销会管理办法》执行的。

(三)境内举办对外经济技术展会项目的审批

根据国务院办公厅《关于我国境内举办对外经济技术展览会加强管理的通知》,对展览面积在1000平方米以上的对外经济技术展览会,实行分级审批管理。

"八项规定"颁布以来,政府对主办展会趋于谨慎,未来的会展业、政府主导型展会将会越来越受到限制。因而,国务院规定:确需以国务院部门或省级人民政府名义主办的国际展览会、博览会等,须报国务院批准。国务院部门所属单位主办的,以及境外机构主办的对外经济技术展览会,报商务部审批。

对在北京以外地区举办的,主办单位须事先征得举办地外经贸主管部门同意。对省级外经贸主管部门主办的和多省(自治区、直辖市)联合主办的对外经济贸易洽谈会和出口商品交易会,由商务部审批。地方其他单位主办的对外经济技术展览会,由所在省、自治区、直辖市外经贸主管部门审批,并报商务部备案。

以科研、技术交流、研讨为内容的展览会,由国家科学技术委员会负责审批。中国国际贸易促进委员会系统举办的对外经济技术展览会,由中国国际贸易促进委员会审批并报商务部备案。对其中在北京以外地区举办的,主办单位应事先征得举办地外经贸主管部门同意。

对外经济技术展览会凡涉及台湾地区厂商或机构参展的,应报商务部审批,报国务院台湾事务办公室备案。海峡两岸的经济技术展览会,由商务部会同国务院台湾事务办公室审批。

具有对外经济技术展览会主办资格的单位,可自行举办面积在1000平方米以下的对外经济技术展览会,但应报有关主管单位备案。

加强协调管理,严格审批办法,避免重复办展,规范展览行为。以国际展为名称的对外经济技术展览会,境外参展商必须占20%以上。组织招商招展必须以企业自愿为原则,不得通过行政干预招展;有关广告、宣传材料必须真实可靠。主办单位应在办展结束后一个月之内,按照商务部规定的内容和要求,向审批单位提交展览情况的总结报告。对1000平方米以上展览的境外展品进境及留购,由海关凭本通知规定的审批单位出具的正式批准文件按规定办理;对1000平方米以下的,海关凭主办单位申请按规定办理。举办对外经济技术展览会,由商务部负责协调和管理。

(四)出国举办对外经济技术展会项目的审批

有关出国举办展会的审批管理制度历经多次变革。2001年2月15日中国国际贸易促进委员会、中华人民共和国对外贸易经济合作部贸促展管〔2001〕3号文件公布了《出国举办经济贸易展览会审批管理办法》,2006年5月14日中国国际贸易促进委员会、中华人民共和国商务部贸促展管〔2006〕28号文件修订并重新公布。这是目前出国举办对外经济技术展会项目审批的主要依据。

第三节　会展项目策划与管理的要点

一、会展项目策划的要素

会展项目立项策划是根据市场调研的结果,进行周密细致的可行性论证,在此基础上,把握会展项目的基本要素,设计出会展项目的基本框架的过程。以展览为例,一般来说,会展项目立项策划的要素有会展的名称、会展定位、会展的时间与频次、会展的地点、会展的举办机构、会展规模与展品范围、会展价格与初步预算、会展招展计划、会展招商计划、会展宣传推广计划等。

(一)会展的名称

会展的名称是会展项目最基本的要素。一般包括三个方面的内容:基本部分、限定部分和行业标识。如"第九届中国国际机器人展览会",其基本部分是"展览会",限定部分是"第九届""中国"和"国际",行业标识是"机器人"。

基本部分,常用词有展览会、博览会、展销会、交易会、节、赛等。它是用来表明展会性质和特征的。一般来说,展览会以贸易和展示宣传为主要目的,专业性较强;博览会以展示宣传和贸易为主要目的,题材多而广泛;展销会则是以现场零售为主要目的的展会;交易会和"节"的内涵较广,往往同时具有展览会、博览会和展销会三者的内涵。

限定部分,是用来说明会展活动的举办时间、地点和会展性质的。会展活动举办时间的表示办法主要有三种:一是用"届"来表示,二是用"年"来表示,三是用"季"来表示。如"2019年中国上海国际汽车工业博览会"中的"2019"。体现会展性质的词主要有"国际""全球""全国""地区"等。如"第42届中国(上海)国际家具博览会"中的"国际"表明本展会是一个国际展。

行业标识,用来表明展会题材和展品范围。行业标识通常是一个产业的名称,或者是一个产业中的某一个产品大类,如"汽车""家具"等。

(二)会展定位

会展定位是会展的举办机构根据自身所拥有的资源和市场竞争状况等,通过建立和发展会展项目的差异化竞争优势,使会展项目在目标客户心目中形成一个鲜明而独特的印象的过程。

会展的定位关键点是要找到本展会的个性化特征,要清晰地告诉参加展会项目的客户本展会"是什么"和"有什么"以及展会的独特性。一般来说,展会定位都具有明确的展会目标、参展商和观众以及展会的主题等。

在会展项目的定位过程中,要把握好以下几点。

首先,举办机构要客观地分析自己的优劣势,并且要善于在进入某类主题展会市场时,能把自己的优势发挥出来,同时规避劣势;第二,要充分凸显本展会所具有的个性化特征,表现出与众不同;第三,本展会可以给目标客户(主要是参展商和观众)超过预期的附加值;第四,会展定位应该具有沟通性,能够便捷地将展会的个性化特征准确地传递给目标客户,并且,目标客户在展会现场也能够感觉和体验到这种个性化特征。

在对会展项目进行定位时,要尽量避免出现以下几个方面的问题。

首先,定位不够。主要是指没有能将展会所具有的特征、优势以及展会能带给目标客户的利益等全面地表达出来。

第二,定位过分。主要是指夸大了展会项目所具有的特征、优势以及给目标客户提供的利益,或者所宣传的内容根本做不到甚至根本不可行。展会项目定位过高不利于展会的可持续发展。

第三,定位模糊。主要是指展会没能清楚准确地表达所具有的特征、优势以及展会能带给目标客户的利益,或者是表述时含混不清,使目标客户对展会只有一个模糊和混乱的了解。

(三)会展的举办时间与频次

1. 会展时间

展会项目在会展举办时间的策划方面需要注意:一是会展项目的具体开始日期;二是会展的筹展和撤展日期;三是会展项目对观众开放的日期。

一个展会项目的举办时间与展会的定位、展会主题以及展会所在行业的特征密切相关。例如有些行业其生产和销售的季节性很强,因而,在确定展会的举办时间时,必须要考虑到展会所在行业有无季节性的问题,如果有,就要尽量让展会的举办时间能符合这些特征。

在展会的时间策划上,还必须要考虑到具有竞争关系的同类展会的举办时间;在安排上,尽量避开与国内外有重大影响尤其是品牌展会的同主题展会的举办时间。另外,行业企业的财务预算、国家法定节假日的影响等因素也是需要考虑的。

在国际上,许多专业性展会一般都选择在每年的3—6月或9—10月举办,专业性展会的举办时间一般在三天左右,综合性展会的举办时间会长一些,而大型的博览会,如"世博会"的展期可长达半年。

会展时间的策划还包括一些具体展会活动的时间安排,如会展报名截止期、代办签证截止期、展位搭建进场日、开幕日、闭幕日以及撤展期限等等。

2. 会展频次

会展频次是指会展项目举办的间隔或周期。根据会展项目的不同,常见的会展举办频次有一年多次、一年一次、两年一次、多年一次或者不定期举办。

确定展会项目的举办频次主要以会展主题所在产业的特征来决定。一般来说,产品的生命周期对会展的举办频次有重大的影响,产品的生命周期较长,则以此举办的展会的频次就多,反之,频次则少。

如中国进出口商品交易会原来为一年一届,从 2002 年春季开始,改为一年两届。再例如,上海国际汽车工业展览会和北京国际汽车展览会,为了规避不必要的竞争,虽同为两年一届,但在展览时间上错开举办。

（四）会展的地点

会展的举办地点策划主要包括两个方面的内容:一是会展在什么地方（城市）举办;二是会展具体在城市的哪个场馆举办。

会展举办地的选择,与会展所确定的定位、主题以及会展的性质密切相关。一般情况下会展项目的选址会优先考虑到交通状况以及是否为重要的经济中心等因素。

在会展场馆的选择上,一般会综合考虑到会展场馆所在城市的区位、场馆容量、使用成本的大小以及在会展的时间安排上是否符合展会的要求等,另外,也会考虑到会展场馆的基础设施、服务水平等因素。

（五）会展的举办机构

会展举办机构是指负责会展的策划、组织等事宜的单位。它可以是企业、行业协会、政府机构和新闻媒体等。

根据不同机构在举办会展中的角色作用,一般来说,举办一个展会的机构包括主办单位、承办单位、协办单位、支持单位等。

主办单位是指拥有展会的知识产权并对展会承担主要法律责任的办展单位。主办单位在法律上拥有展会的所有权。如中国国际工业博览会的主办单位是由工业和信息化部、国家发展和改革委员会、商务部、科学技术部、中国科学院、中国工程院、中国国际贸易促进委员会、联合国工业发展组织和上海市人民政府共同主办。

承办单位就是直接负责展会的策划、组织、操作与管理、招展、招商等,并对展会负主要财务责任的办展单位。承办单位是会展经营机构中的核心单位。如中国国际工业博览会的承办单位是东浩兰生（集团）有限公司。

协办单位是协助主办或承办单位负责部分地承担会展的招展、招商和宣传推广等工作的办展单位。一般不承担财务责任,只对主办或承办单位的工作起协助作用。

支持单位是对主办单位或承办单位的展会策划、组织、操作与管理,或者是对招商和宣传推广等工作起支持作用的单位。也不对展会承担任何财务责任。

对于一个会展项目来说,主办单位和承办单位是最为核心和最为重要的机构,是必不可少的。协办单位和支持单位可视展会的需要来确定。

（六）会展规模与展品范围

会展规模主要包括会展的展览面积是多少;参展单位的数量是多少;参加会展的观众是多少。在策划举办一个会展时,对这三个方面都要做出预测和规划。

在规划会展规模时,要充分考虑展会所涉及产业的特征（主要是产业规模、市场容量、成熟程度等方面）;要考虑与会观众的数量和质量;还要考虑举办机构的举办策略。

会展项目的展品范围要根据会展的定位、举办机构的优劣势和其他多种因素来确定。一般来说,根据会展的主题,展品范围可包括一个或几个产业,或者一个产业中的一个或几个产品大类。例如,"博览会"和"交易会"的展品范围就很广,如中国华东进出口商品交易会的展品范围就包含服装、家用纺织品、装饰礼品、日用消费品、电子消费品等5大类,近万种;而"中国国际航空航天博览会"的展品范围只涉及航空航天产业一个。

(七)会展价格与初步预算

1. 会展价格

会展价格主要是会展的展位出租价格。会展展位一般分为室内和室外展场价格,室内展场价格又包括空地价格和标准展位价格。

在制定会展的价格时,一般是遵循"优地优价"的原则,也就是说,那些便于展示和观众流量大的展位的价格往往要高一些。

此外,会展价格还包括参展参会费用、参观门票以及企业在展会有关的各种媒介上做广告的价格等。

2. 会展初步预算

会展初步预算是对举办展会活动所需要的各种费用和举办展会预期获得的收入进行的初步预算。在策划举办会展项目活动时,需要根据市场情况给会展项目确定一个适合的价格,这样对吸引目标客户参加会展十分重要。同时,对于各种收支费用尽可能细化,以便于掌控。

(八)会展招展招商和宣传推广计划

会展项目的招展、招商和宣传推广计划是会展活动进行中的具体实施计划,这几个计划在具体实施时是互相关联的。

(1)招展计划主要是为展会招揽参展商而制定的一系列策略、措施与办法。

(2)招商计划主要是为了邀约专业观众参加会展活动而制定的各种策略、措施与办法。

(3)宣传推广计划是为树立展会的品牌形象,同时,它也是为会展的招展和招商服务的。

二、会展项目管理概述

会展项目活动是包含许多内容的综合性活动,因而,会展项目管理也是一个复杂的综合性工作。完整的会展项目管理是一个系统,它包含会展项目的启动、计划、控制、实施和收尾的管理。这里,我们选取会展项目管理中比较重要的环节——会展项目计划、会展项目实施与控制、会展现场管理和相关活动计划、会展项目财务管理以及会展项目风险管理等来进行概述。

(一)会展项目计划

1. 会展项目计划的概念

会展项目计划是依据项目策划所确定的会展定位与主题,通过合理地配置资源,对会展项目的范围、进度、质量和成本等进行计划控制,从而完成会展项目目标的过程。

通常,会展项目计划需要围绕以下几点来制订:首先是项目做什么?也就是会展目标是什么。第二,如何做?也即工作分解结构(WBS)。第三,谁去做?也就是会展项目的人员使用计划问题。第四,何时做?指的是会展项目的进度计划。第五,资金情况如何?也即项目

费用的预算。

会展项目计划是有效协调会展活动各项工作的工具。它能使工作目标、任务更加明确,而且,在如何进行资源配置、人员分工等方面可以更加清晰。

2. 会展项目计划的主要内容

会展项目计划的主要内容有会展项目范围计划、会展项目进度计划、会展项目质量计划和会展项目成本计划等。

会展项目计划的编写一般需要围绕以下要素进行。

(1) 项目概览。

项目概览主要包括会展项目的说明、会展项目的组织结构、会展项目的主要事件以及进度安排等。

(2) 项目计划目标。

会展项目的目标一般有项目总体目标和项目子目标。总目标是会展项目完成时所要达到的目标,子目标是每项具体任务所要达到的结果要求。

(3) 项目范围说明。

包括项目举办的理由、项目活动的目标等。

(4) 工作分解结构。

在执行控制层面需要把项目分解成任务,任务再分解成一项项的工作,再把一项项工作分配到每个人的日常活动中,直到分解不下去为止。

(5) 里程碑进度计划。

里程碑进度计划也叫作"关键事件进度计划"。它是进度上表示一个主要可交付成果或一组相关可交付成果完工的事件。

(6) 项目进度计划。

项目进度计划是对展会筹备以及展会期间的各项工作进行统筹安排。其主要目的是让举办机构的所有单位和工作人员都明确各个阶段的具体工作及任务,以保证展会的各项工作按照进度有条不紊地进行。

(7) 危机计划。

危机计划包括项目进行中可能存在的主要风险,以及针对这些风险的应对策略等。

3. 会展项目的工作分解结构(WBS)

在会展项目计划的编写中,编写一份会展项目的工作分解结构(WBS)是一种重要的方法。会展项目的工作分解结构(WBS)主要有3种形式。

(1) 树形表现形式。

树形结构的WBS图其优点是简洁明了直观,但对于大型展会项目结构图则复杂得多,不易修改,难以穷尽(见图2-3)。

(2) 气泡图表现形式。

气泡形结构的WBS图的优点是可以任意修改,缺点是不够直观,难以反映项目的全貌(见图2-4)。

(3) 列表形式的WBS图。

列表形式的WBS图的不足之处是不够直观,但能够反映项目的全貌,因而,是常常被人

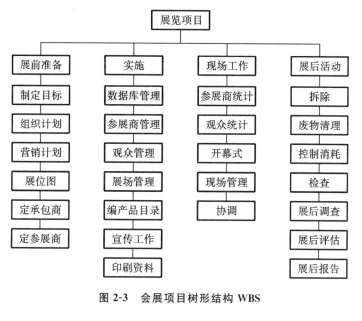

图 2-3　会展项目树形结构 WBS

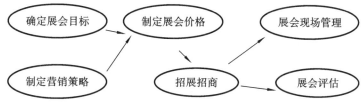

图 2-4　会展项目气泡形结构 WBS

所采用的一种形式(见图 2-5)。

4. 制订会展项目进度计划

一般来说,制订展会的进度计划应遵循工作目标明确、各阶段安排统筹兼顾、各项工作切实可行、进程安排合理有序等基本原则。

编制会展项目进度计划的任务是确定各项会展活动的起始和完成日期、具体的实施方案和措施等。在具体编制时,有甘特图、里程碑法、关键路径法等多种方法供选择。

(1) 甘特图。

甘特图又称为横道图、条状图。因由亨利·L·甘特(Henrry L. Ganntt)先生提出,故名甘特图。它早在 20 世纪初期就开始应用并流行,它是用图示来表达出特定项目的顺序与持续时间。一条线条图的横轴表示时间,纵轴表示项目,线条表示这期间的计划和实际完成任务情况。

在现代的项目管理中,甘特图被广泛地应用。甘特图的优点在于图形简要,易于理解。它可以让人们预测到项目的时间、成本、数量及质量上的结果并回到开始,还可以提示人们去考虑项目的人力、资源、日期等要素以及项目中的关键部分。

在甘特图上,人们可以看出各项活动的开始或结束时间,但是,在实际运作中,各项活动中往往存在着错综复杂的关系,甘特图也难以表达,因而,它适合于一般不超过 30 项的活

```
                2022年杭州亚运会项目
        1.1 前期准备阶段
            1.1.1 制订亚运会行动计划
            1.1.2 组建亚运会领导机构
            1.1.3 场馆、设施的前期工作和施工准备
            1.1.4 城市环保基础设施建设
            1.1.5 文化、旅游设施建设
            1.1.6 亚运会市场开发项目启动

        1.2 全面建设阶段
            1.2.1 亚运会场馆建设
            1.2.2 亚运会相关设施建设
            1.2.3 其他准备工作

        1.3 完善运行阶段
            1.3.1 检查
            1.3.2 调整
            1.3.3 测试
            1.3.4 试运行
            1.3.5 亚运会组织工作
            1.3.6 亚运会保卫工作
            1.3.7 亚运会服务工作
```

图 2-5　会展项目列表式结构 WBS

动。对于较复杂的项目则不适合。

在实际应用上,会展项目管理会常常用到甘特图,如图 2-6 所示。

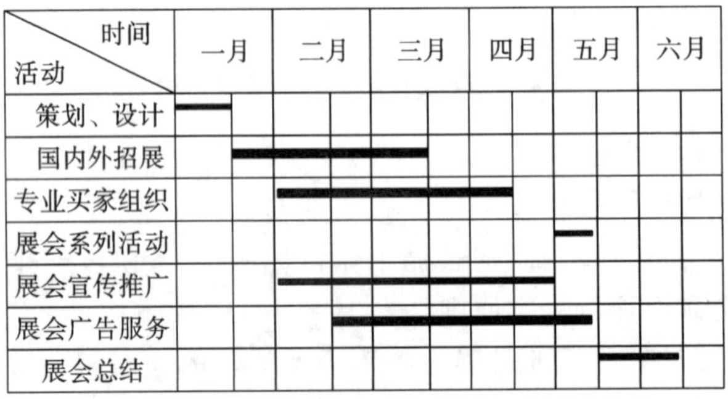

时间 活动	一月	二月	三月	四月	五月	六月
策划、设计	▬					
国内外招展		▬▬▬▬				
专业买家组织		▬▬▬▬				
展会系列活动					▬	
展会宣传推广			▬▬▬▬▬▬			
展会广告服务				▬▬▬▬		
展会总结					▬▬	

图 2-6　会展项目工作甘特图

（2）里程碑法。

在制订项目进度计划时,需要设置一些重要的时间检查点,以此作为项目执行与控制的里程碑。里程碑一般指项目中完成的阶段性标志性工作,不同类型的项目,其里程碑可能有所不同。里程碑法通常要与甘特图配合起来使用,如图 2-7 所示,其中的"▲"代表里程碑事件。

（3）关键路径法。

关键路径法是一种用来预测总体项目历时的项目网络分析技术。这种方法的出现为项目管理提供了重要的帮助,特别是为项目及其主要活动提供了图形化的显示。

在项目管理中,该方法用来进行项目网络图和活动持续时间估计,通过正推法计算活动

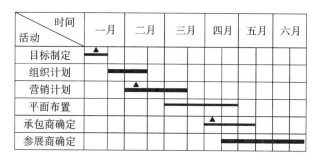

图 2-7 会展项目准备工作里程碑图

的最早时间,通过逆推法计算活动的最迟时间,在此基础上确定关键路线。并对各关键活动,优先安排资源,挖掘潜力,采取相应措施,尽量压缩需要的时间。而对非关键路径的各个活动,可以抽出适当的人力、物力和财力等资源,用在关键路径上,以达到合理利用资源等目的。在执行计划过程中,可以明确工作重点,从而对各个关键活动加以有效地控制和调度。

(二)会展项目的实施与控制

对会展项目的实施进行监督和控制是会展项目管理的基本职能之一。会展项目控制的基本内容包括会展项目的范围控制、成本控制、进度控制、质量控制、沟通控制以及风险控制等。

会展项目控制要围绕展会目标进行,一般来说,会展项目控制的目标主要有确保会展项目的进度要在计划范围内、项目的成本要在预算范围内、项目的质量要达到计划目标等。

从会展项目的进度控制来说,其主要任务是对各实施阶段的工作内容、工作程序、持续时间等进行监控。需要编制好切实可行的计划,在实际进度与计划进度出现偏差时需要及时予以纠正,并且要控制好整个项目计划的实施,以确保项目目标的实现。

1. 项目准备阶段的进度控制

在会展项目的准备阶段,其具体的任务是要编制好会展阶段进度控制的工作细则,编制并审核会展活动的总进度计划和日程安排,审核各部门工作实施的进度计划,并且要编制年度、季度以及月度工作计划等。

2. 项目实施阶段的进度控制

在会展项目的实施阶段,进度控制要求各部门需定期汇报工作进展情况,根据项目工作进展,定期或不定期地召开工作推进会议,一旦发现实际进度与计划目标偏离,则需要采取有效措施纠偏,以确保项目计划的正常实施。

3. 项目后续阶段的进度控制

在会展项目的后续阶段,项目进度的控制主要包括及时组织评估工作;处理有可能产生的工作索赔;整理本次展会活动的有关资料;及时将有关信息向客户通报;将客户信息资料、总结评估报告等进行及时整理归档;根据展会项目的实际情况可以向有关客户进行致谢,以确保下一届展会项目的顺利举办。

需要指出的是,在会展项目实施阶段进行控制的过程中,项目计划不变是相对的,变化是绝对的。这就要求会展项目控制要有科学的态度和辩证的思维,及时有效地进行沟通与调整才是会展项目管理最正确的选择。

(三) 会展现场管理和相关活动计划

1. 会展现场管理计划

可以说,有效的现场管理是展会策划方案顺利执行的重要保障,为此,必须制订详细、可行的现场管理计划。

现场管理计划主要包括展会项目的布展计划、展会的开幕式计划、会展场馆现场的管理计划、观众登记计划、现场服务计划以及撤展计划等内容。每一项计划与管理都有详细的要求,相关内容将在以后各章中有所体现,此不赘述。

2. 会展相关活动计划

展会相关活动计划是对准备在展会期间同期举办的各种相关活动做出计划安排。策划和管理好相关活动,不仅可以丰富展会的内容、弥补现场展示的某些不足,更关键的是还能给会展客户带来更多的商业或信息价值。

会展的相关活动主要包括开幕式、新闻发布会、新产品发布会、闭幕式、签字仪式、颁授仪式、会议、表演、比赛以及其他相关活动等,此不赘述。

(四) 会展项目财务管理

会展财务管理是指会展项目的组织者组织财务活动、处理财务关系的管理工作。会展项目的财务活动包括投资活动、筹资活动、资金营运活动以及资金分配活动等。会展项目的财务关系主要有会展项目的组织者和债权人之间的关系、会展项目的投资者与组织者之间的关系、会展项目的组织者与政府、企业之间的关系以及会展项目组织者内部员工之间的财务关系等。

1. 会展项目财务管理的环节

会展项目财务管理的一般工作程序主要有以下环节。

(1) 规划与预测。

根据会展项目的总体目标,会展财务需要结合对未来形势的研判,制定相应的规划。

(2) 财务决策。

按照会展项目财务规划的要求,需要对各种会展项目的财务方案进行决策。例如举办大型会展活动,可能会有政府拨款、企业赞助等多种资金筹集方式,这就需要从制定的多个方案中选择最优的方案来实施。

(3) 财务预算。

根据所预测的会展项目的规模、收入以及支出情况来编制财务预算。

(4) 财务控制。

财务控制是对会展项目的预算和执行情况进行监督、调整和控制,以保证预算的有效实施。

(5) 财务分析、业绩评价。

会展项目财务的成果如何,需要有相应的分析评价方案,并且需要及时予以必要的奖励与惩处。

2. 会展项目的财务预算编制

一般来说,会展项目财务预算在编制上主要包括固定预算和弹性预算。

(1) 固定预算。

会展项目的固定预算又称静态预算,是指在编制预算时,只是根据预算期内正常的、可实现的某一固定业务量(如生产量、销售量)水平作为唯一基础来编制预算的一种方法,不考虑预算期内可能发生的变化。如按出席会议应该是600人的规模为基础编制会议项目预算。

固定预算是一种传统的预算编制方法,它的特点是编制简单,成本较低,在现实中运用非常广泛。但由于会展项目业务量常发生变化,固定预算方法存在适应性差和可比性差的不足,在实际工作中可能造成预算偏差,影响项目成员控制成本支出的积极性等。

(2) 弹性预算。

弹性预算又称变动预算或滑动预算,是指为了克服固定预算方法的缺点而设计的,以业务量、成本和利润之间的依存关系为依据,以预算期可预见的各种业务量水平为基础,编制能够适应多种情况预算的一种方法。

弹性预算是在固定预算模式的基础上发展起来的一种预算模式,它的主要用途是控制成本支出的工具。如按出席会议可能是以200、500、800人的规模分别编制会议项目预算。

与固定预算方法相比,弹性预算方法具有预算范围宽和可比性强等优点。理论上,该方法适用于编制全面预算中所有与业务量有关的预算,但实际工作中,主要用于编制弹性成本费用预算和弹性利润预算,尤其是编制费用预算。在会展项目计划期开始时,弹性预算提供控制成本所需要的依据,在计划期结束时,它可以用来评价和考核实际成本。在会展项目管理中,预算是在预测的基础上进行的,可能忽略一些意外事件而造成预测数据不可能完全准确,所以预算要有一定的幅度,因而需要实行弹性预算。

3. 会展项目资金的筹措

会展项目资金的筹措包括商业赞助、市场开发以及融资等渠道。

(1) 商业赞助。

赞助是企业公关活动的一种形式。商业赞助是指企业或机构赞助会展活动的行为。商业赞助并不是无偿捐赠,对会展活动进行赞助有益于企业树立良好的对外形象,对企业品牌形象的推广能起到很大的促进作用。企业对会展活动的赞助可以是现金支付,也可以是以实物或服务的形式来表现。

商业赞助在组织策划上一般要做好以下几点。

第一,要做好赞助的研究工作。要深入研究赞助项目的必要性、可行性、有效性,保证双赢或多赢。

第二,制订一份详细的赞助计划。赞助计划的内容包括赞助的目的、对象、形式、费用预算、具体实施方案等。

第三,对赞助项目进行评估与审核。需要检查赞助项目是否符合赞助方向,并且要对赞助效果进行质和量的评估。

第四,实施赞助方案。项目组织要派出专门的公共关系人员,去落实赞助方案,争取赞助的成功。

第五,签订赞助合同。与赞助商进行多轮的谈判之后,需要签订具有法律意义的赞助合同。

(2) 市场开发。

市场开发是企业通过把现有产品销售到新的市场中去,以此来扩大市场的范围,增加销售量的方法。会展活动的市场开发主要是指奥运会、世界杯等大型的会展活动,将它的名称、标志、形象等知识产权进行转让,从而获得活动所需要的资金、物资、技术以及服务等的行为(参见相关链接2-4)。

相关链接 2-4　2018 俄罗斯世界杯的市场开发

在国际足联的市场开发体系中,主要包括赞助体系、电视转播销售体系、特许经营体系、门票销售体系等。从国际足联公布的 2017 年度财务收入看,2017 年国际足联共收入 7.34 亿美元,其中赞助体系收入 2.45 亿美元,电视转播销售收入 2.29 亿美元,特许经营收入 1.6 亿美元,构成国际足联收入的主要支柱。

国际足联为组织世界杯和推广足球运动,将相关的知识产权、媒体和市场开发权益售卖给商业相关机构和媒体权利被许可人,用来换取必要的资金和服务。这些机构和被许可人由此获得在特定区域、特定时间和特定类别使用与世界杯相关的知识产权并进行市场营销、展示、活动参与等权益。如果他们的权益得不到保护,就会影响对国际足联的持续支持;反过来,国际足联将无法为足球运动的推广提供充分的资助,影响整个运动。

赞助商获得的主要是知识产权权益以及世界杯期间在赛场内外进行展示的权利。对赞助商权益的保护和维护,是市场开发体系良好运转的重要保障。本届世界杯的知识产权权益包括会徽、吉祥物、专有名称等一系列官方标志。

(资料来源:杨晋,曹克宇。)

(3) 融资。

广义上的融资也叫金融,是指货币资金的融通,当事人或企业通过各种方式到金融市场上筹措或贷放资金的行为。会展项目的融资是指用于会展项目的资金筹集的行为与过程。融资的渠道主要有银行贷款、发行债券以及商业信用等。

一般来说,银行是会展项目最主要的融资渠道。按资金的性质,银行贷款又分为流动资金贷款、固定资产贷款和专项贷款三类。利用国家以及当地对会展业的政策支持等,采用专项贷款通常贷款利率一般会比较优惠。

(五)会展项目风险管理

风险管理是现代管理中的重要内容之一。任何行业的风险都是无处不在的,会展项目活动也是如此,因其综合度高,并且与诸多行业有着紧密的联系,充满着不确定性,风险的发生也在所难免。

会展项目的风险管理,是对可能导致损失的会展项目的不确定性进行预测、识别、分析、评估,并采取有效的应对,从而以期用最低的成本为会展的顺利举行提供最大的安全保障。有效的风险防控不仅能减少各方的损失,也能帮助举办方获取客户信任。

1. 会展项目风险的表现

会展项目可能面临的风险有种种表现。

从宏观环境来说如突发和难以控制的社会、政治、经济事件等是不以人的意志为转移的。从会展活动的本身来说,计划好的展会有可能在某些环节上出现了意外,如展位搭建事故,物流运输中的交通堵塞、车祸等都是可能发生的风险。

另外,在会展行业市场不太成熟的发展期,还可能出现骗展、钻营法律法规空档、不正当竞争等事情。

2. 会展风险管理的现状

在会展风险管理上,主要表现有以下几个方面。

(1) 会展企业整体风险管理水平还较低,风险管理的理念不强;
(2) 注重现行风险管理,对会展项目的隐性风险管理不够重视;
(3) 重视会展项目的内在风险,对外生风险有所忽视;
(4) 有效的会展风险管理系统尚未形成,会展风险管理的理论落后;
(5) 针对会展项目相关的专业风险管理人才不足。

3. 会展项目的风险管理

根据会展项目风险不确定性的特点,可以将会展项目风险管理分为前期管理、中期管理、后期管理三个阶段。

(1) 前期管理:前期属于预防阶段,要进行风险管理的教育、建立风险管理机构、建立预警机制等。风险管理也是一项系统性的工作,在前期的预警机制中,特别需要精心编制一份风险管理计划。对关键的可能产生的风险点,应有分析评估(见表2-1)与预案,并且需要有专人负责。

表2-1 主观估计风险可能性

可能发生的风险因素	权数(W)	风险因素发生的可能性(C)					W×C
		极大(1.0)	比较大(0.8)	中等(0.6)	不大(0.4)	极小(0.2)	

(2) 中期管理:会展项目风险管理的中期属于应对阶段,这一阶段要发布相关的风险信息,一旦出现风险需要立即组织控制风险的发展态势,并且需要多方沟通,力争将风险转化为机遇。

(3) 后期管理:会展项目风险管理的后期属于善后阶段。在这一阶段主要任务是风险修复,对外是企业形象与市场的修复,对内则是增强企业自身的信心问题,最后是会展项目风险管理工作总结。

在实际的风险防控与应对中,还必须要明确会展风险管理的基本特性。会展风险管理不仅具有一定的时效性,它需要分阶段实施应对。另外,会展风险管理还具有有偿性,即在管理中需要耗费一定的人力、物力和风险处置费;具有动态性,即要依照风险发展态势变化而变化;具有信息依赖性,即风险管理的全过程都需要信息收集与分析等。

本章小结

会展立项策划是举办展会项目的第一步。立项策划首先需要进行广泛的市场调查,要求尽可能多地掌握各种相关的市场信息和相关产业信息。在此基础上进行展会项目的可行性论证。

会展立项策划的基本要素包括:会展的名称、会展定位、会展的举办时间与频次、会展的地点、会展的举办机构、会展规模与展品范围、会展价格与初步预算、会展招展计划、会展招商计划、会展宣传推广计划等。在对这些要素进行深入的策划之后,还应撰写出展会项目的可行性论证报告。

会展项目立项可行性论证报告的内容主要包括:项目背景分析,会展项目的现状分析,行业市场分析,会展项目的目标,会展项目的SWOT分析,会展项目组织管理,项目计划方案,项目进度安排,经费预算,风险预测,经济、社会效益分析,可行性研究结论和建议等方面。

一般的会展活动都需要报请有关部门批准后才能正式启动,会展项目通过可行性论证后,展会的举办方应备齐所需的全部材料,向有关部门报批。

完整的会展项目管理是一个系统,它包含会展项目的启动、计划、控制、实施和收尾的管理。会展项目管理中比较重要的环节有会展项目计划、会展项目实施与控制、会展现场管理和相关活动计划、会展项目财务管理以及会展项目风险管理等。

复习思考题

1. 策划举办一个展览会需要收集的市场信息主要有哪些?
2. 会展项目的SWOT分析包含哪些内容?
3. 简述目前已经出台的会展专项法律规范。
4. 会展项目立项可行性论证报告的内容主要包括哪几个方面?
5. 试述会展项目立项策划的基本要素。
6. 一般而言,向国内审批机关提交的会展项目申办报告主要包含哪些内容?
7. 简述会展项目的工作分解结构(WBS)的主要形式。
8. 阅读下列策划案例并讨论问题。

西安市会展业发展专项资金项目申报指南

为贯彻中省关于进一步促进会展业发展政策,加快我市会展业做大做强,根据西安市关于促进会展业发展的各项政策、法规精神和财政专项资金管理规定,特制定本指南。

(一)资金支持原则和范围(略)

(二)项目申报条件(略)

(三)申报资料

申报资料分为原件、复印件和原件电子扫描件3种,除申请表、申请报告提供原件、原件扫描件外,其他资料均提供复印件和原件扫描件,但要携带原件备查。

1. 需单独提交的资料和文件(A4纸张,一式三份并提供电子版)

(1)申请报告。(编制提纲见附件1)

(2)申请表。(含相应类别的申请表、申报项目汇总表、统计表和绩效评价表等)

2. 需装订成册的资料(A4纸张,一式三份并提供电子版,需制作封面、目录、衬页、编辑页码)

(1)资质证明资料。

企业工商登记营业执照、单位组织机构代码证;上一年度的财务报表;银行出具的资信证明;税务登记证;银行开户许可证;大型会展活动公安部门出具的许可决定书;举办场所出租单位与会展活动举办单位签订的安全责任书;具体安保措施和应急预案。(展览、会议等项目)

(2)展览项目还需提供的资料。

展览批准(批复)文件;主办、承办单位协议或招徕协议;展览主办、承办、申请单位非同一个单位的,需提供各方协商一致共同推选申请单位的文件;展览工作方案、总结报告(含展览收入、支出、综合收益等量化数据)、资金决算报告;展览举办场所场地租赁合同及结算单据、发票、实际展位平面图、现场照片等其他核定展位数证明材料;展商参展合同、展位售出发票(需列表并提供合同、发票实际样本,列表需注明单位名称、合同签约金额、实际执行金额、开票金额、发票号码等信息);展览宣传广告、客商邀请接待等费用开支的合同、发票、刊物、照片等相关证明材料。(相关合同、发票资料要求同上)

(3)会议项目还需提供的资料。

会议批准(批复)文件;主办、承办单位协议;会议主办、承办、申请单位非同一个单位的,需提供各方协商一致共同推选申请单位的文件;会议工作方案,总结报告(含会议收入、支出、综合收益等量化数据,计算公式详见附表),资金决算报告;会议场馆场地租赁合同,住宿、餐饮合同及相关费用实际结算单、发票,会议通知,会议日程或会议手册,参会人员签到册及花名册(注明境内外省市、境外参会人员人数和比例),

现场照片等其他核定参会人数及构成比例的证明材料;参会回执,参会费(会务费)发票(需列表并提供回执、发票实际样本,列表需注明单位名称、回执约定金额、实际执行金额、开票金额、发票号码等信息);会议宣传广告、嘉宾邀请接待费用等开支的合同、发票、刊物、照片等相关证明材料。(相关合同、发票资料要求同上)

(4)申请外出参展补助的,还需提供展会邀请函、展会基本情况、参展工作方案及总结、参展企业名录及联系方式、参展成效量化数据及证明材料、搭建布展、展品运输、人员差旅费用等支出的合同、发票、照片、刊物等证明材料。

(5)申请税收返还补助的,还需提供国税、地税部门签章的企业上年度营业税、营业税改增值税、企业所得税等纳税证明材料。

(四)申报程序及要求

(1)本年度会展业发展专项资金分为上半年、下半年两次申报。逾期将不予受理。

(2)各区县、开发区项目和国内外知名会展公司落户所得税奖励由各区县、开发区会展业务部门会同区县、开发区财政部门组织向市会展办、市财政局申报。市级各部门会展项目直接向市会展办、市财政局申报。

(3)纸质资料一式3份分别报市会展办(2份)和市财政局(1份),电子版(将所有申报资料扫描制作成一个PDF格式的电子文件)发至邮箱hzbhzc@163.com,附件名和邮件名格式均为"申报类别—项目名称—申报单位",例如,"展览类—×××博览会—×××公司"。材料不完善的不予受理。

(4)对出现安全事故及上访、虚假宣传、客户投诉、社会维稳等问题并引起严重后果的项目实行一票否决制。

(资料来源:西安市会展办。)

思考并讨论:
1. 展览项目的资金资助申报需要提供哪些资料?
2. 试述专项资金申报程序及要求。

第三章

会展宣传策划与管理

引言

会展宣传与推广是会展管理的核心工作之一，也是展会工作者需要掌握的重要技能之一。在本章中，会涉及会展宣传推广的概念、类型，会展宣传推广策划的具体内涵以及会展宣传推广的渠道等内容。

通过本章的学习，读者能够掌握会展宣传推广的原则，明确会展宣传推广的目的、类型与内容，能够对宣传推广的策划与管理有一个基本的把握。

建议本章用4课时教学。

在学习过程中，可以参考《会展策划》《会展项目管理》《会展管理》《展览会策划与管理》等著作进行深入学习。

学习要点

1. 会展宣传推广的概念
2. 会展宣传推广的原则
3. 会展宣传与推广的类型
4. 会展宣传推广的信息内容
5. 会展宣传推广的计划
6. 会展宣传推广的重点工作
7. 会展宣传推广的手段
8. 会展广告策划与媒体选择
9. 会展宣传推广的管理

第一节 会展宣传推广的概念、类型

随着会展业的不断发展,如何塑造展会项目的长期影响力和良好的声誉、品牌形象成为会展组办方的一大重要课题。

一、会展宣传推广的概念

成功的展会需要有人气,需要吸引众多的参展商和观众,需要实现更大的经济、社会效益。因而,会展的宣传推广工作显得越来越重要。具体来说包括以下几方面。

(一)展会宣传是提升展会知名度的需要

展会知名度分为四个层次:第一,无知名度,即展会的目标参展商和观众根本就不知道有该展会的存在;第二,提示知名度,就是经过提示后,被问者会记起某个展会及其品牌;第三,未提示知名度,也就是不必经过提示,被访问者就能够记起某个展会及其品牌;第四,第一提及知名度,就是没有任何提示,当一提到某一种题材的展会时,被访问者就首先会记起某个展会及其品牌。

展会宣传的目的就是要使展会逐步从无知名度发展到第一提及知名度,这样,展会才会被潜在的目标参展商和观众作为首选的对象。

(二)展会宣传是扩大展会品质认知度的需要

展会认知度是指目标参展商和观众对展会整体品质的感知程度,它体现在参展商和观众对展会品质做出是"好"还是"坏"的评价。

品质认知度对于展会来说具有重要意义。首先,它可以给目标参展商和观众提供一个参加展会的充足理由。品质认知度高的展会能最优先地让受众考虑参展(参观);当一个展会品牌获得目标参展商和观众的认同时,他们参加展会的积极性就会提高;优质的展会还可以创造竞争优势,促进展会品牌进一步延展。

(三)可以创造积极的展会品牌联想

展会品牌联想是指在目标参展商和观众的记忆中对该展会相关的各种联想,包括他们对展会的类别、品质、服务、价值以及顾客在展会中的利益等的判断和想法。

展会品牌联想又可以分为积极的联想和消极的联想。积极的展会品牌联想有利于强化展会的差异化竞争优势,使目标参展商和观众对展会的认知更趋于全面,并可帮助目标参展商和观众进行参展(参观)选择决策,促成他们积极参加本展会。展会品牌经营的任务之一,就是通过营销等各种手段,努力促使目标参展商和观众对展会产生积极的品牌联想,避免使他们对展会产生消极的品牌联想。

(四)提升目标参展商和观众对展会品牌的忠诚度

当目标受众对某一展会品牌有了一定的信任、承诺,并且有了情感维系的时候,品牌的忠诚度就产生了。

品牌忠诚度是衡量品牌忠诚的指标。目标参展商和观众对一个展会品牌的忠诚度越高,他们就越倾向于参加该展会,否则,他们就很可能抛弃该展会而去参加其他展会。

展会品牌的忠诚度可以分为五个层次。

第一,无忠诚度。参展商和观众对该展会没有什么概念,他们可能随时抛弃该展会而去参加其他展会。

第二,习惯性参加。参展商和观众是基于习惯性而参加某展会的,他们处于一种摇摆的状态,可以参加该展会也可以参加其他展会,很容易受竞争展会的影响。

第三,满意。参展商和观众对该展会基本上是满意的,一般不太会转而参加其他展会,因为对他们而言,另行选择其他展会存在较高的时间、财务以及适应性等方面的转换成本。

第四,情感参加者。参展商和观众真正喜爱本展会,对本展会已经有一种深厚的感情了。

第五,忠诚参加者。参展商和观众不仅积极参加本展会,还以能参加本展会为骄傲,并会积极向其他人推荐本展会。

提升目标参展商和观众的品牌忠诚度,就是要不断增加展会的情感参加者和忠诚参加者队伍,使本展会成为行业的旗帜和方向标。拥有较多较高品牌忠诚度的参展商和观众的展会,最终将成为该行业中最著名和最具影响力的展会。

综上所述,可以说,展会宣传是吸引会展活动的参加者、推广展会主题的重要手段,它是展会的组织者利用媒体所进行的一系列促成招展招商、树立会展品牌形象的推广活动。

二、会展宣传推广策划的原则

活动宣传推广的任务是多重的,它服务于展会,是展会整体工作中的一个重要部分。展会宣传推广策划需要遵循以下原则。

(一)成本原则

展会的首要目标是生存,然后才会是发展问题。展会在宣传与推广时会有成本的付出。所以,在进行展会的宣传与推广的策划时必须将效果放到重要的位置,要考虑成本的因素,考虑投入与产出的问题。

(二)市场导向原则

市场导向要求在策划时充分考虑到供需关系。要从展会目标参展商和观众的实际需求出发,通过展会的广告手段来促成目标参展商和观众对展会的认同,通过宣传促成展会与参展商和观众之间建立起一种共赢共荣的关系。

(三)目标性原则

展会宣传要目标明确,前后一贯,口径一致。要通过展会的宣传来提升展会的形象,从而赢得目标参展商和观众对展会品质的认知,提高他们对展会品牌的忠诚度,给他们带来积极的展会品牌联想。

(四)系统性原则

展会宣传要达到预定的目标,还必须将展会推广工作看成是一个系统工程,宣传推广牵涉到目标、任务、手段、方式、效果等多种要素,要具有全局的视野、多层次的协调以及长远规划等。

（五）针对性原则

展会本身就是一种服务，它的服务目标是参展商和观众以及展会的服务商、办展机构自己的员工等，因而在进行展会宣传推广策划时，一定要针对服务对象，有的放矢地制定宣传推广策略方案。

（六）诚信原则

成功展会的共同特征是坚定不移地实现自己最初对市场所做出的"承诺"，也可以说"诚信"是会展宣传推广策划的最基本原则。市场是无情的，当受众发现自己被某展会广告所欺骗，他们就会毫不犹豫地抛弃该展会，该展会也就没有了立足之地。

三、会展宣传与推广的类型

会展活动宣传和推广首要的工作是要明确主要目标，然后选择恰当的宣传方式和推广途径。会展目标不同，宣传和推广的重点也有所不同。根据会展宣传推广的目的，一般可以将展会的宣传推广分为以下几种类型。

（一）显露型宣传推广

显露型的宣传推广是以迅速提高展会的知名度为主要目的，其宣传推广的重点是展会的名称、办展时间和办展地点等的宣传。

这种类型的宣传推广所显示的展会信息简单明了、便于记忆。在制定宣传方案时让人知道有这么一个展会就可以了，至于展会的详细内容则不做过多介绍。一般来说，在展会创立的初期多采用这种宣传推广类型，有时，在展会已经有了一定的名气后，作为对客户进行定期的提醒也采用这种类型的宣传推广。

（二）认知型宣传推广

认知型宣传推广的主要目的是让受众全面深入地了解展会，从而增加受众对展会的认知度。这种类型宣传推广的重点是将展会的特点、优势等进行较详细的宣传。一般来说，当某展会在行业内已经有了一些认知之后，展会作进一步的招展和招商时使用这种宣传推广方式。

（三）促销型宣传推广

促销型宣传推广的主要目的是为了在短期内推进展览展位的销售或者招揽更多的观众到展会现场参观，其宣传推广的重点是围绕参展商或者观众所关心的主要问题，如某种热销的新产品等。这种宣传推广多在展会招展和招商时使用。

（四）竞争型宣传推广

竞争型宣传推广主要是为了与展会的竞争对手展开竞争或进行防御。因而，其宣传推广采取与竞争对手针锋相对的措施，它是一种针对性很强的宣传推广形式。这种宣传推广类型多在本展会受到外部竞争的威胁，或者本展会意欲与其他展览展开竞争时使用。

（五）形象型宣传推广

形象型宣传推广是最常见的会展宣传类型。其主要目的是为了扩大展会的社会影响，建立展会的良好形象，这种类型的宣传推广并不单纯追求短期销售的增长；宣传推广的重点是追求目标受众对本展会定位及形象的长期认同。在宣传策略上，谋求积极与目标受众进行信息和情感的沟通，增加他们对展会的忠诚度和信任度。一般来说，这种宣传推广在展会筹备的任何阶段都可以实施。

第二节　会展宣传推广策划的内容

展会需要一定形式的宣传推广工作，商业性展会宣传的重点在于展会的主题与效果，文化性展会宣传的重点在于展会的定位与档次。小型展会特别是短期展会宣传的重点是时间、地点等与展会直接相关的信息，大型展会尤其是长期宣传的重点则在于展会的品牌形象。

在管理上，根据展会的级别与宣传目的的不同，其宣传与推广的内容安排也有所不同。

一、会展宣传推广的信息内容

会展宣传推广信息内容的确定十分重要，是展会宣传推广策划与管理的关键，应有专人负责。对需要发布的展会动态信息内容进行严格的审核。如果是委托广告公司进行宣传推广，也应该有专门对接的负责人。主要包括以下几个方面。

（1）会展宣传推广信息内容的确定要依据展会的主题与定位。在内容上，也不能面面俱到，要根据展会宣传与推广的目的而有所侧重。

（2）明确向社会公众以及目标客户发布的展会信息内涵。如，展会的组织机构、展会的目标与理念、展会的亮点和特点、展会的品牌形象、展会的个性化服务等。

（3）向社会公众以及目标客户发布的展会信息要确保真实可靠，要从信息发布的来源上核实准确。

（4）向社会公众以及目标客户发布的展会信息要有独创性。注意与同类型展览的宣传内容的区别，避免信息的雷同，增强信息宣传的效果与意义。尤其是在涉及知识产权的问题方面要多加注意。

（5）向社会公众以及目标客户发布的展会信息要尽量考虑采用多语言版本，以求达到对目标客户进行有效的宣传推广，提高展会的影响力。

二、会展宣传推广的计划安排

展会的宣传推广是会展策划与管理的重要部分。一般来说，做好展会的宣传推广首先是要确定目标，根据一定的资金投入，明确相应的任务与分工，并通过有效的市场营销组合策略，选择正确的宣传推广渠道，经过信息载体的传达，再发布给社会公众以及目标客户。最后还要对展会的宣传推广的效果进行评价，各步骤之间是紧密相连的（见图3-1）。

在做会展宣传推广计划时，其中宣传推广时间的安排是需要反复考虑的重要内容，一般从两个方面进行安排。

（一）根据宣传时机进行安排

会展宣传推广需要恰当地把握推广时机。如果宣传推广距展会开幕时间过长，则容易

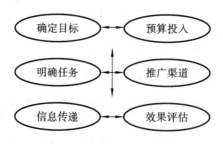

图 3-1 展会宣传推广计划的步骤

使目标客户遗忘;如果时间过短,则又不利于参展商和观众的时间安排。

根据经验,一般在会展营销工作开展的前期,可在合适的媒体上投放少量的形象宣传,以引起目标客户的注意;在会展营销工作开展的中期,可适当加大推广的力度,以加强观众对会展项目的认同,从而采取积极的行为;在会展营销工作开展的后期,宣传推广则主要针对展会主办地的参展者以及专业观众,以宣传展会的品牌形象为主。

(二)根据宣传策略进行安排

不同的宣传策略就有相应的宣传安排。又可分为以下几个方面。

(1)如果是在同一时间段进行宣传推广,采取密集的宣传手段,容易在参展商和观众心目中树立起对展会的认知。

(2)如果是连续一段时间进行宣传推广,采取均匀的宣传推广手段与策略相对容易使参展商和观众对展会形象逐步加深印象。

(3)如果是分若干不同阶段进行宣传推广,那么,在进行一个时间段的宣传推广后,应当根据市场变化情况,隔一段时间再进行宣传推广。

总之,不管是在哪个方面进行安排,都需要编制一份宣传时间表,以实现对宣传和推广工作的全程控制管理。而且,还需要展会的组织机构根据展会项目的实际情况,特别是对同类展会宣传频度和宣传效果进行深入研究,再适时地做出有针对性的宣传推广安排。

三、会展宣传推广的重点工作

会展宣传推广工作在会展活动的不同阶段都有一些重点,这就需要展会的主办方统筹兼顾,合理安排。通常,展会的宣传推广有以下几个方面的重点工作。

(一)展会基础资讯的宣传与推广

每一个展会都需要向参加者详细介绍展会的重要基础资讯,其中包括以下几方面。

(1)开展的时间、场馆地点、交通住宿情况、会务组接待事宜、展会时限。

(2)参展者情况、往届展会效果、社会评价。

(3)参展与参观的要求与条件等。

以上宣传内容主要是针对参展方,比较简单有效的做法是将所有基础资讯编订成册,印发邮寄或进行人员推广。当然,也有的展会,在筹备阶段,为了更好地吸引广大观众,通常会利用大众媒体进行造势(参见相关链接 3-1)。

相关链接 3-1　西湖博览会新闻报道氛围热烈、成效显著

前期积极造势，营造声势氛围。为推广宣传本届西博会，市委、市政府分别于2007年的7月中旬和9月中旬在上海、北京举行了新闻发布会。市委宣传部提前介入，早作部署，邀请了两地的主流媒体参加发布会，并组织了对市委王国平书记、蔡奇市长的专访，掀起了上海、北京媒体宣传西博会的高潮。7月10日，《解放日报》《文汇报》分别推出了宣传杭州西博会的近10个专版。新民晚报、东方早报、第一财经日报、新闻晨报、劳动报、青年报、上海电视台、东方卫视、上海人民广播电台、东方网等上海主流媒体都刊播了杭州来沪推介西博会、两地党政代表团举行座谈交流并签署合作备忘录以及专访杭州市委书记王国平、蔡奇市长等报道，累计发稿50余篇。9月，人民日报、中国经济时报、中央电视台、人民网、新华网等中央主要新闻媒体和北京日报、北京晚报、北京青年报、京华时报、北京电视台、北京人民广播电台、千龙网等北京主要新闻媒体，都陆续刊播了杭州西博会来京举行推介会以及专访杭州市委书记王国平、蔡奇市长等报道，累计发稿40余篇。新浪网、网易、中国网、国际在线、腾讯网等各大新闻网站也都报道了杭州赴沪、赴京举行西博会新闻发布会的消息。上海、北京两地发布会的成功举行，为本届西博会在国内外的前期宣传造势营造了浓厚的舆论氛围，进一步扩大了西博会在国内外的知名度和影响力。

(资料来源：杭州市委宣传部新闻出版处，市委外宣办。)

(二)展会相关的活动的宣传与推广

在展会的过程中，往往会安排一些活动，一方面是增加展会的内容，另一方面也可以有效吸引参观者，这些活动不仅是展会的有效构成部分，对于一些特定主题的展会，甚至可以说是展会工作的重中之重。

展会中的活动，通常所指的主要是开幕式，闭幕式，民族风格的表演，场内特设舞台上演的节目、表演、音乐会或者是主题讨论会以及研究会等。根据展会类型的不同，还可以举办一些著名音乐家的演奏、海外艺术表演等，会期中若每天在会场的各地都能欣赏到富有魅力的各种表演活动，这也同演示一样，能够增加整个展会的魅力，这也会成为吸引更多观众前往参观的重要因素之一。

根据活动的类别划分，可将其归纳为以下几方面。

(1) 正式活动(由主办者举行的前夜典礼、开幕式、闭幕式等正式活动)。

(2) 主题活动(围绕展会主题进行的讨论会、研究会、电影节等)。

(3) 交流活动(出展单位举办的活动)。

(4) 一般活动(音乐演奏会、电影、街头表演、盛装游行等)。

(5) 市民参加活动(由一般市民资助主办的活动)。

展会期间活动的宣传与推广可以在很大程度上帮助展会聚集人气,突显风格,形成品牌效应。特别是大型展会如世界博览会,都将一些重要活动带入展会过程,不仅在展会场地进行,更可以将活动延展至整个城市,从而实现更大的社会效应和经济效应。在这方面完全可以借鉴一些比较成功的城市文化活动的先例。

形形色色的活动可以提升展会的人气,打破展会相对沉闷的气氛,为参展方提供更多的宣传途径。因此,展会过程中的各种活动也是展会宣传推广中的一项重要工作。

(三)展会品牌形象的宣传与推广

将展会发展成为在国内外有重大影响力的品牌展会,这是展会主办单位不懈的追求和执着的梦想。

品牌展会都是通过展会进行卓有成效的品牌经营与管理才能够培育出来的,展会品牌经营与管理是展会进行市场竞争最有效的手段之一。在形成品牌产权之后就是以经营品牌的观念来经营展会,将展会培育成品牌,并通过展会品牌来加强展会与参展商和观众的关系的一种展会经营管理策略。展会品牌经营与管理的主要目的,是通过对展会进行品牌化经营来提高展会的影响力和市场占有率,并努力使本展会在该题材的展览市场形成一种相对垄断,因此,展会品牌的宣传与推广应具有独特性的战略,在宣传过程中突出品牌展会在行业或领域中的不可替代性。

第三节 会展宣传推广的手段与管理

展会宣传和推广具有自身特点,包括展会主题,展会规模,举办时间、地点,参会方式等各项宣传要点,都具有极强的时效性。因而,在宣传手段的选择与管理上应具有明确的针对性。管理的重点在于宣传推广既能全面凸显展会的信息情况,又能节约成本。

一、会展宣传推广的手段

随着展会的市场化程度越来越高,其宣传与推广工作对市场化的运作方式的依赖程度也在加强。展会的宣传和推广渠道有很多种选择。宣传和推广的多样性有利于提高展会品牌的影响力和号召力,有利于强化展会品牌的价值和意义。以下介绍几种常见的展会宣传推广手段。

(一)人员推广

人员推广是一种人际交流,是一种直接的宣传方式。会展组织者通过与目标观众直接联络,交流展会情况,邀请其参加展会。展会人员推广的方式主要有打电话、微信、发函以及拜访等。除了拜访之外,展会组织者推广工作的成本一般较低。

可以说,传统的人员推广手段仍是适用的,特别是作为展会的组织者,其利用现有条件开展与参展方之间的直接推广仍是相当有效的方式。

作为展会组织者的政府部门、行业协会、商会、学会以及双边或多边国际机构方等,其可以采用直接发函、人员联系的手段进行相关的宣传与推广工作。

（二）广告宣传

广告是展会宣传的重要方式，也是吸引参观者的主要手段之一。展会广告宣传的范围可以覆盖已知和未知的所有展商、参观者，可以将展会情况传达直接联络所遗漏的目标观众，也可以加强直接联络的效果，这是覆盖最广同时也是最昂贵的展会宣传手段，因此必须目标明确，根据需要、意图和实力有效安排。

广告的本意可以解释为"广而告之"。从广告的范畴来看会展，则会展活动的本身也是一种广告的形式。在展会中，广告可以把信息传达给很多人，在商业社会中，展会活动中的广告的促销活动是显而易见的，因而，展会宣传一定要充分利用广告这一手段（参见相关链接 3-2）。

相关链接 3-2　APPPEXPO 上海广印展海外宣传推广

APPPEXPO 上海国际广印展组委会、CSA 上海广告设备器材供应商协会及 AAA 亚洲广告联合会，率中国参展企业代表团前往美国拉斯维加斯，参加于 2018 年 10 月 18 日至 20 日举办的美国 SGIA 网印及数码印刷展览会（以下简称"美国 SGIA 展"）。

美国 SGIA 展是丝网印刷及数码印刷行业的盛会，是迄今美国规模最大、权威性最强的丝网印刷、数码印刷及制像技术展，同时也是世界三大网印展之一。

众多知名展商出现在 APPPEXPO 上。APPPEXPO 的众多知名展商也参与了本届美国 SGIA 展，包括 Efi、Mutoh、HP、Agfa、DILLI、Roland、Epson、MIMAKI、金恒丰、亦阳、佳诚、润林、闻东、优赛、霍克、易德、佳易、英凯、富雷等，展出了各自最新的产品及技术。这些企业也出现在 2019 年 3 月 5 日至 8 日在国家会展中心（上海）举办的 APPPEXPO 上海国际广印展上。

第二十七届上海国际广印展约有来自 100 多个国家的超过 200000 专业观众前来参观采购，并有来自 30 多个国家和地区的 2000 多家企业参展，展览面积超过 23 万平方米。展品范围涵盖数码喷印、数码印花、雕刻切割、标识标牌、展览器材、POP 及商用设施和数字标牌、数字展示、LED 产品及 3D 打印技术等诸多领域。

（资料来源：http://www.apppexpo.com/）

展会广告活动专业性很强，因此，最好的方式是购买服务，与广告代理公司合作，从而实现广告宣传推广的最佳效果。

（三）新闻宣传

新闻宣传有很大的优势，它的费用一般较低，在通常的情况下，尤其是题材比较新的展会活动，往往能吸引记者的眼球。新闻采访与报道是免费的，同时新闻报道的可信度较大，效果不错。

新闻宣传必须在展会之前、期间和之后连续进行。展会组办方一般都会在展会期间设有专门的新闻宣传部门,该部门的工作人员一般具有良好的媒体背景,并且熟悉新闻宣传的手段与一般规律,他们能够与专业新闻人员进行有效的沟通,和记者、编辑、摄影师、专栏作家等都能够保持联系。良好的人际关系有助于获得媒体的最大支持并获得积极、正面的报道(参见相关链接3-3)。

相关链接 3-3　海南世界休闲旅游博览会的宣传推广

2018年11月23日至26日,"第三届海南世界休闲旅游博览会"在海南国际会展中心隆重举行。本届休博会吸引了境内外1200多家展商,亚洲、欧洲、北美、澳洲等地区的特邀买家参与交流合作,共享商机。展会汇集全球顶级休闲旅游资源,向全球呈现更为全面的中国旅游新业态,与世界共享海南全岛建设自由贸易试验区(港)的旅游发展机遇。

展会期间,新华社依托海内外强大的传播优势,在美国、英国、德国、俄罗斯、日本、韩国等美欧、亚太地区国家,以英语、德语、俄语、日语、韩语等语言发布消息。"世界旅途,海南出发"第三届海南世界休闲旅游博览会11月23日盛大开幕,消息发布后,第一时间被美国《美国城市商业日报》,雅虎财经,道琼斯旗下MarketWatch,日本的《京都新闻》《朝日新闻》,俄国俄塔社,德国德新社等主流媒体、门户网站及重点资讯网站广泛转载落地,总量逾310家次,访问量达8900多万人次。外媒纷纷聚焦海南建设自由贸易试验区(港)背景下国际旅游消费中心建设及会展业发展前景等。海南再次进入全球视野,刷屏"国际媒体朋友圈"。

外媒刊载文章指出,2018年,海南开启了自由贸易试验区和特色自由贸易港建设,着力打造国际旅游消费中心。59国境外旅客免签、百万人才引进政策、积极招商引资等一系列举措为海南发展注入新动力,也为海南旅游带来了新气象。作为海南旅游发展节点上的休博会,以"世界旅途,海南出发"为主题,在加强海南与各国各地休闲度假目的地交流上发力,构建了全民同乐的盛大节日,用实际行动让世界聚焦海南,让海南惊艳世界。

据了解,第三届海南休博会由海南省旅游和文化广电体育厅、海南省商务厅及海口市人民政府共同主办,海口市会展局、北京瑞来森会展服务有限公司承办,由海南本土会展企业红帆会展特别支持。当前,海南正着力建设自由贸易试验区(港),正向国际旅游消费中心迈进,海南休博会以其前瞻性、创新性、多样性的独特魅力,着力打造世界一流休闲旅游目的地营销平台,为海南的经济建设带来新的客源和商机。

(四)公关活动

公关活动是展会营销活动中的一项重要内容,成功的展会离不开公关活动。公关活动可以扩大展会影响、吸引观众、促进成交、提升展会的形象、扩大展会的知名度。

展会主办方运用公关手段对展会进行宣传,通常不是单纯地为展会自身服务,还兼顾政策宣传、文化交流等社会责任。公关活动不仅可以帮助组办方争取到更多的来自当地政府的支持,同时也可以有效地在参观者中引起共鸣。

发布会、报告会、研讨会、交流会、说明会、推介会等会议形式是展会过程中最普遍的公关手段。在这些会议中可以吸引行业管理者、决策人物、专家、学者到来。参会的这些人往往具有相当的影响力,参展商和参观者也希望通过参加会议能获得如国家经济动向、政策发展、法规变动等信息;尤其是在技术咨询会中,与会者不仅可以对新技术、新领域进行专业探讨,同时也能够为技术转化提供平台。

评奖活动的公关效果更为明显。一般由展会组织、参展方参加。评委多由专家组成,评奖结果通过媒体宣传。另外,会展中的各种演出活动往往与促销结合,由公关公司负责完成。

二、会展宣传的媒体选择

会展宣传在媒体的选择上是多种多样的,可以利用电视、电台、报纸、杂志等媒体,也可以借助广告招贴画、宣传册、传单、横幅、旗帜、会标等。选择媒体主要看媒体的受众、观众、听众是否是参展者的目标观众。媒体的选择需要有针对性。

对于消费性质的展会,一般是选择大众传媒,包括大众报纸、电视、电台,以及人流集中地的招贴、旗帜等;对于专业性质的展会,一般是选择专业媒体,包括专业报刊、内部刊物、展览刊物等;对于文化类的展会,则可以兼用上述各种媒体形式。

选择媒体需要考虑媒体使用规律,不同的媒体有着不同的特性。我们选取几种有代表性的媒体进行介绍。

（一）印刷媒体

报纸,特别是综合性报纸对消费者和专业人士来说仍然是一个不错的途径,应准确无误地传递相关的展会信息。

专业性杂志或报纸,是专业展会宣传的主要选择。专业报刊瞄准特定的读者群体,对于参展商和目标观众来说,他们也是专业人士,可以选择在这类刊物上刊登展会信息,效果好,费用低。专业报刊有时会作为专业展会的组织者之一,因此更便于利用。

如果在某一专业领域有数家报刊,在预算有限的情况下,要首选影响最大的专业报刊。若是预算充足,则可以多选择几家刊物刊登广告。交叉使用行业内的不同专业刊物登展会信息能使客户加深印象。

内部刊物一般是政府有关部门、贸促机构、工商会、行业协会等内部发行的报纸、杂志。它的发行对象一般是特定的专业读者,读者精、收费低、效果好。在这些内部刊物上同时安排新闻性质的报道,可以加强展会宣传的可信性,有不错的效果。

也有些报刊是展会编印专刊,利用专刊做新闻宣传并刊登有关的展会信息,对展会有兴趣的这部分受众来说是很有效的。

另外,如广告夹页、分类广告、展览会目录等形式的印刷媒体也不要忽视,有时能收到事半功倍效果。

(二)电波媒体

电视和电台是覆盖面最广的媒体,其主要对象是消费者,因此,消费性质的展会可以使用。由于展会本身一般都具有较强的地域性,因此,最好使用当地媒体或区域性媒体,这样也可以降低绝对成本。

在网络技术日益发达的今天,参展商以及会展的主办者应积极借助网络,宣传自己、沟通信息、塑造展会品牌形象。主要的做法有以下几点。

1. 展会 App

自媒体时代,用户广泛使用手机,因而,展会宣传应能运用手机软件的系统开发,负载展会宣传的信息,使得观众可以通过智能手机上的软件,获得丰富的展会信息体验。

在展会 App 的使用上,还可以登载相关的展会图片、展览会列表等,从而使得专业观众能更加方便地识别展会;还可以围绕展会开发演示软件,以供网页浏览者下载;在信息分类上一定要明确,这样才能便于专业观众在展览会网站上搜索。

2. 展会网站

展会主办者利用网站可以把展会简介、服务条款、联系方式等展示给受众。在互联网上发布展会信息应当做到:提供准确无误展会资料;向公众介绍本展会新产品;在网站的各个分区尤其是产品类型一览设置非常醒目的标记(或链接标志),以引起访问者的注意。

3. 选用门户网站

在展会开始前夕,展会主办者选择合适的门户网站进行宣传往往能收到意想不到的效果。国际上较流行的做法是加入门户网站所开设的专题,或者采用自动跳出广告。使用时要注意文字或图片简明,能激起人们打开链接的兴趣。

使用互联网宣传高效便捷、费用相对较低、覆盖面广,但也要注意以下几点。

(1)网络可以称为是"信息海洋",信息量太大,宣传的信息有被淹没的可能性。

(2)越是有决策权的目标观众,使用电脑的可能性会越小,因而,最重要的目标受众不一定能通过网络达到。

展会宣传要充分发挥网络的作用,在会展前,宣传与网络联系在一起,往往可以增加网站的访问人数,提升展会的品牌知名度。在会展中,可以充分利用网络进行互动,这样也可以让更多的人访问你的网站。在会展后,可以在网上发布会场照片(上面充满参观者)。采用有效的互动手段等再次吸引人们访问你的网站,这样人们就会看到你的展会有多成功。

(三)户外媒体

一般来说,户外广告方式成本相对较低,效果却不错。运用户外媒体不仅可以实现宣传效果,同时还可以制造氛围。

在户外宣传中,海报或招贴是一种有效的形式。比较适合面向大众的宣传,如果有专业人士聚集地区,在该地区张贴海报也可以做专业宣传。张贴海报要注意时间、地点等管理规定和手续。海报一般由展会组织者使用,甚至可以从机场、车站、市中心沿路一直张贴到展会现场甚至展台中心。

另外,广告牌也是宣传的形式之一。广告牌分为场外广告牌和场内广告牌。场外的广告牌主要用于吸引激发参观者兴趣,场内的广告牌主要作用不是推销而是吸引观众参观展台。

三、会展宣传推广的管理

(一)广告宣传的管理

在社会管理层面,政府职能部门、广告行业自身和社会监督组织对广告活动有一系列的指导、监督、控制法规与措施。从广告公司的自身内部及经营活动的本身来说,展会宣传的管理也有一些具体的要求。

一般来说,展会宣传管理在执行上应全方位、立体化,通过综合运用各种宣传手段以实现最佳的宣传效果。

在展会准备期间,宣传与推广工作一般是要调动各种巧思妙计来宣传展会的魅力,让更多的人积极参观参会。因而,拟定战略性计划、分析开展宣传活动的最佳时机以及怎样达到最佳宣传效果等都是需要注意的。

在制定展会的广告策略时必须考虑以下环节。

(1) 明确广告受众。

展会的受众一般包括潜在受众和目标受众。从目标受众来说,他们是展会的参加者,展会观众是从参展商那里购买或预订产品或服务的人。展会主办者应围绕目标受众的需求制定广告策略,对目标受众进行深入的调查与分析,是做好广告宣传的第一步。

(2) 设计广告内容。

可以说,广告是瞬间决定成败的艺术。这是由广告自身的特性所决定的,另一方面,从受众的接受规律上来看,据心理学的实验结果,人们一般只能保留他们所听到的50%的信息,而在1分钟甚至更少的时间内其中90%的信息又会被遗忘。因此广告宣传必须简明扼要、风格独特、主题明确,在管理上,对广告商的选择、广告内容的设计等都提出了极高的要求。

(3) 制定广告目标。

广告目标是整个宣传活动要达到的最终目的。在展会的广告策略中,制定广告目标是最重要的一环。这个目标实际上就是广告活动在社会上展开以后引起的预期反应,以及由此所产生的促销效果。

从期限上讲,有长远目标、中程目标、短期目标和具体目标。从内容上又可以分为商品目标、企业目标和观念目标。所以,在具体的展会中,究竟该确定什么样的目标是展会主办者应该花大力气研究决定的。

(4) 策划互动环节。

没有互动,展会的效果就难以充分地发挥,单纯的"灌输"信息或一味地强调销售,可能会影响展会的整体效果。如果在策划展会广告时注重互动环节,如利用注册表、反馈回执或有奖促销等广告手段,则可能收到意想不到的效果。

(5) 组合运用各种广告手段。

从整合传播的角度来说,广告活动可以涵盖广告、促销、公共关系、CI、包装、新媒体等传播活动。整合传播的特性在于将广告宣传扩展到与展会活动有关的一切信息传播活动中,而且为所有对外信息传播活动提供整体策略。这一概念要求展会主办方在具体运用各种媒

体的组合时必须要系统化考虑。

(二)宣传的预算管理

为确保展会预算资金的规范运行,在展会宣传推广活动中进行一系列的组织、调节、控制、监督活动等预算管理是必要的。

一般来说,广告宣传的预算决定广告规模与媒体的选择,展会广告要根据需要和条件决定预算。从管理效率上来说,选择合适的媒体是降低成本、提高效率的最好办法。

展会宣传与推广在时间安排、执行手段等方面的选择也是多种多样的,在实际管理上,应根据财力、人力以及展会本身的特性选择组合使用。

在宣传费用的筹集上,组办方可以采用集资—回馈等方式吸引社会捐助和商业赞助等。

1. 集资方式

采取社会捐赠和商业赞助等方式。

(1) 社会捐赠。社会捐赠的形式可以是货币捐赠,也可以提供实物或服务等方式捐赠,如可采取捐款,捐赠物品,提供免费住宿、餐饮和交通等接待服务。

(2) 商业赞助。为赞助企业提供多种形式的回报,使赞助企业能够实现其合理的商业目的,商业赞助主要为资金与实物赞助等。

2. 回馈方式

授予赞助商荣誉,如将赞助单位作为活动的协办(赞助)单位;或授予赞助单位负责人荣誉称号,并颁发荣誉证书等。

(1) 提供媒体广告。活动期间,媒体赞助商可选择广告媒体和广告方式免费刊播相应数量的广告。

(2) 授权冠名活动。活动期间,把活动的冠名权授予赞助商,在举办活动前与赞助商联合召开新闻发布会,并在媒体上发布祝贺广告;为活动冠名企业提供免费现场广告;在与活动有关的各种宣传资料和票证上、主要活动标识物上标示带有冠名的活动全称;要求各指定媒体在宣传报道活动时必须报道带有冠名的活动全称等。

(3) 提供区域广告。活动期间,根据赞助商的贡献,在指定区域为赞助商制作、放置广告标牌,设置彩虹门,投放空飘气球等。

(4) 指定产品。可根据赞助商的要求,将其产品确认为活动指定产品。

(5) 标志产品。允许赞助商在其产品和服务中,使用活动的标徽、吉祥物及其他归活动组委会所有的图片、文字和标识。

(6) 特约消费场所。可将赞助企业作为特约消费场所,并在相关媒体上公告。(活动组委会所需的相关服务原则上由被指定的赞助商提供)

(7) 邀请赞助企业负责人参与展会重要活动。展会组委会邀请赞助单位领导参加活动的开幕式等大型活动,并给予贵宾礼遇。

以上这些方式可以有效解决展会宣传推广的费用问题,从而更好地实现展会的预期目标。

(三)新闻媒体的管理

在新闻宣传的管理方面,要熟悉流程、规范管理,做到以下几点。

(1)选派新闻负责人,由负责人筹划联系宣传的委托代理,收集、整理、更新目标新闻媒体和人员名单。

(2)制订详细的新闻宣传工作计划。

(3)举办新闻发布会或记者招待会,发布展会基本信息。

(4)收集并监管媒体报道情况,如果在展会期间对记者作过承诺,一定要尽快予以办理或告知何时办理。

(5)向未能及时参会的记者寄发相关资料。

(6)向出席会议、参观展位的记者发感谢信,向所有记者寄发展会新闻工作报告。

(7)迅速、充分地回答反馈新闻报道引起的读者来信。

(8)与媒体保持经常性的联系。

在新闻宣传工作中,展览组办方特别需要注意新闻稿、新闻图片。新闻稿是展出者提供给媒体的主要和基本的新闻资料,质量高、内容新、符合新闻写作要求的新闻稿被广泛应用的可能性就高。好图片可以直观体现展会现场的效果或主题,好图片比好文章更易被采用。

(四)公关活动管理

丰富多彩的公关活动可以提升展会的人气,打破展会相对沉闷的气氛,为主办方提供更多的宣传途径。可以说,展会过程中的各种活动也是展会宣传和推广中的一个重要部分。

根据展会活动的类别划分,可将展会公关活动归纳为以下几种情况。

(1)正式活动(由主办者举行的展前典礼、开幕式、闭幕式等正式活动)。

(2)主题活动(围绕展会主题进行的讨论会、研究会、电影节等活动)。

(3)交流活动(由参展单位主办的系列活动)。

(4)一般活动(与会展主题相关的音乐演奏会、电影、传统技艺、街头表演、盛装游行等)。

(5)市民参加活动(由一般市民参与其中的活动)。

展会期间公关活动的宣传与推广可以突显展会风格、形成品牌效应。特别是大型展会如世界博览会,都会将一些与主题相关的重要活动融入展会过程,这些活动不仅在展会场地进行,还可以将活动延展至整个城市,从而实现更大的社会效应和经济效应。

 本章小结

会展的宣传推广是吸引目标观众的主要手段,会展宣传的目的是将会展的举办情况及时告知参展商与观众,并欢迎他们前往参加展会。根据会展的目标,会展的宣传推广工作一般在展会前、展会中、展会后开展。宣传推广的内容要考虑目标受众的利益和兴趣,主要包括会展宣传推广的信息内容、会展宣传推广的计划安排、展会基础资讯的宣传与推广、展会相关的活动的宣传与推广以及展会品牌的宣传与推广等重点工作。比较常用的宣传手段有人员推广、广告、新闻宣传、公共关系等。会展宣传推广的管理主要是围绕广告宣传、预算、新闻媒体以及公关活动等方面进行。

复习思考题

1. 会展宣传与推广的目的是什么？
2. 会展宣传与推广有哪些类型？
3. 会展宣传与推广策划的原则是什么？
4. 会展宣传与推广有哪些重点工作？
5. 在会展宣传的媒体选择上，电波媒体主要有哪几种形式？
6. 在制定展会的广告策略时必须考虑哪些环节？
7. 阅读下列案例并讨论问题。

案例分析

第十四届中国（深圳）国际文化产业博览交易会

1. 展会基本情况

由中共中央宣传部、中华人民共和国文化和旅游部、中华人民共和国商务部、国家广播电视总局、中国国际贸易促进委员会、广东省人民政府和深圳市人民政府联合主办的中国（深圳）国际文化产业博览交易会（以下简称"文博会"），是中国唯一一个国家级、国际化、综合性的文化产业博览交易会，以博览和交易为核心，全力打造中国文化产品与项目交易平台，促进和拉动中国文化产业发展，积极推动中国文化产品走向世界，被誉为"中国文化产业第一展"。

作为落户深圳的国家级展会，文博会自2004年创办以来，一直受到党和国家领导人、及各级领导、社会各界的高度关注。首届文博会以来，党和国家领导人汪洋、胡春华、张德江、李长春、刘云山、刘奇葆、刘延东、李铁映、陈至立、白立忱、孙家正、厉无畏等同志先后多次视察文博会主展馆。2010年1月，中宣部牵头成立"文博会协调领导小组"，建立了主办单位指导承办、深圳市直部门协调承办、文博会公司等承办单位具体承办的三级联动办展机制。在国内组展方面，文博会已连续八年实现全国31个省区市及港澳台地区全部参展；在海外招商方面，第十三届文博会有99个国家和地区参与文博会各类活动。展会交易额、出口成交额逐年递增。

第十四届文博会是贯彻落实党的十九大精神开局之年举办的文博会，也是纪念改革开放40周年举办的一届重要展会。本届展会将以习近平新时代中国特色社会主义思想为指导，深入宣传贯彻党的十九大精神，围绕"一带一路"倡议和"双创""媒体融合"等国家战略，重点展示中国文化体制机制改革成果和文化产业发展成就；以供给侧结构性改革引领文化消费，弘扬中华优秀传统文化，助推中华文化"走出去"；完善质量型、内涵式办展模式，进一步提升市场化、国际化、专业化水平，全力打造中国文化产品与项目的展示和交易平台，推动新时代中国特色社会主义文化繁荣兴盛。

2. 主要成果

5月14日上午,文博会颁奖暨总结大会在深圳会展中心举行,对在文博会组织和参展中的优秀组织单位、团组和参展商以及优秀展品等进行表彰。据统计,截至5月14日,参与本届文博会主会场、分会场、相关活动的总参观人数达733.258万人次,比上届增加10.08%。

第十四届文博会于2018年5月10日至14日在深圳成功举办,为期5天。据统计,截至5月14日16:00,本届文博会共有21386名海外采购商参加,比上届增加1370人,主要来自美国、英国、法国、德国、加拿大、澳大利亚、匈牙利、以色列、立陶宛等101个国家和地区。

参与本届文博会主会场、分会场、相关活动的总参观人数达733258万人次,相比上一届增加67152万人次,同比增加10.08%。本届文博会共吸引来自国内外的专业观众达127565万人次,占参会观众总数的17.39%,比上一届增加9279万人次,同比增长7.84%。

此外,本届文博会期间策划各类活动超过500项,其中国家各部委牵头主办的重大配套活动7项,各省市区及各地文化产业机构举办的活动共60项,分会场活动352项,文博会艺术节活动24场,其他专项活动100多项。

据了解,为表彰在文博会组织和参展中的优秀组织单位、团组和参展商,根据《中国(深圳)国际文化产业博览交易会优秀组织奖和优秀展示奖评选办法》,经第十四届文博会评审委员会慎重评审决定,文化和旅游部文化产业司、文化和旅游部文化科技司、原国家新闻出版广电总局规划发展司、原国家新闻出版广电总局数字出版司、中共天津市委宣传部、中共山东省委宣传部等109家单位获优秀组织奖。

其中,主办部委相关司局4家,各省市、自治区、直辖市政府组团单位90家,参展企业机构15家;江西省展团、广东省展团、澳门特别行政区代表团等267家单位获优秀展示奖,包括主办部委相关司局4家,各省市、自治区、直辖市政府组团单位95家,参展企业机构168家;优秀展品奖参评作品共1826件,获奖作品573件,其中"优秀创作奖、佳作奖"14件;"中国工艺美术文化创意奖"559件(11类),分别为金奖180件,银奖186件,铜奖193件。

3. 媒体阵容

第十四届文博会在中宣部、文化和旅游部、商务部、国家广播电视总局、中国国际贸易促进委员会、广东省人民政府和深圳市人民政府的指导、支持与策划下,无数的海内外媒体朋友同心协力,通过对历届文博会的广泛深入报道,为深圳文博会影响力、辐射力不断增强提供有利条件,为文化产业发展与交流作出了积极贡献。深圳文博会宣传报道有内容、有质量、有水平、有力度,各个报道专题把握准确、触角灵敏,做出了深度。可以说,文博会宣传工作是文博会承办工作的一大亮点。

纵观文博会十四年的宣传报道工作,一方面,纸媒、网媒、微博、微信等新媒体形成了多层面、全方位、立体化的报道,为文博会推广助力;另一方面,媒体通过独特的报道视角,发掘展商背后的故事,挖掘新商机,推动中国文化走向世界;媒体人本身离文化产业更近,他们所具备的文化素养使得对未来文化的趋势判断更敏锐。

为感谢多年来各界媒体对文博会的支持,文博会公司全面整理了历年来文博会海内外各媒体的宣传报道,精心策划此文博会媒体报道大全,整理了一万多条历届文博会文字、图片、视频报道,为大家提供一个全面深入了解文博会的权威资料库,更向关心和支持文博会发展的媒体朋友致以最真挚的感谢和敬意!

附:媒体列表(排名不分先后)。

人民日报、新华社、人民网、新华网、求是、光明日报、经济日报、中国文化报、新文化报、深圳特区报、深圳商报、深圳晚报、晶报、深圳新闻网、中国日报、Shenzhen Daily、美通社、南方日报、南方都市报、中国妇女报、杭州日报、清远日报、深圳商报、青海日报、羊城晚报、绥化日报、钱江晚报、四川日报、深圳晚报、半岛都市报、佛山日报、西安晚报、湖南日报、江西日报、云南日报、吉林日报、新疆经济报、天津日报、阳江日报、梅州日报、黑龙江日报、安徽商报、温州都市报、甘肃日报、贵阳日报、扬州日报、三湘都市报、广州日报、珠江晚报、湄洲日报、珠海特区报、海南日报、南昌日报、贵州日报、安顺日报、长沙晚报、潇湘晨报、羊城晚报、黄河晨报、春城晚报、合肥晚报、沧州日报、凤凰网、中国经济网、中国新闻网、中国社会科学网、光明网、南方网、中国文明网、法制网、金羊网、东北网、红网、中国江苏网、中安在线、东方网、黔南热线、贵阳网、茂名网、荆楚网、西部网、云南网、山西新闻网、大公网、华声在线……

(资料来源:http://www.cnicif.com/)

思考并讨论:

1. 深入了解第十四届文博会期间策划的各类活动情况。
2. 为什么说文博会十四年的宣传报道工作是"多层面、全方位、立体化"的报道?

第四章

会展现场活动策划与管理

引言

就展览会来说,从时间上来看,"会展现场"是指从会展开始布置现场、开幕、开放展会、观众入场、参观直到会展活动闭幕这一段时间。会展现场活动策划与管理就是指在这一段时间内,展会管理的各方提供给参加展会对象的一系列活动计划、控制和协调。

出色的展会现场策划与管理,能够组织驾驭好展会的整体与全局,充分调动展会工作团队的积极性,做好细致的现场管理工作。展会现场管理工作纷繁复杂,从展会现场设备的安排、工作单位、机构概况、现场指南、展会前的预备会、现场沟通交流、开幕式、入场管理到活动安排、餐饮管理、安保清洁管理等等,可以说,展会管理工作做得越细致,离展会的成功就会越近。

建议本章用4课时教学。

在学习过程中,可以参考《会展全程策划宝典》《会展服务与现场管理》《会展服务管理》等著作进行深入学习。

学习要点

1. 会议现场管理的内涵
2. 展览现场管理的基本内容
3. 节事活动现场管理的主要内容
4. 展会开幕仪式的现场布置
5. 展会开幕仪式的组织管理
6. 展会开幕式现场的管理要点
7. 会议现场管理工作与实施
8. 展览现场管理工作与实施
9. 节事活动现场管理工作与实施

第一节 会展现场活动管理的内容

从空间上来说,会展现场一般包括室内外场馆及其配套活动场所。主要有主体场馆、场馆的观众通道、安检区域、馆区的连接通道、贵宾接待室、开(闭)幕典礼及相关活动场所、休息餐饮场所、卫生间、停车场等。有时特指会议现场、展览现场或节事活动现场。

会展现场管理是会展项目管理的一个实施、执行环节。换言之,会展现场管理是指会展项目的主办、承办者(组展商)以及会展场馆商为完成既定的会展项目任务,对发生在会展活动场所(会议室、展览厅、露天广场、礼堂、运动场等)的会展活动所实施的一系列的策划、组织、控制、沟通、服务等工作的过程。

按照会展活动的内容不同,我们可以将会展现场管理分为会议的现场管理、展览的现场管理以及节事活动的现场管理等类别。

一、会议现场管理的内涵

会议的成功召开,离不开会议主办者的精心策划与管理。策划者在策划时就必须对会议的日程安排,包括与会者报道时间、会议前的活动安排、与会者人数的预期以及各类分主题会议等进行周密的考虑。

会议的现场管理主要是为了确保会议的顺利、高效进行,会议管理的内容涵盖会前的准备工作、会议进行期间工作以及会后收尾工作等方面。

(一)会前准备工作

会议正式召开前需要有大量的准备工作。主要围绕会议的通知、会场的布置、会议编组、证件制发、交通接送以及安全保障等方面进行现场管理。

(二)会议进行期间工作

经过长时间的准备,会议要正式开始了,对现场管理的要求也越来越具体和严格。这期间主要是围绕现场指挥、人员签到、迎候入座、文件印发、参会引导、会场调度、生活服务、会议记录等方面进行现场管理。

就人员接送来说,大型会议活动的现场管理还会延伸到火车站、高铁站、机场等地的接送工作中。

随着信息化技术的不断发展,会议现场管理也逐渐呈现出一些新的方式。例如会议签到,近年来,多功能集成自助签到机、识别签到以及多个签到点实时的数据同步系统等就已经广泛使用(参见相关链接 4-1)。

相关链接 4-1 大型会议活动现场管理

1. 多功能集成自助签到机

多功能自助签到机对于人数较多的展会、博览会以及峰会来说一定是最好的选择,它可实现自助签到(二维码、身份证、RFID、人脸识别)和打印的功能,可自助的属性也为大型活动中的签到打印环节分散了不少排队压力。

2. 识别签到

一次正视即可完成身份核验,高达99.9%的成功率可以成功缓解现场签到压力。并可与iPad、LED欢迎大屏等多种设备搭配使用,拥有极强现场适应性。

3. 无线手持机签到

在分会场签到及接机环节,无线手持机签到更受青睐。无线手持机签到不受时间空间局限,其小巧的属性和闸机、签到机箱相比,它拥有更加灵活的特点,对于网络不够好的机场、高铁站或是会场也可提供离线签到方式。

4. 活动现场信息导引

入场后,参会者发现大会中分布着复杂的日程,过多的会场,以及大量的演讲人员信息,在常规情况下,需要在巨大的展板中查看日程,拥挤的人群,一不小心就串行的内容,有可能给参会者带来困扰。

5. 微站以及大会App

现场Event guide是提升参会体验的重要因素,而可进行人脸识别的触摸屏、大会App和可以通过扫码查看的微站正是可以解决大型会议活动现场信息展示问题的绝佳方案:日程安排自助查询、会场地图导航、赞助商信息以及VIP行程信息都可通过大会App及微站作为载体进行展示。

当参会者进入会场后除了可以观看常规的演讲内容,也可以参与现场互动来增强代入感。通过扫码参与的抽奖、大屏聊天互动、弹幕、3D-Logo墙等环节的设置可以将大会气氛带入高潮。

6. 数据大屏幕实时统计

会议签到数据大屏幕实时统计示意图如图4-1所示。

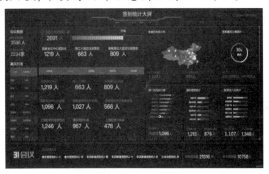

图4-1 会议签到数据大屏幕实时统计示意图

实时统计的功能更多应用于大型展会及博览会中,用来监控人流情况,除了实时Dashboard,还有PC端和移动端的数据仪表盘,以可视化形式展示自定义数据,清晰地查看注册和签到的数据,一目了然地找到最受欢迎的论坛和人流最大的展位,同时对于出现人流较大等异常情况时,工作人员也可及时调整策略来保障活动顺利进行。

(资料来源:http://www.kejidi.cn/zixun/20180615/2745.html)

(三)会后收尾工作

会议结束后,现场管理工作并没有结束,还需要围绕与会人员疏离、交通安排、票务安排、文件清退、财务结算、会场清理等各个环节进行现场管理。

需要强调的是,在会议的现场管理中,组织者要分工明确,由会务负责人统一高度指挥,确保安全有序。

二、展览现场管理的基本内容

展览会的筹备需要较长时间,有的甚至要在一年以上,而展览展示的时间往往只有三到五天。因而,展会现场管理是展览会成败的关键。

展会现场管理同时也反映出展览计划的具体落实和办展水平的高低,所以,展会的主办方对现场管理工作十分重视。不过,展会的现场管理、控制和协调十分复杂,如果管理不当,展会现场的任何一件小事都有可能发展成大问题,并且会影响到整个展会的效果。

由于展览会现场管理业务的多元性与复杂性,主办单位已经越来越倾向于把现场管理的诸多业务"外包"给专业性的会展服务公司。一方面,主办单位通过服务外包达到了降低成本、提高效益的目的;另一方面,也使得各种专业性的展览服务企业随着会展业的发展而壮大起来,例如展台设计、展台搭建、展具租赁、展品运输、广告印刷、安保清洁、法律咨询、现场服务、餐饮服务等,这些工作都可以成为会展活动的延伸服务工作。

近年来,展会现场管理的"服务外包"、多公司合作的业务模式,也暴露了一些问题。其中,比较典型的是各个分散的承包商之间的责任不明,遇到问题容易互相推诿,展会现场缺乏统一管理,对现场危机的应急处理准备不足等。这都需要展会的主办方能够充分地考虑到,并加以协调、管理。

通常,展览的现场管理主要包含以下内容。

(一)登记入场管理

展览的组委会要重视相关证卡、观众基本信息以及门禁等的管理工作。主要接待参展商的展品进场和观众的入场参观等,具体由组展商负责。需要特别落实的是安检入口、咨询台以及医疗救援等突发事件的应急管理。

有些展会对专业观众的入场管理设有填写登记表、办理证件、检查门票、领取参观指南、免费赠送或出售会刊以及参观引导等环节。并特别设置了对专业观众的现场咨询、商业搭对服务、休息和娱乐服务等个性化的管理。

(二)交通、展品物流管理

展会的交通主要指展会现场的交通工具。包括停车场的设置及交通线路规划、展品运输车辆路线以及往返巴士、Taxi、停车场等的管理。

物流管理工作要根据展品运输司机、参展商或专业观众等的不同需要进行分类管理。现场管理人员需要专业培训,明确场馆地图以及现场交通规划草图,知晓展品抵达场馆的时间、紧急情况应对计划、明确现场联络点、掌握相关联系人名单,以及安全和志愿者情况。

对于展览会运输代理商的管理,运输前,要认真挑选运输商,运输过程中要紧密联系运输商,展品进馆是要迅速有序搬进场,并且在展后要妥善处理展品。

(三)展位搭建与展场秩序管理

主要工作依据是参展合同,需要供给施工用电。在布展(尤其是展台特装)、开展和撤展等阶段,与参展商进行有效的沟通,确保布展行为符合参展合同尤其是场馆的使用规定。参与并负责监督展台展位的搭建施工,保障展览有序开展,提防和处理紧急事故,进行开馆和闭馆的管理等工作,保证整个展会的顺利进行。管理一般由场馆商和组展商共同负责。

(四)展馆安全管理

展会现场的安全管理主要涉及以下几个方面:火灾事故、卫生事故以及有可能发生的盗窃事件等。另外,展馆的公共安全管理、展馆消防设备设施管理等也需要展会的主办单位与消防、卫生和公安等部门联动,积极主动地做好这方面的管理工作。

(五)展览后勤管理

主要包括展具租赁、展览设施巡护管理、餐饮供给、展馆卫生保洁管理等,由场馆商负责。展会主办单位也可以采取外包的方式,将展会期间餐饮区的经营权临时转让给餐饮服务商,可以通过合同条款等对其餐饮品种、分量以及价格等进行严格的管理,以确保现场餐饮服务的质量。餐饮服务也可以采取公开招标的方法。

(六)证件管理

有些展会的主办方把印制的各种证件发放给参展商、专业观众以及展会工作人员(包括媒体记者及与会嘉宾等)。为了保证参展商、专业观众和参展参会嘉宾的停车位,场馆管理方还会使用停车证。出售门票的展会,主办方事先还需要向税务部门报告,在征得同意后才能够印制和出售门票。

(七)投诉与知识产权保护管理

在展会举办过程中,难免存在个别参展商和专业观众会对场馆现场管理、配套服务甚至展品侵权等表示不满,并向主办方提出投诉,有些会直接到问询处投诉。对于各种投诉,展会的主办方应在现场设立专门办公处理场所,必要时可聘请专职律师负责咨询。

展会应坚决反对利用展览侵犯知识产权的行为。在实际管理中,要用证据讲话。如果被告方有异议,可以申辩,但须提供证据,否则主办方有权暂时撤下有疑问的展品。有些侵权事项双方还需要在展后诉诸法律解决。

(八)新闻管理

展会现场应设立新闻中心或新闻办公室,以便及时发布主办方与参展商的各种信息。新闻中心的硬件设施和人员配备是根据展会规模等实际情况决定的。

展会的主办机构往往会安排专门的新闻管理人员,负责统一发布展会的官方信息,并接受媒体的采访。主办方所委任的新闻主管必须善于言辞,举止落落大方,并十分熟悉展会的相关情况。

(九)现场保洁管理

现场保洁管理一般是由场馆方、主场搭建商和特装搭建商等分工负责的。展览场地内公共区域的清洁工作由场馆方负责,如通道、厕所、餐厅等。展台内的清洁按"谁搭建、谁负责保洁"原则来管理。在撤展时特装搭建商应将展台内的展览垃圾清理干净并带走。

（十）配套服务管理

在展览现场，主办方还应该为参展商提供相关配套服务，如出门证管理和消防管理等。近年来，有些展览的现场管理还增加了媒体管理、广告管理、外包管理、信息管理等新的内容，展览的现场管理呈现出越来越科学化、专业化、系统化的趋向。

三、节事活动现场管理的主要内容

节事活动的现场管理包含很多内容，这里从场地的布置与管理、后勤管理和人员管理三个方面来描述。

（一）场地的布置与管理

根据需要，节事活动的现场一般有室内场地、临时搭建的凉棚式场地以及露天场地等多种类型。选择何种场地来实施节事活动方案不仅要看节事活动的性质，而且还要根据节事活动的规模、参加人数、场地条件对节事活动项目的适合性以及场地的区位因素、设施设备要求等进行。

在管理上，节事活动通常实行区域化管理。根据举办场地的不同，一般可以将节庆活动的现场分为舞台、表演和演示区域、观众和参与者区域、设施设备管理区域以及服务区域等。

在做好节事活动管理的准备工作的基础上，节事活动现场管理的实施步骤一般包括以下几方面。

第一，要确保嘉宾出席，做好相应的接待工作。主要有以下两点。

（1）制定现场人员流动及疏导方案。

（2）要识别来宾的身份。例如开幕嘉宾、参观嘉宾、赞助商、专业观众、非专业观众、媒体记者以及会场服务人员等。识别方法一般有证件识别法、标识识别法以及问询识别法等。

（3）协助来宾办理相关证件。

（4）协助来宾随身物品的托管或寄存。

（5）到会车辆的现场疏导。

（6）给嘉宾介绍节事活动的基本情况。

（7）给来宾讲解节事活动现场相关注意事项。

（8）接待节事活动现场前来咨询的人员。

（9）解决其他接待相关事务。

第二，节事活动主持人要对活动现场信息有充分的掌握，必要时需要进行彩排，以便及时调整、应对。

第三，节事活动一般设有现场指挥中心，它是节事活动召开时，管理者的现场调度中心。通常，节事活动的各类指挥信息都是由调度中心完成并发布的。现场相关的管理人员与服务人员由指挥中心调配。要保证各系统的正常运行，控制节事活动现场的进行程序，在调试时就要确保所有音响、视频设备以及供电设施的正常运作。

节事活动的现场管理需要注意以下几点。

（1）现场的安全问题是第一位的，参加人员的安全、设备的安全，都需要现场管理人员予以充分地重视。

(2) 要保证节庆活动现场节目能顺利地进行,活动所需要的设备能够正常运行。

(3) 如果节事活动配有餐饮,则有关餐饮服务的方式、内容及原则等的现场餐饮服务管理,需要专题计划与实施、专题控制与管理。

(4) 节事活动还应对紧急医疗、消防工作、设备故障等突发事件备有应对预案。

(二)后勤管理

节事活动现场管理中的后勤管理是非常重要的。细节决定成败。后勤管理服从于现场指挥中心,需要弄清的问题包括以下几项。

(1) 举办节事活动的目的是什么?是招商引资、募集资金,还是提供公众娱乐体验?

(2) 活动的规模如何?预计有多少人参与,媒体记者和VIP贵宾是否参加?

(3) 活动的场地情况如何?

(4) 活动是否有分会场,它们之间有多少距离?

(5) 是否需要、需要哪方面的服务商/供应商?

(6) 如何选择服务商/供应商?

(7) 节事活动对设施有何要求?公共卫生部门对设施有何限定?

(8) 是否提供食品和饮料?如果提供,由谁或向谁提供?

(9) 计划特邀多少嘉宾?

(10) 运动员/演员、观众和媒体记者乘坐何种交通工具抵离场地?列出交通车辆的类型、来往时间和特殊要求。

(11) 工作人员和志愿者何时、乘坐什么车辆到达指定地点?

(12) 对卫生设施的需求。(按国际标准,每100—200人应有一个公厕位)

(13) 特殊的观众(如残疾人、老人、不同语种的外国人)具体比例如何?

(14) 场地的座位布局情况如何?

(15) 节事活动的现场总共需要多少工作人员和志愿者?

(16) 有无存储设备和物品的空间?

(17) 工作人员和志愿者是否需要统一着装?

(18) 紧急救援、保安措施和人流控制措施预案情况。

(19) 有可能发生的情况(如人群冲突等)对加强安全措施的需求如何?

此外,还要考虑与服务商/供应商之间的协作关系以及交通管理、安保管理等问题。

(三)现场人员管理

节事活动现场的人员可分为三类:一是组织者,包括临聘人员、志愿者等在内的所有工作人员;二是消费者,包括观众、游客等;三是邀请来的嘉宾,包括贵宾、参演演员、媒体记者等。

对现场的人员管理,需要分类进行。对于工作团队、临聘人员需要有激励措施,要确保他们现场工作的积极性和高度投入。对于观众、游客等消费者以及邀请来的嘉宾、演员和媒体记者等,不仅要做好接待服务工作,而且要确保他们的人身、财产安全。

在人员管理方面,节事活动的现场最容易出现三个问题。

一是节事活动前期策划筹备不足造成的现场事物的漏缺。

二是节事活动现场管理因分工不明确而导致管理混乱。

三是对节事活动现场突发事件的处理缺乏足够的准备和手段。

充分的准备和有效的现场管理是解决这些问题的关键所在。因为节事活动现场的特点是参与人员数量多、事务头绪繁杂,所以如何控制好现场的各项工作,保证节事活动的顺利进行,对于节事活动的管理者来说是一个极大的挑战。

在实际管理工作中,节事活动的现场管理一般采取活动参与者的角色来分配具体的管理工作,也就是根据参与者的不同身份,把节事活动的现场管理任务分为若干个方面,每一个参与角色的群体所负责的相关事务为一方面的管理任务,再分别安排专人来具体负责,最后由项目负责人来统一管理各个方面的负责人,协调和控制整个现场的管理工作。

第二节　会展活动开幕的策划管理

展会开幕式标志着一个展会的正式开始,因而,展会的组办者都会用一种隆重的仪式向社会各界宣布展会正式开幕。特别对于商业性展会来说,其主办机构往往会以开幕式的形式宣告展会的开幕。

有的开幕式还会请一些重要的领导出席,有的开幕式还会举办一些表演活动,涉及的工作千头万绪,因此,做好开幕式的策划管理十分重要。

一、展会开幕仪式的现场布置

(一)开幕现场布置内容

展会的开幕式的举办地有在场馆外和场馆内之分。在场馆之外举行的开幕式,现场布置一般需要有展会背板或展会横幅,背板上的主要内容一般有展会名称,举办时间,展会的主办、承办、支持单位、协作单位等办展机构名称等。

背板前有主持台、发言台以及鲜花、绿色植物等效果布置,在商业性的展会开幕式现场周边合适的位置,有时还会布置赞助单位等的宣传用具。

在场馆之内举行的开幕式往往受到空间所限,现场布置一般会简约些。要布置内容主要有展会背板或展会横幅、主席台发言布置以及鲜花、绿色植物等效果布置等,配合展会宣传的布置还有展会简介牌、展区和展位分布平面图、各参展企业及其展位号一览表、展区参观路线指示牌、展会宣传推广报道牌、展会相关活动告示牌等。

(二)开幕布置形式示例

展会的开幕式的布置形式是多种多样的,隆重的开幕场合有时还会安排嘉宾剪彩、重要领导讲话等环节。简约的开幕式也可以别具一格。不同的开幕形式其现场布置形式也有所不同,下面是开幕式布置的两种基本形式。(见图4-2、图4-3)

在以上两种开幕式的布置形式中,示例一的形式一般用于规格较高,但参加人数不多的情况;示例二的形式适合参加人数较多的大型展会活动开幕式的情况。

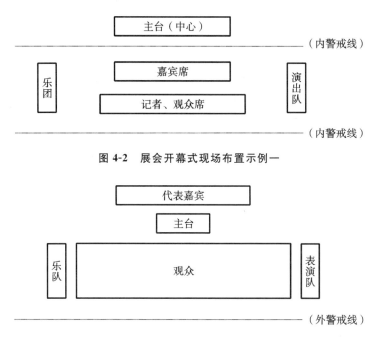

图 4-2 展会开幕式现场布置示例一

图 4-3 展会开幕式现场布置示例二

(三)开幕策划原则

展会开幕式的布置总的要求是庄严隆重、气氛和谐,现场环境氛围营造要符合展会定位需要。具体要遵守以下原则。

(1)确保安全。展会开幕式往往会有政府要员、商业巨头、业界精英或表演明星等出席,因而,谨防突发事件、防止现场混乱、确保安全有序是第一位的。根据出席人数的多少,以及出席嘉宾的重要程度,必须做好充分的现场管理预案。

(2)稳固美观。开幕式的舞台虽然是临时性的,但由于它的影响面较大,所以在搭建布置舞台时要遵守稳固美观的原则,现场管理人员必须监控搭建商的工作质量,特别是安排文艺表演时对舞台的稳固性要求则更高。

(3)配置到位。出席开幕式的人员可能会很多,专业人员要对现场的音响视频的配置要合理到位,安置、调试至少要提前一天完成,以保证开幕式的视听效果。

(4)控制适当。在布置开幕式现场的时候要安排好人流进出的通道,舞台与观看人群之间要留有足够的空间,人流控制要适当,有时还须安排协警站立于观礼人员前面,确保管理有序,以防不测。

二、展会开幕仪式的组织管理

(一)开幕时间和地点的确定

一般来说,展会开幕仪式的时间和地点需要提前决定并尽早通知与会嘉宾和各有关方。

在开幕时间的选择上要考虑场馆的地理位置、当天的气候条件以及当地的交通状况等,人们的工作习惯也是考虑的因素之一。

一般来说,开幕式的时间不宜太早。也有展会的开幕式选择在下午晚些时候进行的。开幕式的总体时间也不宜太长,通常在半小时左右,但一般不超过一个小时。

开幕式的地点一般安排在场馆前的广场上,或者在展馆的门厅区域,这样可以方便开幕式之后观众的参观活动。

为追求高效务实的展会目标,近年来,有些展会将开幕式放在展会开始前的晚上进行,这样可以与欢迎活动相结合,同时也增加了开幕的气氛。

(二)开幕程序的管理

展会的开幕方式不同,其议程的组织安排也有所区别,一般展会的开幕程序是由展会工作人员引领嘉宾到主席台或者指定位置就座;开幕式主持人主持展会开幕并介绍到会嘉宾;主持人请有关领导致辞;剪彩活动或相关开幕表演开始,由某位重要嘉宾宣布展会正式开幕,主持人宣布开幕式结束并请各位嘉宾和展会观众参观。

展会开幕式的总体议程确定之后,还要注重落实以下细节。

(1) 现场总指挥(协调人)的确认与到岗。

(2) 礼仪、接待人员及其分工与落实。

(3) 最终议程的确定。

(4) 物品的准备和人员分工。

(5) 安全保卫人员布局与分工落实。

(6) 最终出席领导和贵宾的排序并务必核准姓名、性别、职务。

(7) 致词人、剪彩人等的次序、站位确定。

(8) 音响、乐队等的配合与协调。

(9) 嘉宾签到簿、剪彩用品以及公关礼品等的检查落实。

开幕式的议程及相关细节确定好之后,需要形成两种打印稿文本,一种是按时间顺序的议程表,需要在开幕式之前呈送有关领导与嘉宾;另一种是主持辞,应提前送达给主持人。

(三)媒体的接待与管理

展会的开幕是媒体报道的重点。一般来说,在展会的开幕前,主办机构就要与相关的媒体取得联系,邀请媒体记者前来采访报道。媒体的接待管理要注意以下几个细节。

(1) 展会需要预先确定媒体接待工作小组。

(2) 要预先确定好对新闻媒体的发言人。

(3) 要预先确定并提供给媒体展会的有关资料。

(4) 为媒体采访提供必要的工作条件和服务,如水、电、灯光、道具等。

大型展会活动的组织者一般都会在展会现场开辟一定的区域作为展会的"媒体中心"或"新闻中心",供各媒体和记者使用。该中心一般都配有相应的媒体设备和用品,并发放一些展会资料以及小礼品等。

展会可以根据不同的媒体包括专业媒体和大众媒体的不同需求来提供展会资料。在保证报道基调统一的前提下,引导媒体从不同的角度全方位地报道展会。

在提供给媒体的材料中,主办方往往还会提供一些开幕式的讲话稿和新闻通稿。展会开幕式的讲话稿和新闻通稿在内容上有些相似之处,不过开幕式的讲话稿要比新闻通稿更有针对性一些。展会新闻通稿是各新闻媒体报道展会的基调,是展会给新闻媒体的第一印象,需要认真准备。

三、展会开幕式现场的管理要点

会展开幕式现场管理包括以下几个要点。

(一)开幕现场内外的安排

开幕仪式的主席台应在开幕前一天晚上全部布置完毕,并进行安全检查。当天早上,现场交通疏导人员提前到位,安全保卫人员提前到位,志愿者及引导人员提前到位,现场工作人员要事先检查并调试好音响设备;主持人、司仪、乐队等要提前到位。在开幕前,可以通过影音设备现场介绍展会的发展历史暨本届展会筹备情况。

如果在设置文化演出热场活动,应在开幕式正式开幕前三十到四十分钟内演出;开幕式开始时停止,开幕式结束后可继续;演出可在开幕式后30—40分钟内结束,具体按双方签订的合同执行。

(二)开幕式嘉宾接待管理

出席开幕式的嘉宾要进行分类管理。一般嘉宾需要提前入场,并由工作人员引导入座。

展会的VIP(Very Important Person),即展会贵宾。主要包括行业主管部门的领导、外国驻华机构的代表、名人演讲者、著名艺人、公司总经理以及重要的赞助商等。根据展会的层次不同,重要的展会活动有时还会有重要的贵宾出席,如国家领导人、各国政要、王室贵族等人员。

对于VIP的接待,展会主办方要事先落实他们的名单并与之多方面沟通,告知其展会开幕的准确时间、地点,一旦他们决定出席,展会要有专人负责接待。对于住宿的VIP人员,从他们到达酒店到出席开幕式,直到离开展会地点都要进行周到的安排,如果有特别重要的贵宾有时还需要事先制订接待计划(包括安全保卫方案),上报有关负责部门和相关人员审定后执行。

在开幕式前,一般是先陪同嘉宾到贵宾休息室,可佩戴嘉宾证。此时也可安排小型的会见活动。现场引导人员和服务人员可根据来宾的数量进行合理安排。约在开幕式前二到五分钟,邀请并引导主要领导步入开幕式现场。

要考虑贵宾的座席和排位,在有座席的情况下,贵宾必须要有席卡。如需要贵宾开幕致辞、剪彩的一定要安排好顺序,对于外宾,可根据需要配备翻译,陪同参观展览。

由于VIP的特殊身份,在安全管理方面也有很高的要求,有时需要在当地公安部门的指导下成立安全工作领导小组,防止各类突发事件的发生,维护良好的展会秩序,保证贵宾的人身安全。

(三)会展开幕式现场协调

要确保展会开幕仪式的井然有序,现场组织管理工作十分重要,主要的管理内容有以下几方面。

(1)总协调人的现场调度与协调。

(2)出席领导和嘉宾的接待与引导。

(3) 到场观众的组织。
(4) 主持人的精神状态与临场发挥。
(5) 现场工作人员的临场配合与协调工作。
(6) 开幕式安全保卫人员的临场配合与协调。
(7) 现场布置情况和设备检测。
(8) 突发情况的及时处置。

需要指出的是,总协调人在现场管理中地位十分重要,务必做到总体调度协调有方,能及时发现问题,及时处理,确保大局。

（四）开幕式后的参观活动

开幕式后,出席的主要领导要前往展馆进行参观。一般由熟悉展会的领导或组委会领导陪同前往,以备领导询问。参观的线路应事先进行预排,要将本次会展中比较精彩的部分让领导和贵宾参观。

第三节　会展现场管理工作与实施

会展现场管理工作通常是在会展期间一个集中的时间。各种事物众多、集中而又烦琐。会展现场的管理工作的开展重在按计划实施。

一、会议现场管理工作与实施

一般来说,在会议现场管理工作中,需要具体实施的内容有会议场所的确定、会议场所的布置、会议报到与接待、会议议程和主持人管理、其他会务工作等。

（一）会议场所的确定

确定会议场所是会议策划与管理中的重要事项。会议场所确定的主要依据是会议的规模。

为了方便起见,如果是展览中的会议则尽可能要利用展览场馆内的会议场所。现代会展中心一般都专门配有大小不同的会议场所。会议的举办者可以通过租赁的方式确定会议场所。

由于会议的层次和重要程度各不相同,现代会议在场所确定上往往还会综合考虑到会议的基础设施、配置、软硬件条件等（参见相关链接 4-2）。

相关链接 4-2　上海国际会议中心

上海国际会议中心拥有现代化的会议场馆。有 4300 平方米的多功能厅（宴会可容纳 3000 人,会议可容纳 4000 人,可兼作展厅）和 3600 平方米的新闻中心（兼展厅）各一个、800 人会议厅一个、200 人会议厅两个、100 人、50 人等各种规格的会场;豪华的宾馆客房,有总统套房、商务套房、标准间近270套;高级的餐饮设施,有中、西餐厅,特色餐厅,咖啡厅等;舒适的休闲场所,有歌舞厅、健身房、游泳池、保龄球、桌球、桑拿、商场等,设计车位600余辆。

整个会议中心大厦中最有观赏性的要数位于11层的屋顶花园和屋顶露天观光长廊了。屋顶花园坐落在巨大的球体内,园内种着鲜活的观赏树,球体内还辟有观光平台,顾客在此可一边品茗一边欣赏外滩一带浦江美景。屋顶观光长廊长100米,上层为观光层,下层为休闲层,长廊两头与球体相连。

上海国际会议中心以举办大型国际会议、商务论坛的专业性与综合性蜚声海内外。多种规模和类型的会议室配以先进完善的会议设施。风格迥异的多功能会议厅均备有最先进的高科技影音系统及同声传译设备。

(资料来源:http://www.shiccs.com/)

(二)会场布置工作的选择

根据会议的需要,常见的会场布置形式包括剧场型、课堂型、中空型、实心型、U字型和宴会型等。

(1)剧场型会场又称礼堂型会场,适合举行较大规模的主题会议或专题会议中的全体会议。与会人员在300人以上可以选择这种会场。一般来说,剧场型会场在建造时已经考虑到会议的功能需求,因而,在现场布置时并不需要改变会场的主体结构,只需要对会场的主席台进行布置,或者对观众区进行分区管理即可。

(2)课堂型会场。举办与会人数在100人左右的主题会议或者专题会议中的工作会议、讲座、招商会以及推介会等可选择课堂型会场,如图4-4所示。

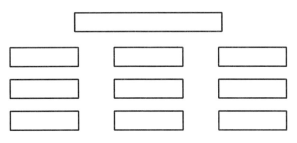

图4-4 课堂型会议布局

(3)中空型和实心型会场。此类会场适合于举行主题会议或专题会议中的研讨会、专题会议中的恳谈会。一般来说,"圆桌会议"往往采取此类布局。

(4)U字型会场。此类会场适合于举行专题会议中的研讨会、工作会、招商会和推介会。会议的主持人一般坐在"U"字的顶端。

(5)宴会型会场。此类会场适合举行研讨会、恳谈会、招商会和推介会。使用这种类型的会场一般会安排与招待宴会结合在一起,如图4-5所示。

(三)报到接待工作的实施

会议的现场报到与接待工作是会议管理非常重要的环节。如果会议的规模较大,为了

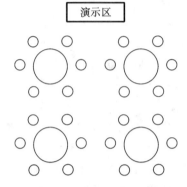

图 4-5　宴会型会议布局

区别不同类别的参会者,在具体实施上可以设计不同颜色的报到表来进行区别。对于会务费是现场支付的与会者,承办方一定要保证信用卡处理机或收银机可以正常工作。近年来,支付宝以及微信支付越来越受到欢迎,对于这部分与会者也必须做好预案。

一般来说,会议的报到处旁边都会设立一个咨询台,需要安排专人负责解答与会者的问题。

会议的接待报到处通常可以摆放一些与会者所关心的信息资料,如用餐信息、购物信息、交通指南等。

在与会者报到事项全部完成,并且所有要支付的款项都完成后,会务组通常会发给与会者一个会议专用袋,里面装有会议的日程表以及常见的物品,如笔、便笺、信纸等文具,有时还有饮用水或小礼品等。

与会者的徽章或者参会证等通常放在会议袋里或由工作人员单独发放。徽章一般应带有固定设计,经济实惠有纪念意义。

(四)会议议程和主持人管理工作

议程是会议组织管理的核心工作。在具体实施中要掌握"科学合理"与"灵活机动"的原则,根据会议要求的不同,它的议程也有所不同。

在策划确定会议议程的时候,还有一些值得注意的事项,例如,在会议议程确定好之后,还应对其各个部分仔细检查一下,看看是否有与主题无关的内容。会议议程的安排在逻辑顺序上有无不妥等。

一般来说,为了确保会议的顺利进行,会议的主办方都会将会议议程提前通知与会者,以方便与会者及早进行相关的安排。

在会议的实际操作过程中,有时还应对可能发生的意外情况有所准备。有时,会议中间可能会因为某一突发事件而导致会议的终止。例如,在商业性的会议召开过程中,可能会出现与会者之间的唇枪舌剑,以至于互相激烈的指责,或者出现本来一直忠诚的客户突然取消了大额订单等事件。

好的会议议程不能只是遵循"固定模式",我们说,"细节决定成败",这对于会议的组织管理工作是很有启示和借鉴作用的。

在整个会议的实施过程中,会议主持人亦即会议主席的作用十分重要。好的主持人,可以做到既专业又熟练,诙谐幽默、运用自如,他可以给大会设计一个好的开场白,并且在主持过程中知道如何化解与会者之间的意见冲突,如何处理迟迟不能达成协议的会议等,这都需要会议的管理者作好谋划。

(五)其他会务工作

作为会务工作的一部分,包括资讯和餐饮服务等保障工作也是会议管理的重要工作,必须做细做好。

随着现代会展经济的快速发展,会务工作要适应高等级的会议或大型会议,特别是国际会议中心的要求,光靠迎来送往和倒倒茶水、买买票之类的低层次服务是远远不够的。更高端的管理进行会议的顶层策划设计,从与会者的组织、现场布置、管理到政府、媒体的公关等都要求高水平的服务。现代会务的管理工作已经把对服务管理人员的政治、文化、礼仪、气质等要求都融入会议实施的整个过程,这是全新意义上的会议管理。

二、展览现场管理工作与实施

展会开幕后,展会就进入展览期间的现场工作阶段。展览现场管理工作的实施内容繁多,主要包括以下几方面。

(一)观众入场管理工作

观众的入场管理是一项十分重要的工作,通过登记注册,一方面是展会管理有序的需要;另一方面,对于品牌展会来说,展会的主办方可以从入场管理中获得观众的详细信息,对于建立专业观众数据库以及观众的分类管理很有意义。在具体实施中,需要重点做好以下工作。

1. 现场工作人员的合理分配

(1)分派注册登记的工作人员要充足,要根据对展会观众的入场规律进行预判,如果需要可指定后备人员。

(2)对展会现场管理工作人员需要进行必要的岗前培训。

(3)对于有可能发生的有争议性的问题,要做好预案,事先可选派一名调停人员专职负责处理。

(4)明确所需要志愿者的数量,一定要有备用人选。

(5)在观众入场注册地点,一定要留有足够的空间,并备有充足的展会资料介绍等相关资料。

(6)现场管理的工作人员手中需要备一份急用电话号码表,要有包括会展活动有关联系方的电话号码。

(7)展会现场管理办公室里要安排一名传达联络人员,负责会场内外人员的联络工作。

2. 观众登记表的填写与管理

展会一般都要对专业观众进行登记,这一方面是入场组织管理的需要,另一方面,获得专业观众的有关信息也是展会可持续发展的需要。

展会要根据实际情况编印观众登记表。也可以说观众登记表是一种用来收集专业观众信息的问卷调查表,观众需要填写它才能取得可进入展馆参观展会的"专业观众证"资格。

观众登记表的主要内容包括：一是观众的基本信息，二是问卷调查问题。一张简单的专业观众登记表如表 4-1 所示。

表 4-1　×××国际智能家居博览会观众登记表

登记说明：

×××国际智能家居博览会将在××年×月×日—×日举行，请您认真填写登记表后选择：①将此表传真给主办方；②展会开幕时请交到总服务台。我们将为您提供免费门票，凭此登记表到展会上领取免费"专业观众证"。

1. 个人资料

姓名：＿＿＿＿＿＿＿＿＿＿　　职务：＿＿＿＿＿＿＿＿＿＿

公司：＿＿＿＿＿＿＿＿＿＿　　邮编：＿＿＿＿＿＿＿＿＿＿

国家：＿＿＿＿＿＿＿＿＿＿　　省份：＿＿＿＿＿＿＿＿＿＿

城市：＿＿＿＿＿＿＿＿＿＿　　电子邮箱：＿＿＿＿＿＿＿＿＿＿

网址：＿＿＿＿＿＿＿＿＿＿　　移动电话：＿＿＿＿＿＿＿＿＿＿

电话：＿＿＿＿＿＿＿＿＿＿　　传真：＿＿＿＿＿＿＿＿＿＿

2. 经营内容

□政府机关　　　　□商务机构/协会　　　□公共服务　　　　□金融／保险

□科研/高校/教育　□进/出口　　　　　　□代理/分销　　　　□输出中心

□生产企业　　　　□销售商/批发商　　　□专业协会　　　　□智能硬件行业

□智能家居产业　　□安防行业　　　　　　□智能建筑产业　　□酒店家具

□庭院、户外休闲家具　□家具生产设备及原辅材料

□其他

3. 您感兴趣或者贵公司有需求的展品类别是：

□家居智能化系统与社区

□酒店智能化系统及产品

□建筑智能化系统及产品

□智能硬件平台及方案　□机械锁　　　　　　□车辆交通用锁　□锁具配件

□智能硬件产品　　　　□智能设备芯片及传感器

□家居设备　　　　　　□其他

4. 您参观的目的是：

□采购　　　　　　　　□联络供应商　　　　□寻求代理/合资伙伴　□建立关系

□收集最新资料　　　　□考虑下次参展　　　□其他

5. 您是通过何种渠道了解到本展会信息的？

□报纸广告　　　　　　□网站　　　　　　　□电子邮件　　　　□传真

□电台广播　　　　　　□杂志　　　　　　　□家居市场　　　　□户外广告

□微信　　　　　　　　□客户介绍　　　　　□其他

6. 您是否曾经参观过往届国际智能家居博览会？

□从未　　　　　　　　□一次　　　　　　　□二次　　　　　　□多次

在上表中,对观众的基本信息的登记是便于建立观众信息库分类的需要,问卷调查是希望更清楚地了解观众的需求以及展会信息获得的渠道,为下一步更好地调整和执行展会的广告宣传推广、招商策略等做准备。

观众登记管理环节是一项十分重要的工作。在实施过程中还必须要注意与整个展会工作的协调一致性以及有序、高效、务实等(参见相关链接4-3)。

相关链接 4-3 观众登记的注意事项

在展会现场进行观众登记时要注意以下事项。

(1) 要由专人负责管理观众登记的现场事务,观众登记现场要保持秩序井然,不杂乱。

(2) 观众提交的资料要尽量完整。如果观众没有填写完整有关资料,工作人员应当友情提醒,等填写完毕之后再发放有关进馆手续。

(3) 工作人员现场录入的观众信息要力求准确,少出错误。

(4) 如果现场来不及录入观众的所有信息,可以录入其中的主要信息,其他信息在展会后期录入。

(5) 观众提交的填好的观众登记表、邀请函和名片等资料要妥善保管,分类整理,以便以后录入观众资料时核对。

(6) 现场工作人员的服务态度要好,动作要迅速,并对展会要有一定的了解,能回答观众提出的一般问题。

3. 展览会证件与门票管理

一般展览会需要印制的证件有以下几类。

(1) 专业观众证。在专业性的展会中,这是最重要的证件之一。当专业观众填写并交送"观众登记表",经过审核后没有什么问题即可获得。

(2) 贵宾证。也叫VIP证。供到会的重要嘉宾使用。

(3) 参展商证。供参展商进出展馆时使用。

(4) 媒体证。供新闻媒体的记者、摄影等工作人员使用。

(5) 布(撤)展证。供展会在布展和撤展时展台搭建商以及参展企业的有关工作人员使用。布(撤)展证在展会展出期间一般不能使用,搭建商与参展商的相关人员不能再凭此证进出展馆。

(6) 工作人员证。供展会主办机构的相关工作人员进出展馆时使用。

(7) 停车证。供参展商、观众以及到会嘉宾停车时使用。

在观众管理中,专业观众凭"专业观众证"进出场馆,一般观众也可凭购买的门票进入场馆参观。展会如果需要出售门票,按规定应该事先与地方税务部门取得联系,在取得地方税

务部门的批准后才可以印制并出售门票。

4. 会刊的编印管理工作

会刊是会展活动期间由主办方提供给参展商与专业观众等使用的展会活动指南。会刊的编制设计是一项专门的工作，它是整个展会的视觉表现系统，属于展会的 CIS 设计。设计制作一份精美的会刊不仅在展会期间可以方便使用，而且，还可以成为展会的宣传册，长期使用、留存。

会刊的编制设计主要包括会标和海报设计、封面封底设计、会刊的内容撰写以及校样审核、排版印刷等工作。

一般展览会会刊内容组成比较固定，最常见的包括序言/欢迎辞、目录、展会概况、主办方简介、领导贺词、展会活动的日程安排（时间、地点、主办承办方、活动内容等）、展位分布图（包括标明展位号、所在位置、通道、出入口、洗手间等）、参展商索引、参展企业资讯、行业/地区简讯、参展商名录、展览跟踪调查表等部分。各部分内容应准确无误，表述正确，杜绝错别字。

需要指出的是，如果是国际性展会，那么，所编印的会刊其说明性的文字至少应有中、英两种文字。

（二）展览会观众分类管理工作

对于展览会的主办方来说，对观众的分类管理能够有针对性地开展工作，提高展会服务的效率。按照参观展会的不同目的可以将展会观众进行分类。

1. 目标客户

目标客户是展会最重要的观众群体。对于参展商来说，直接的顾客和潜在顾客都是目标客户。有效的招商工作，能吸引来大量的潜在顾客与目标客户。

2. 其他观众

对展览会的观众进行分类是一项较为复杂的工作。一般来说，除了目标客户之外的观众都可以称为其他观众。这其中又有只是为了打发时间的观展迷、求职者、赠品的收集者、纸张收集者、兜售者甚至窥探者等一些无关紧要的人。在参展商的展台管理中，应有针对性地了解观众的类别，才能做到有的放矢。

（三）参展商的现场管理工作

参展商就是展会举办机构的直接客户。在展会进行期间，参展商悉数到场，这正是展会的举办机构与参展商沟通、联络的极好机会，办展机构应亲自到各参展商的展位逐一拜访，或者要求参展商座谈，加大感情投入，了解他们的需求，征求他们对展会各方面工作的意见和建议，及时解答他们提出的问题。

（四）展览会公关和重要接待活动

展览会是一个公共交流的平台，同时也是办展机构进行公关活动的最佳场所。对于展会的主办方来说，如邀请重要领导参观和视察展会、接待外国参展和参观代表团、接待行业协会和商会的考察、接待外国驻华机构代表的访问等。这些公关活动对扩大展会影响、提升展会形象将会起到很大作用。

在实施过程中，展览会公关应着眼于未来、全局，着眼于展会发展的长期战略目标，而不是短期的经济效益。在展会管理的全过程中，要凝聚引导全体员工明确树立良好的展会品牌形象的重要性。在展会管理中理顺各方的职责关系,对展会中有可能出现的危机加强预防、加强沟通,果断处理,争取化危为"机"。

(五)展览会现场安保、清洁工作

展览会现场的安保工作主要有防止意外事件的发生、防止展品丢失和被盗、防止可疑人员进入展会现场、展会消防安全保护、协助展会处理一些安全保卫方面的工作等。展会本身的安保人员只能负责展会上一般性的安保工作,大型展会一般都会与地方公安部门联合进行安保工作。

展场公共区域内的清洁卫生工作一般是由展会的承办方负责,展会期间,主办机构要安排清洁人员每天对公共区域进行清洁工作。参展商展位内的清洁卫生工作一般由参展商自行负责。

(六)展览会知识产权保护工作

现代展会对知识产权的保护工作越来越重视。展览会是包括参展商、承办者、主办者、布展者、观展者在内的多方利益的聚合体。在知识产权的保护上,展会的主办机构一定要严格审查,加大保护力度。

对于参加展览的敏感产品要在参展之前提供产品专利或相关认证,要层层把关,责任到人。办展机构还要与各参展单位签署参展知识产权保证书。

品牌展会一般都会在展会的现场设立展会知识产权保护的专门管理机构,负责接收、处理展会知识产权方面的投诉,并有监督管理展会知识产权问题的职能。

(七)展览会相关活动与工作的协调管理

展览会期间,主办方以及参展商往往都会同期举办新闻发布会、论坛、峰会、颁奖、竞赛、表演等活动,主办机构对这些活动要能够及时进行协调管理,避免混乱。

此外,展览会期间,各种信息汇集,展会的主办机构应抓住时机对各类有用的信息进行收集整理。如对参展商以及观众的问卷调查,了解他们对展会各方面问题的看法。由于在展会现场所收集到的资料多属第一手资料,对今后展会的举办很有借鉴意义,因而,办展机构都十分重视这一工作。

办展机构要派出专门人员与展馆场地部门核对展会租用面积、参展类别和各种收费服务,准备相关资料和数据,为展会闭幕后与场地部门结算作准备。

展览会期间,展会的各合作单位和招展、招商代理一般都会亲临展会,办展机构需要与他们商谈下一届展会的合作与代理招商招展事宜,以便为下一届展会的顺利举办做准备。展会期间,行业内的企业和人员大量云集,展会可以在现场设立"招展办公室",负责为参展商预定下一届展会的展位。

展览会现场工作的最后一环是撤展的管理工作。撤展管理包括展位的拆除、参展商租用展具的退还、参展商展品的处理和回运、场馆的清洁和撤展安全保卫等工作也是需要重视的。

三、节事活动现场管理工作与实施

节事活动的种类繁多,举办机构的构成也非常复杂,因而,在管理上也呈现出多头管理的局面。就节事活动的现场管理工作与实施来看,一般会围绕人流管理、现场活动管理、紧急事件应对等关键环节进行管理。

(一)节事活动人流管理

在整个节事活动的管理工作中,安全性是最重要的。其次,秩序也非常重要。对于人流的管理,大多数节事活动都是通过排队入场等方式来进行的,如电影节、音乐节的现场;但也有些大型节事活动的现场是自由入场的,如啤酒节、服装节等。不论采取哪种入场方式,制定安全管理方案、编制入场管理计划表以及整合各种资源都很重要。

1. 人流管理的要点

(1)人员流动路线的优化。节事活动的现场,通道的预留与设计要以参会的观众来往顺畅为目的,使其走动的距离、方便程度最优化。办公区、后台区的设计以及场地布置要以减少人员流动为目的。

(2)预防拥挤堵塞。节事活动管理工作要以增加有价值的活动为目标。对于在户外举办的节事活动而言,一般是采取多种方式来打发观众排队时间,如沿街的娱乐表演、流动餐点、现场演示等。

(3)最大化地利用空间。对空间进行充分有效的应用是节事活动要遵守的一项原则。现场的布置与设计要尽可能多地将空间分配到顾客活动区域,后台等辅助设施分配空间相对来说要尽可能地少一些。

2. 实施步骤

(1)现场管理工作培训,确保每一位直接参与入场管理工作的人员对自身任务、工作要点都能准确了解。

(2)召集与组织相关的管理人员去熟悉节事活动的现场。大型节事活动一般会对有关的工作人员进行必要的彩排。

(3)通过对现场工作的实地调查,听取相关管理工作人员的反馈意见,对入场管理计划表进行及时的修正、更改。

(4)正式开始之前,所有工作人员至少应在节事活动开始前1个小时到指定岗位待命。

(5)参加节事活动的人员入场后,还要安排足够的现场维持人员,确保现场演出及人员通道的畅通。

3. 入场计划管理的流程图

节事活动入场计划的制订与管理示意图如图4-6所示。

4. 需要注意的事项

(1)在岗前培训时,要强调管理工作人员规范合宜的仪表风度,它直接显示节事活动管理的水平。

(2)节事活动的入场标识系统布置要"醒目、

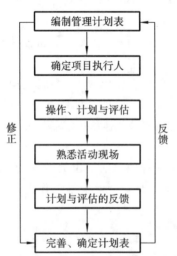

图4-6 节事活动入场计划的制订与管理示意图

准确、易懂、直观"。

（3）在室内和室外举办的节事活动的场所管理要求有所区别。

（4）节事活动的现场以畅通为原则，为确保人流的安全有序入场，根据需要可设立缓进通道。

（二）节事活动现场管理事项

节事活动的现场管理事项繁多，主要包括对观众、节目和主持人以及舞台、灯光、音响、布景、装饰、视觉及特效、供电设施等具体事项的管理。

1. 准备工作

在节事活动的准备阶段，除了对人流的管理之外，现场舞台的设计，声、光、电设备的租用以及节目和主持人的选择等，都需要具体的管理人员予以对接、落实、操作。一般来说，需要选择有关代理供应商来完成的现场项目，需要及早落实、无障碍沟通、确保执行的无误。

2. 实施要求

（1）在人员的管理方面，要确保嘉宾的出席率，并且需要做好相应的接待工作。

（2）主持人对活动现场的相关信息要清晰明了，以便作必要的调整、应对。

（3）现场工作人员要确保活动所需的所有音响、视频设备以及供电等设施的正常运作。

（4）要配备专人负责管理并及时解决现场活动时的干扰因素，如现场的喧哗等。

3. 注意事项

（1）树立安全第一的思想。节事活动现场中人的安全、设备的安全，都需要管理人员的充分重视。

（2）现场管理人员要确保节事活动节目等程序的顺利进行，确保活动设备等的正常运行。

（3）围绕节事活动的主题，要充分调动节庆活动现场的气氛。

（4）如果节事活动中配有餐饮活动，那么，有关餐饮服务的方式、内容以及原则等的现场餐饮管理，要进行专题计划与实施，需要进行专题控制与管理。

（三）节事活动紧急事件的应对

在节庆活动现场管理过程中，有可能会发生一些意想不到的突然事件，这就需要主办方应事先有足够的准备，做好预案，遇到紧急事件，需及时处理，谨防措手不及。

1. 紧急医疗事件

节庆活动现场有大量的人员聚集，是一个人流集中的地方，紧急的伤病事件随时都容易发生，需要事先做好防范的预案。经常容易发生的疾病是参会人员突发心脏疾病、中风和其他危害生命的疾病。有的与会者可能是因为改变了饮食、喝酒、睡眠不足、疲劳、处于不熟悉的环境等而产生了种种不适，需要得到更多的照顾。

一般来说，在节事活动的现场，要建立一个紧急医疗救护系统，应安排医护人员值班，并与当地医院取得联系，一旦有紧急病人应立即送医院实施救护。

另外，节事活动组织者还应加强对现场餐饮的卫生管理，要谨慎选择餐饮合作伙伴。确保食物的清洁安全，不发生人员腹泻或食物中毒事件。

2. 消防工作应对

消防工作对于任何一个节事活动都是十分重要的,现场管理要设专人负责,决不可以麻痹大意,或存在侥幸心理等。大型活动花费一定的时间甚至财力去预防那些未必发生的消防事情是十分必要的,要防患于未然。节事活动必须按照消防要求,在专业人员的指导下,事先做好准备工作,配备必要的防火器材,做好火灾等灾害发生时的各种预案。

3. 设备故障处理

节事等大型活动的顺利举行离不开后勤保障。供电等现场设备有时会有不足或发生紧急故障的时候,一旦出现紧急故障,除了立即启用备用电源外,还应通过供电部门或其他部门迅速借用周围电力,确保节事活动用电或设备的正常运作。

4. 其他

节事活动出现突发事件的情况有时是难以预料的。比如,不明原因的现场秩序混乱、现场泊车拥挤不堪以及天气糟糕等,这都需要节事活动的现场管理者有预见性和应变能力,能够及时、妥善解决突发事件,以确保节事活动的顺利进行。

节事活动程序结束后,现场的结束管理和清理工作十分重要。具体的工作有以下几点。

(1)要确保参与者快速、有序地离开活动现场。

(2)所有工作人员在节事活动参与者离场后,应到岗,按照分工整理现场物品。

(3)所有物品经核查后,登记、交验、签字等。

(4)节事活动项目负责人对活动工作应及时总结、表彰、奖励等。

对于大型节事活动的管理,各国都有相应的管理机构,有的国家会成立专门的管理董事会,负责节事活动的筹划、实施、运营以及评估等管理(参见相关链接4-4)。

相关链接 4-4　爱丁堡节事活动的管理结构

苏格兰人在除旧迎新、庆祝新年的时候都倾注了极大的热情,很多年轻人特别喜爱搞狂欢活动。爱丁堡每年都要举办近20种节事活动。爱丁堡的冬季节庆活动已成为欧洲最具有规模的冬季节庆活动之一。

"爱丁堡之都圣诞节"和"爱丁堡除夕节"的管理结构被认为是最佳的实践模式。他们的组织结构包括:项目战略建议小组、安全小组、公共关系小组和营销小组;另外,除夕节还有工作小组、街道活动监督小组,这些小组的设立都是考虑到节事活动中的公共安全问题。

富有创意和艺术性的爱丁堡之都圣诞节和新年节目活动,是通过竞争投标签订合同后制定出来的。合同的运作必须符合并遵守欧盟采购立法。

爱丁堡新年和圣诞节的项目小组成员是由不同组织派来的代表组成的。例如有"爱丁堡城市委员会""苏格兰企业协会""爱丁堡和洛锡安区旅游董事会""洛锡安区边境警察和爱丁堡城市中心管理公司"。爱丁堡之都圣诞节和新年活动都没有设置专职人员,全职工作人员利用他们的部分时间,给活动的组织提供各方面的支持。目前，随着活动的复杂性增加，需要商业经理人建立更多的商业伙伴关系和赞助交易活动，所以需要为节事活动成立一个全职的工作小组。随着节事活动产品的成熟，需要更多的人力资源的投入。

然而，正是这种管理方式，包括控制指挥小组、公众安全计划小组、营销和公共关系小组等，整合了爱丁堡新年的各种活动。另外，这种管理模式已被爱丁堡之都圣诞节活动所采用，因此，现在，越来越多的人认为，这种模式比较适合创建一个单一的冬季节事活动。

本章小结

对于展会活动来说，现场管理尤为重要。展会现场管理根据类别的不同其管理的内容也有所区别。展会的现场管理涵盖会议、展览以及节事活动等方面。展会活动是人流、物流集聚的活动，因而，在展会的环境卫生、车辆交通、安全保卫等方面的管理是共同的。展会的现场管理也是一个系统工程。以展览来说，如接待管理、展台搭建管理、开幕的管理、展场服务管理、展览现场信息发布与管理、展览现场的危机管理以及展览的闭幕撤展与评估等都是重要的管理工作。细节决定成败，展会现场的每一项管理工作都必须落实到位。

复习思考题

1. 名词解释：证件管理、后勤管理。
2. 简述会议现场管理的内涵。
3. 试述节事活动现场管理的主要内容。
4. 展会开幕仪式的现场布置有哪些要求？
5. 展会开幕式的总体议程确定之后，还要注重落实哪些细节？
6. 展会是如何对观众进行分类管理的？
7. 以下是展会现场中常见的突发事件，从现场管理的角度来看分别该如何处理？
(1) 断电。
(2) 人流拥挤。
(3) 遇到偷盗、诈骗。
(4) 喷淋或水管爆裂。
(5) 展商与顾客纠纷。
(6) 遇到暴雨天气。
8. 阅读下列案例并讨论问题。

案例分析

展会现场管理的问题识别与组织管理

加强展会现场管理的关键是以主办单位为主导,明确的责任分工为基础,参展商及参观人士的要求为指导,每个服务承包商各司其职,有机配合,共同完成展会现场的服务工作。

(1) 问题识别。

主办单位应该充分考虑展会现场服务可能产生的问题,具体包括展台设计、展台搭建、展台租赁、展具出租、货物运输、现场观众登记、现场观众指引及导览、清洁保安、餐饮服务等方面的问题。

在展会开始布展前一周左右,召开全体服务承包商会议,即"碰头会",明确各个服务承包商在展会现场的服务范围与责任。对于召开多次的展会,可以将以往展会现场出现的问题及处理对策大致归类并结集成册,分发给各个承包商,促使各个服务承包商在展会现场再面对上述问题时,迅速作出反应,积极解决展会现场的问题。

(2) 组织管理。

主办单位在展会现场成立应急处理小组,由一名总指挥、两名副指挥及若干工作人员组成,工作人员的多少与展会的规模成正比。

当展会现场出现紧急情况或各个服务外包公司都不知如何处理的问题时,统一交由应急处理小组处理,并由各个承包商给予必要的支持。为了保证应急处理小组的办事效率,要求各个服务承包商只有在问题不能解决或需要多个部门协调时,才可以求助于应急处理小组。同时,应急处理小组的组建最好在开展"碰头会"前一周之前,方便"碰头会"时将应急处理小组主要负责人介绍给各个服务承包商,以便应急处理小组在现场工作中得到各个服务承包商的必要支持。

总之,展览现场管理对办好一届展览会至关重要。现场管理做得不好,会影响专业观众和参展商对展会的满意程度,甚至影响整个展会的品质。展会现场管理具体体现在对观众和参展商提供的服务上,在服务外包的大趋势下,展会主办方要不断通过加强各个服务承包商之间的合作来改善展览环境,提高服务水平,尽最大力量满足参展商和观众的要求。

(资料来源:https://zhidao.baidu.com/)

思考并讨论:

1. 展会现场管理可能产生的问题有哪些?召开全体服务承包商会议即"碰头会"应明确哪些内容?

2. 主办单位在展会现场成立的应急处理小组主要包含哪些成员?

第五章

会议项目策划与管理

引言

会议项目是会展业中的重要组成部分,尤其是商业会议,往往能通过会议带动商业。与会者总是希望能参加一个高质量的会议。精彩的会议离不开周密的策划和高效的管理。这也是会议的组织者所要面临的重要问题。

通过本章的学习,明确会议策划的概念、构成要素和种类,了解会议策划的基本内容,掌握会议管理的基本要点,培养学生在掌握会议策划专业知识的同时,能够完整地策划和组织管理一次会议。

建议本章用 8 课时教学。

在学习过程中,可以参考《会议管理》《会议运营管理》《会展服务管理》等著作进行深入学习。

学习要点

1. 会议项目的基本概念
2. 会议项目的要素
3. 会议项目的种类
4. 会议项目的目标
5. 会议项目的议程
6. 会议项目的策划方案
7. 会议项目管理的概念
8. 会议项目管理的要点
9. 会议项目管理的步骤

第一节　会议的内涵、要素与类别

一、会议项目的概念

(一)会议的起源与发展

所谓会议,通常是指有一定数量的人参加,围绕特定的目的、在某个地点定期或不定期进行的持续一定时间的思想、观点和信息交流活动。

会议是人类文明与进步的产物。据记载,早在原始社会,部落首领召集部落成员议事、选举酋长等其实就是一种会议的形式。

古代会议的形式也是多种多样的。如古希腊文明中的各种"对话"。思想家们在广场上发表言论,并且与听众即兴对话和互动,传播自己的思想。这已经具备了思想、语言、自由、平等和开放等会议的要素。

在中国,《论语》其实是孔子与学生之间的对话记录,也可以说,是一种会议记录。司马迁在《史记·老子韩非列传》所记录的"孔子适周,将问礼于老子",可以说是我国历史上的第一次"儒道高峰论坛"。

现代社会,日常的生活与工作更是离不开会议。据调查,部门经理以上的主管人员每周有超过25%以上的时间是参加各种会议。

20世纪60年代开始,尤其是自70年代中期以来,会议业发生了巨大的变化,人们参加大大小小的会议,这是一项重要的工作。会议业也因其广泛的影响、高额的利润和巨大的潜力,引起了越来越多人的注意。

国际会议协会(International Congress and Convention Association,简称ICCA)在国际会议领域具有广泛性、代表性和权威性。根据ICCA的数据统计,每年全世界的会议收入在2800亿美元以上,其中,国际会议收入超过76亿美元。近年来,中国已经成为ICCA亚太地区最大、全球第二大的成员国(参见相关链接5-1)。

相关链接 5-1　ICCA 发布 2017 全球会议目的地国家及城市排名

据ICCA最新发布的"2017年ICCA会议城市排名",排名前五的城市保持不变,尽管顺序有变。巴塞罗那自2004年以来首次位居第一,巴黎和维也纳(并列第二)、柏林和伦敦紧随其后。

根据ICCA发布的最新数据显示,会议市场保持了持续强劲增长。2017年共有12558场国际协会会议,这是ICCA年度会议数据的最高纪录,与2016年相比新增 346 场。

截至 5 月 7 日，ICCA 在中国大陆一共有 58 名成员，且仍在增长中，中国目前是亚太地区最大、全球第二大的成员国，仅次于英国（66 名）。但中国在 2017 年全球 20 大国家/地区排名第八位，共举办 376 场国际协会会议，比 2016 年下降一位，会议场数减少了 34 个。

（资料来源：国际会议协会。）

（二）会议项目策划

在会议项目的运营管理中，会议项目策划是重要的一环。完整的会议项目策划是包含会议项目的发掘、论证、包装、推介、开发、运营全过程的计划。可以说，它是一种具有建设性、逻辑性的思维过程，它对未来的会议项目的执行起到一定的指导和控制作用。

会议项目策划追求的是一个最佳会议方案的过程，它的目的是为会议的主办者进行会议项目决策以及为举办成功的会议提供依据和保障。会议项目策划有广义和狭义之分。

1. 广义的会议策划

广义的会议策划是指：凡是与会议产业发展的战略和会议活动的实施方案相关的谋划、创意和设想的过程，都属于会议项目策划的范畴。如会议产业的发展战略规划、会议组织（包括营利性会议组织和非营利性会议组织）的品牌策划、会议市场营销规划、会议活动策划等。

2. 狭义的会议策划

狭义的会议策划一般专指围绕特定的会议项目的策划。从策划学的角度来看会议项目策划，可以将其表述为：会议策划是围绕会议项目的目标，在充分占有并全面、深入分析会议市场信息的基础上，运用科学的策划方法，围绕会议的组织者、与会者、信息、召开方式、时间、地点等会议的基本要素及其相关背景和条件，制定会议项目最佳方案的过程。本书主要介绍的是狭义的会议策划。

二、会议项目的要素

在国外，人们习惯于将会议项目的要素概括为 5W1H（英文缩写），也就是：

Why——为什么召开会议？

What——开什么会议？

Who——谁去参加会议？

When——什么时间召开会议？

How——怎样召开会议？

具体来说，会议活动实际上是一个由若干要素组成的系统项目，各要素之间是相互关联、相互作用的。从会议项目策划的角度来看，会议主要是围绕会议组织者、会议成员、会议信息、会议方式、会议时间、会议地点等基本要素展开的。

（一）会议组织者

会议是一种有目的的、高度组织化的社会活动，需要有人发起并出面组织和协调。会项目组织者的任务主要是根据会议的目标和规划制定具体的会议的实施方案,并为会议活动选择并提供必要的场所、设施和服务,确保会议正常进行。

通常,我们把会议项目的发起、策划、主办、承办、协办等机构或个人统称会议组织者。会议的组织者可以是机构,也可以是个人。机构发起并组织会议必须具备合法的资质,个人发起并组织会议应当符合国家的法律和法规。

一些跨地区、跨国家的国际会议,会采取竞争申办的程序来确定主办者。一般是由会员国提出主办会议的申请,经有关机构审查并通过表决来决定主办国家。如奥运会、世界杯足球赛的主办权,都采取申办竞争程序来确定。

一些地区性、合作性和学术性组织都有召开经常性会议或例会(如年会)的制度,每一个成员单位(包括国家、地区或非政府组织)都有主办会议的权利和义务。为使每个成员单位的权利与义务达到平衡,这类会议项目一般采取轮流主办的方式。如上海合作组织每年召开的成员国国家元首正式会议,就是由成员单位轮流组织主办的。

在企事业单位内部,领导和管理机关因布置工作、传达指示、宣布决定,或通报情况、听取意见、交流经验等目的召开会议,该会议的召集者就是会议的组织者。

还有些会议,如国际性的学术会议,组织者常常由会议活动的发起者担任。既可以由一个组织发起并主办,也可以由几个组织联合发起并共同主办。

会议项目的举办机构主要包括公司、协会和非营利性组织,其中公司和协会举办的会议约占整个会议市场的80%。

(二)会议成员

会议成员一般是指有资格参加会议的对象,是会议活动的主体。会议项目是否能达成共识、形成决议,从根本上来说,取决于会议成员的立场与态度,因此,会议成员是决定会议成功与否的重要因素。

包括组织管理方在内的会议成员主要有与会人员、秘书人员、服务人员等。规模较大的正式会议包括正式出席人员、列席会议人员、会议执行主席、会议主席团、会议代表小组组长或者代表团团长、会议秘书处、会议服务人员等。

1. 与会人员

通常,参加会议的人或者与会人员有时也称为与会者、参加者、注册者和参会者等,他们是与会议主题、会议目标的实现有关联的人员。

2. 秘书人员

会议项目的秘书人员在会前主要从事会议的有关准备工作;在会议期间要提供专门服务;会后开展总结等工作。会议项目秘书的工作具体包括制作和邮寄会议的请柬、准备会议材料、整理会议记录以及会议的善后归档等工作。

3. 服务人员

会议服务人员特别是礼仪接待人员,其工作的质量对会议的整体形象有着十分重要的影响。端庄、整洁、形象好的会议接待人员,能使与会人员产生亲近感,提高对会议组织工作的满意度,增进会议的效果。

4. 几种特殊类型的与会人员

(1)国际与会者。随着人们在国际之间的交往不断深入,国际与会者人数日益增多。

国际与会者是指那些来自会议举办国以外国家或地区的与会者。会议组织者应十分重视国际与会者的参与,他们能够扩大会议项目的国际影响。

(2) 行为障碍者。有不少的会议参加者本身有行为障碍,为保证会议的顺利进行,会议管理人员在布置会场以及制定管理方案时应考虑到如何使这部分与会者也能方便参会。

(3) 老年与会者。会议组织者还需要考虑老年人参会的特殊需求,如有可能需要准备特殊的视听设备、现场医疗救护设施等。

(4) 贵宾。有些重要的会议,可能会有政府高级官员、影视名人或者某一领域的专家学者等贵宾出席,会议的组办方应有专门的接待和安全保护方案。

会议成员是会议项目的管理与服务的对象,会务工作的许多具体细节就是围绕与会者展开的。会议成员的数量也是衡量会议规模质量的主要指标,因而,会议项目管理组织者需要统筹考虑会议的目标、效率和成本等问题。

(三) 会议信息

会议信息是回答"开什么会"的问题。从信息学的角度来考察会议活动,可以将会议活动看作是一个在特定的时间和特定的地点所发生的一种信息交流活动。会议活动中的各种报告、演讲以及讨论、对话、展示等,它们的目的都在于传播某种信息、获取信息。因而,我们说会议信息是会议内容的主要成分,它体现了会议活动的目的和结果,它贯穿于会议活动的全过程。

会议信息这一要素可以分为以下几种类型。

首先是引导会议方向的举办某次会议的目的、任务、议题、主题等。

第二类是通过会议活动的与会者的发言所阐述并与大家分享的新的立场、观点、知识、政策、经验等,或者是与会者的相关展示、演示以及所发布的技术、产品等。

第三类是会议的组办方记载会议过程和成果所形成的有关简报、记录、纪要、决定、决议、公报、声明、协议或备忘录等。

(四) 会议方式

会议方式是指举行会议的方法和形式,它是指为了实现会议目标、完成会议任务、提高会议效果而采用的手段,包括会议活动的式样、信息传递方式、会场的布置等方面。

一般来说,会议有固定的方式。但是,由于会议的性质与目的不同,与会人员不同,会议方式也不尽相同。

会议方式这一要素主要有以下几个方面。

1. 沟通方式

会议沟通的方式多种多样。按会议信息沟通的反馈情况来分,可以分为单向沟通、双向沟通和多向沟通。

单向沟通是指主持会议的一方或发言者向与会者传递会议内容,与会者不需要作出反馈,如传达会、报告会、工作部署会以及不接受提问的信息发布会等。双向沟通是指会议主持方或发言者不仅发布有关信息,还要求或允许与会者对发布的信息提出疑问,发表自己的看法,相互问答、磋商以及对话等,如调查听证会、论证咨询会、答辩会、质询会、联席会、谈判会以及记者招待会等。多向沟通是指与会各方都可以在会议上发布信息和反馈信息,与会

者之间一起讨论、审议、协商和表决有关事项,如座谈会、恳谈会、讨论审议会等。

2. 发言形式

会议都有一定的发言形式上的要求,如是口头发言还是书面发言,是自由随意畅谈还是指定形式发言等。发言这一形式也是会议不同于展览、节事等其他展会活动交往的重要特征。某一会议具体需要采用何种形式的发言,取决于会议的目标、性质等。

3. 座位布置

座位布置是指会议的现场如何安排和摆放与会者座位的形状位置等。座位布置的形式也是多种多样的,有设置主席台的上下相对式,也有不设主席台的围坐式以及与会者分成若干组围坐的分散式等。座位布置一方面可以传达出会议的性质,反映出与会者之间的相互关系(如上下级关系、平等协商关系);另一方面,对营造会议的特定气氛(如严肃庄重的、轻松和谐的)以及引导与会者的情绪等都有一定的作用。

4. 会议设施与技术手段

会议设施与技术手段是指举办会议活动所必须具备的会议场馆、仪器、设施、用品、动力、技术等。它是会议活动顺利进行的基本保障,会议的各项要素最终都要通过会议设施与技术手段才能相互联系、相互作用。随着信息技术的不断发展,高科技手段对于会议的辅助作用日益重要,计算机、网络、多媒体技术等在会议领域大量运用,也使得会议的方式与手段层出不穷,大大提高了现代会议的效率。

(五)会议时间

所谓会议时间是指举办一个会议的起讫时间以及时间跨度。

会议的时间要素通常包括会议的起讫时间、会议的时间量以及会议的周期等。会议应当在适当的时间召开。有些例行的会议是定期举行的,如联合国大会,它规定在每年9月第三周的星期二召开,并且一般会延续到12月才结束。

(六)会议地点

会议的地点是指会议的空间要素。有时,一个会议的地点可以分成若干个会场,既有主会场,也有分会场。随着现代通信技术的发展,对于远程会议形式来说,凡是设有电话机、电视机等通信终端的会场,都可以成为会议的分会场。

一般来说,会议地点要素包括以下两个方面。

1. 会议举办地

会议举办地即会议现场所在的地理空间。会议举办地的策划要综合考虑会议的性质、主题、主办方、社会影响,甚至要考虑举办地的历史、政治条件、经济情况、接待情况、气候环境、安全、交通、服务设施等诸多因素。

2. 会议场馆

会议场馆是会议召开的具体地点,它包括主会场、住宿地及其公共配套设施等。会议场馆是确保会议顺利召开的基本条件,主会场的形状、大小、光线、基础设施以及安全卫生等因素都是策划时必须考虑的因素。

三、会议项目的类别

会议项目的种类繁多,根据不同的划分方法,可以将会议项目分成不同的类别。

(一)根据会议参会者的范围划分

1. 国际性会议

国际性会议是指与会者来自不同的国家或地区的会议。国际会议的具体界定标准尚无统一的标准。

2. 全国性会议

全国性会议是指与会者来自全国各地的会议。各行各业都可以分门别类地召开全国性的会议。

3. 区域性会议

区域性会议是指与会者来自同一区域或代表同一区域内若干单位的会议。

4. 单位性会议

单位性会议是指一个特定组织内部召开的会议项目。

(二)根据会议的性质划分

1. 决策性会议

决策性会议一般是指机构组织对本单位重要问题经集体讨论而作出决策的一种会议类型。如单位定期或不定期召开的董事会等。

2. 工作性会议

工作性会议是最常见的一种会议类型。它是指党群团体、政府机关、企事业单位部门为了研究和布置工作而召开的会议。如全国或地区的经济工作会议、科技工作会议、农业工作会议等。

3. 研讨性会议

研讨性会议一般是指为了研讨工作或问题而召开的会议。如各类学会、协会为研讨学术问题而召开的会议等。

4. 商贸性会议

商贸性会议是指以商务、经贸活动为主要目的召开的会议,如各类商业贸易洽谈会、商品展销会等。

5. 节事庆典会议

节事庆典会议是指以纪念或表彰为主要目的的各种会议。如庆祝会、纪念会、表彰会以及各种活动的开幕式、闭幕式等。

(三)根据会议的举办方式划分

1. 现场会

现场会是指在事件发生现场召开的会议。

2. 观摩会

观摩会是通过观摩操作演示以达到相互切磋、交流经验等的会议。

3. 座谈会

座谈会是指针对某一主题，与会者以围坐交谈的方式而举行的会议。

4. 招待会

招待会是指以宴请的方式招待客人、商谈工作或发表演说的会议。如欢迎宴会、冷餐会等。

5. 远程会

远程会是指利用远程信息系统或者电视实况转播等组织分会场让与会者收听收看的会议。

（四）根据会议的举办机构划分

1. 协会会议

协会会议是指由各类行业协会组织各领域专业人员而召开的会议。根据协会的包含区域，又可以分为国际性协会、全国性协会或地方性协会等举办的各种会议。

2. 公司会议

公司会议是指同类型及行业相关的公司在一起举办的会议，或者公司自身的内部会议。据统计，公司会议和协会会议占整个会议市场约80%的份额（见表5-1）。

表 5-1 协会会议与公司会议特征的比较

项目	协会会议	公司会议
背景资料	容易收集	不易收集
会议选址	选择有吸引力的地方，以刺激会员参加	安全、方便、舒适、服务较好的地方
策划期	较长（1—4年）	较短（1—6个月，1年以内）
开会模式	周期性（春、秋季较多）	按需求（任何月份）
决策者与决策过程	分散，通常是委员会，有时会考虑是否由当地会员、分会邀请	一般由公司总部决定，决策过程直截了当，动作快捷
与会者	会员自行决定是否参加	员工必须出席
与会者费用	会员自付	由公司负责
会议举办地	多选择、地区轮换	符合公司需要的城市
会议规模	大多数超过100人	多数在100人以下
开会频率	固定	不固定、较频繁
会议期限	3—5天	1—3天（一般会议） 3—5天（培训和奖励旅游）
住宿	价格不等的酒店（与会者自选）	通常是星级酒店（公司决定）
会议场地及设施	会展中心、大学等	选择良好设施的酒店
会议与旅游局参与	经常有会议与旅游局参与	会议与旅游局很少参与
价格	敏感	不太敏感
陪同人员	经常有	一般没有
展览	经常有	非常少

（资料来源：许传宏.会展策划与组织[M].北京：高等教育出版社，2010.）

第二节　会议项目策划的基本任务

一、明确会议的目标

（一）会议的总体目标

任何会议的召开都有一定的目的性。会议的总体目标从根本上来说就是召开会议的理由，是会议最终要完成的根本性任务。

会议项目策划的第一步就是要分析会议的主办方所面临的总体形势、社会热点以及会议成员的急切期待等，对会议召开的时机进行客观、具体的分析，从而提出会议的总体目标，阐明会议召开的实际意义、效果以及必须遵循的指导思想。

对于策划者来说，明确会议的总体目标是要找出会议项目的问题、思考如何解决问题、献计献策、收集或组织信息、进行决策以及筹划实施等。

（二）会议的具体目标

会议的总体目标确定好之后，接下来还要对会议的具体目标进行分析并确定。

会议项目的具体目标是指根据总体目标所提出的要求，进一步准确地描绘出会议希望取得的结果。例如，"希望本次会议能取得这样的结果……"（见表5-2）。

表5-2　会议的总体目标和具体目标

会议的总体目标	会议的具体目标
明确问题	本次会议的目标是要找出并讨论目前工作中遇到的关键问题
解决问题	本次会议的目标是大家一起来找出解决问题的办法
献计献策	本次会议的目标是大家为我们即将提供的新的服务项目提出针对性的看法
收集信息	我们讨论的目标是客户对我们新的服务项目有什么意见
组织	我们需要对此项目的进度表达成一致意见
决策	这次会议的目标是要决定这一事项
完成	这次会议的目标是对合同的修改达成一致意见并签署协议
筹划实施	这次会议的目标是定下方案并实施

（三）确定会议目标要考虑的问题

（1）首先要考虑与会者，他们希望通过会议获得什么。本次会议最能促使与会者参加的动因是什么？参加本次会议可以满足与会者什么样的兴趣或愿望？

（2）要考虑与会者参加会议需要具体解决什么问题？与会者有什么难题？他们通过参加针对这些问题的会议，最终能有什么收获？本次会议能够提供给他们什么样的解决办法？

（3）需要考虑会议的目标不能太多。应该选择一些与会者最为关注的会议目标。

（4）要清楚与会者能够实现哪些具体的目标。会议目标需要高度概括并且引人注目。

（5）要考虑会议的目标的可实现性。尽量不要使用"能了解""可以懂得"或是"能够认识到"等笼统词语。

（6）要考虑会议目标与会议主题的紧密结合。

二、确定会议的议程

会议议程是会议议题性活动顺序的总体安排，它是针对议题性活动而设定的程序。议程也是会议项目策划最核心的内容。会议议程一般不包括会议期间的仪式性、辅助性的活动。会议议程与会议日程有所不同。会议日程是将各项会议活动（包括仪式性、辅助性活动）落实到单位时间，通常，会期满1天（即两个单位时间）的会议项目都应当制定会议日程。

对于会议项目来说，凡事先设定议题并以讨论、交流、发布、表决、磋商、谈判等为主要方式的会议内容，都必须进行议程的策划。会议议程一般由议题和围绕议题的相关活动组成，它反映的是每项议题及其相关活动在会议中的地位、次序以及相互之间的逻辑关系。法定性会议的程序安排还应当符合相关的法律、法规和规则的要求。如联合国大会的每一项议程都有相应的规范要求。

一般来说，会议项目策划总是要先确定议题以及与之相应的活动，再考虑议程的先后顺序。议程顺序的安排要以会议的性质、议题和相关的规则为依据。

会议程序是一次单元性会议活动或单独的仪式性活动等的详细顺序和步骤。大型或者专业性较强的会议项目会设计会议的程序。程序是将会议中各项活动的具体环节合理地组合连接起来并确定先后顺序。会议的程序安排一定要与议程安排保持一致（参见相关链接5-2）。

相关链接 5-2　2019年中国会展经济研究会年会暨中国会展经济(南京)论坛日程

2019年4月12日（周五）上午	
◆2019中国会展经济研究会年会暨中国会展经济(南京)论坛	
主题：新生态　新动能　高质量	
09:00—09:10	◆致开幕词：中国会展经济研究会会长
09:10—09:20	◆致欢迎辞：南京市人民政府领导
09:20—09:40	◆讲话：商务部服务贸易和商贸服务业司领导
09:40—10:00	◆主旨演讲：经济发展高质量，会展发展新动能
10:00—10:20	◆主旨演讲：服务城市发展定位，推进会展高质量发展
10:20—10:40	◆主旨演讲：海南会展新生态、新动能
10:40—11:00	◆主旨演讲：互联网思维条件下的企业发展战略调整
11:00—11:10	◆主旨演讲：根植产业，助推产业做大做强
◆主题：会展业数据发布及发展趋势分析	
11:10—11:20	◆2018中国展览统计数据发布
11:20—11:30	◆国际展览评估发布

续表

	2019年4月12日(周五)上午
11:30—11:40	◆会议产业结构分析
11:40—11:50	◆节庆产业分析
12:00—13:30	自助午餐
	2019年4月12日(周五)下午
◆平行活动一	
14:00—15:30	◆主题活动一:新生态、新动能、新发展专题论坛 ◆主旨演讲:智慧会展条件下的会展形态创新与模式创新 ◆主旨演讲:智慧场馆建设与功能发挥 ◆主旨演讲:智慧会展条件下的会展新职能 ◆智慧会展专题研讨会
15:30—16:10	◆主题活动二:综合设施建设与会展功能区打造专题研讨 主题:新形势下,中国场馆投资建设面临的机遇和挑战 ◆嘉宾发言: 主题:一、二、三线城市会展场馆投资建设的心得和体会、会展地产项目驱动城市区域经济发展的经验分享、与政府合作模式探讨、企业发展战略介绍等
16:10—16:50	◆对话讨论 主题:未来面对的机遇和挑战分析、未来市场容量的判断、在项目开发建设中风险控制的经验分享、区域性的企业如何走向全国、红海还是蓝海的解析
16:50—17:00	◆互动交流
◆平行活动二:城市会展新生态、新动能创新发展论坛	
14:00—17:00	◆拟邀嘉宾:
◆平行活动三:2019中国会展教育论坛 主题:品牌创新驱动会展教育高质量发展	
14:00—14:05	◆致辞 中国会展经济研究会会长
14:05—14:25	◆主旨演讲:建国70周年中国会展教育发展的回顾与展望
14:25—14:45	◆主旨演讲:高质量发展阶段会展人的文化自信与文化自觉
14:45—15:10	◆主旨演讲:品牌会展的窗口效应研究
15:10—15:30	◆主旨演讲:广交会与社会经济发展变迁
15:30—15:50	◆主旨演讲:国际分工与产业集聚下品牌会展价值探析
15:50—16:10	◆主旨演讲:会展职业教育资源库建设与应用
16:10—16:30	◆主旨演讲:基于5G时代VR数字智慧化实验室建设与改造
16:30—16:40	◆茶 歇
16:40—17:30	◆主题 精品课程建设与专业品牌化发展
◆平行活动四:中国展陈创新发展论坛暨国际优秀博物馆经典展项解析	
14:00—17:00	◆拟邀请嘉宾

(资料来源:中国会展经济研究会。)

三、落实会议的策划方案

会议项目策划在明确目标、确定会议日程以及主要议程之后,还需要落实会议的具体实施方案以及会议的公关和宣传、会议的现场管理与服务、会议的效果评估等方案。

我们以三日会议的策划方案为例,来看会议策划方案的落实问题(见表 5-3)。

表 5-3　三日会议的策划方案

时间	事件编号	周二	事件编号	周三	事件编号	周四	事件编号	周五
7:30AM			4	早餐	12	早餐	20	早餐
9:00AM			5	全体大会	13	全体大会	21	全体大会
10:00AM			6	休息	14	休息	22	休息
10:30AM			7	分散会议和并行会议	15	分散会议和并行会议	23	分散会议和并行会议
12:00Noon			8	午餐	16	午餐	24	休息
2:00PM	1	注册登记	9	并行会议	17	并行会议	25	午餐
4:00PM			10	自由活动	18	自由活动		
6:00PM	2	开幕宴会						
8:00PM	3	会议介绍	11	晚餐及文艺晚会	19	招待会		

表 5-3 是为 600—1000 人参加的三日会议策划的方案。这是一个较大规模由国际协会组织主办的会议。会议项目策划必须对每一事件进行落实。

事件 1:2:00PM 开始会议注册,半小时的会议介绍。进行会议介绍有两个目的,一是向与会者介绍会议的举办地,包括城市的变化、自然与人文景观。第二,由于是国际会议,与会者来自不同国家,会议的工作语言是英语,还需要考虑其他语种的交流。

事件 2:对于国际会议来说,开幕式有时也会采取宴会的形式。主办方以及协会组织的主席可以在宴会上发表简短的演说。晚宴期间,最后的发言者可以由一位具有国际声望的人作主题发言。

事件 3:正式会议一般是在事件 2 结束后才真正开始。会议介绍是为那些错过了先前介绍的与会者提供了机会,只是获取信息的方式有所不同。会议一般会单独准备一个公共休息室,与会者和发言人可以在这里进行非正式会面。这时,公共休息室里会安排足够的会议秘书处的工作人员、志愿者等代表。与会者可以在这里领取关于举办地的介绍材料,秘书处的工作人员(当地人)回答与会者关于会议策划和活动的一些问题。与会者还可以借此机会与熟人聚一聚。

事件 4:每天的早餐时间,也是与会者和发言人之间彼此交流的时间。

事件 5:全体大会是国际会议最隆重的一项议程。每一次全体大会所讨论的主题有所侧重,可以由三、四位发言人进行演讲,从几个不同的角度讨论一个主题。每天的全体大会需要更换主持人,以表现与会者来自不同的国家。

事件6:在这段休息时间里,会议为人们提供咖啡和茶。会议的主办方应考虑茶歇的人数、空间、配备等问题。

事件7:在会议安排上,分散会议和并行会议是同时进行的。虽然是分散会议但讨论的话题仍将是围绕全体大会的主题展开的。在全体大会上发表演讲的几名发言人各自主持一个分散会议,与那些对其演讲感兴趣的与会者作进一步讨论。同时,进行的并行会议还可以讨论全体大会中没有涉及的主题。

事件8:午餐是会议的一部分,要考虑到用餐人数、空间、秩序等,一般是采用自助的形式提供各种各样的食物。需要注意的是,会议需要满足不同宗教信仰和不同口味的与会者。

事件9:这一时段的并行会议与事件7中的并行会议主题有所不同,需要进行整体策划。

事件10:在这段自由活动时间里,可以安排与会者参观文化类展馆和其他晚上开放的名胜景点。与会者也可以趁此机会为家人和朋友购买礼物等。给与会者充分的自由活动时间,以免他们占用其他事件的时间来做这些事。这样做很有效,其他会议时段的出席情况很好。

事件11:一般在年会中,安排举行文艺晚会是主办者组织的一项传统。文艺晚会以晚餐开始,晚会应尽量满足不同国家与会者的欣赏品味。

事件12—18:会议第二天的事件安排与第一天(事件4—11)相同,只是会议内容上会有不同。

事件19:招待会可以邀请与会者和设在会议举办地的各个国际组织的代表一同出席。

事件20—23:会议第三天在这些时段的事件安排与前两天一样。

事件24:计划搭乘下午的飞机离开的与会者可以在这段自由活动时间里收拾行李,并在午餐前退掉酒店房间。所有参与会议的人员也可以利用这个时间休整一下,准备参加最后的午餐会。

事件25:这一次的午餐时间比前两次延长一个半小时,这一点在周四和周五的全体大会上都已公布过了,同时会议需要及早通知午餐结束的时间,以便与会者安排自己的行程。

会议的公关和宣传是会议组织工作的有机组成部分,也是会议取得成功的重要保证。需要注意的是,国际会议会提前一年进行会议发布,提出会议的主题、论文提交、参会要求等。

会议现场管理与服务包括礼仪接待、现场布置等。礼仪接待又包括嘉宾的接站、接机、食宿、观光等方面的安排。这些也常常是会议策划的重要内容。

在会议策划中,相关会议评估标准的具体内容可依据会议活动的性质和目的来确定,总的要求是应当具有科学性、系统性和可操作性。

第三节 会议项目的实施与管理

一、会议项目管理的概念

会议是一种有目的、有组织的集体性交流活动。会议项目涉及方方面面,需要协调的关

系非常多。为了确保会议活动的有序、高效,就必须实施会议管理。

所谓会议管理就是指会议组织者运用科学的决策、规划、组织、指挥和协调手段,以最优的服务、最低的成本和最高的效率,合理配置会议资源,实现会议目标的过程。会议项目管理是对会议项目的筹备、组织以及保障等工作的一种有效的协调。

会议项目管理的过程渗透到会议的策划、报批、申办、筹备、接待、举行、主持、总结、评估、反馈等各个环节。

会议管理又可以分为宏观会议管理和微观会议管理。

所谓宏观会议管理,一般是指由政府机关或者有关主管部门对会议行业和会议活动实施的行政管理,如制定促进会议行业发展的政策、规范会议行业的行为、对有关会议的审批等。

所谓微观会议管理,是指会议的组织者对会议项目活动具体实施的过程管理。如会议的组织方对所举办会议项目的日期、时间、地点以及参会人员的要求等。随着科技的不断进步,会议的主办方会利用各种手段对会议项目进行管理,一个成熟的会议项目会不定期发布最新的会议动态或新闻。会议管理往往结合文字、图像、视频及其他与主题相关的媒体进行宣传。

本书所讨论的会议项目管理主要是指会议的微观管理。

二、会议项目管理的要点

(一)会议目标

对于会议项目的组办方而言,要想让会议开得高效、有价值,必须要有一个明确的目标。目标明确才能有的放矢,并吸引与会者。组办方通过会议获取所需,与会者也能在会议项目中获取相应的价值,这其实也就是会议项目价值所在。

(二)会议项目调查与分析

对于会议项目来说,调查与分析可以大量获取相关的信息。会议项目信息的收集对于开好一次会议极为重要,这其中包括了解会议项目所涉及的行业、专业术语和行业整体趋势等。在这一过程中,会议项目的管理者还必须了解参会者的需求、了解会议的具体出席者,了解媒体、预算以及分析自己的不足等。

(三)会议规模和范围

会议的规模要适度,参会人员的范围要清晰。会议规模和出席范围是由会议的目标决定的。会议规模和出席范围合理,能够提高会议效率。如果会议的规模失控,范围过大,就会给会议的管理带来困难,影响会议的效率。但通常来说,国际会议对于参加人数以及参会者来自不同的国家都有规定,必须符合相关要求(参见相关链接5-3)。

相关链接 5-3 国际会议的统计标准

只有符合国际组织如 UIA 或 ICCA 统计标准的会议,才能列入它们的统计范围,所以这些权威性国际组织的统计数字是非常有说服力的。

1. 国际协会联盟(UIA)会议部统计标准

有组织和在"国际组织年鉴"中注册,国际组织赞助的,并符合下列条件的会议可列入 UIA 的统计。

(1) 出席人数至少 300 人。
(2) 代表国籍至少 5 国。
(3) 外国人出席人数至少占 40%。
(4) 会议期至少 3 天。

上述统计不包括国内会议和宗教、政治、商业和体育等会议。

2. 国际大会及会议协会(1CCA)统计标准进入 ICCA 数据部统计范围的会议须符合严格条件

(1) 会议至少能吸引 50 人出席者。
(2) 会议必须定期举行,一次性会议不能列入统计范围。
(3) 会议要在至少 3 个不同国家之间轮流举办。

(四)会议管理计划

会议项目必须要制订好管理的计划,无论是甘特图还是进度表,在制定时要注意所有的细节。另外,会议计划制订好之后,还需要定期地进行追踪,实时监控并适当对计划进行调整与修正,保证计划的顺利执行。

(五)财务预算

会议经费的预算、决算以及在使用过程中必须严密管理。财务预算管理的目标是努力降低会议的成本,以最少的会议成本来换取最大的会议效益。

(六)现场管理

会议项目现场管理一定要严格地依照会议计划表上的事项进行操作,任何疏漏都会导致会议的失败。此外,现场负责人需要有随机应变的能力。

(七)危机管理

会议项目难免会出现不可预见的问题与可能发生的现场危机,这就要求会议管理必须充分准备好解决的方案,将最有可能发生的结果列举出来,然后逐一提出解决方案。

(八)总结与评估

会议总结和评估是会议管理的最后环节。对于参会者来说,会议结束之后非常希望能进一步获取有关会议质量的信息。会议的组办方通过对已经结束的会议进行总结分析,可以从分析中理出会议的经验教训,这对会议组织、服务的有关人员来说也是借鉴,使以后举办的会议项目的质量会越来越高。另外,通过相关媒体发布的会议总结报道也是一种扩大宣传、增强会议影响力的方式(参见相关链接 5-4)。

相关链接 5-4　首届数字中国建设峰会闭幕

本报福州 2018 年 4 月 24 日电（记者钟自炜、刘志强）。2018 年 4 月 24 日，首届数字中国建设峰会在福州闭幕。本届峰会以"以信息化驱动现代化，加快建设数字中国"为主题，打造信息化发展政策发布、电子政务和数字经济发展成果展示、数字中国建设理论经验和实践交流三大平台。闭幕式上，"数字中国"研究院成立仪式和"数字中国"核心技术产业联盟发起仪式分别举行。

本届峰会取得了一系列丰硕成果，办出了实效。峰会评出并集中展示了 30 个代表中国电子政务的最佳案例，国家网信办等部门发布了一系列政策及创新成果，一批创新成果对接落地，涉及数字经济相关项目超过 400 个，总投资达 3600 亿元，其中百亿元以上项目 6 个，10 亿元以上项目 14 个；现场签约 29 个项目，总投资 423 亿元。

本届峰会有 293 家企业参加，一大批国内数字经济领军企业和自主核心技术亮相，项目首展率超过 50%。主论坛上的精彩演讲为数字中国建设提出很多建议，9 场分论坛场场爆满，147 家企业 225 名嘉宾代表作了精彩发言。人脸识别、语音识别、无现金支付、无接触安检、无人驾驶等科技应用为参会者带来智能化的新体验。

来自 24 个国家部委、22 个省（自治区、直辖市）的嘉宾，17 位两院院士以及一大批国内知名企业负责人参加了峰会的相关活动，89 家新闻媒体近 500 名记者参与峰会。数字福建、电子政务、数字经济、数字社会体验等展馆亮点纷呈，参观人次超 12 万。

（资料来源：央广网。）

三、会议项目管理的步骤

会议活动的成功举办取决于有效的管理与实施。从会议项目策划的角度来说，每一个步骤都很重要。我们从会议前、会议中和会议后几个阶段来看会议管理的步骤。

（一）会议前的管理实施工作

在会议管理工作中，会前准备至关重要。充分的会议前准备工作是提高会议效果与质量的关键。

会议筹备期间工作环节众多，要找准工作的重点，确保会议项目重点环节的落实。有些重要会议或规模较大的会议，一般会成立会议筹备委员会，负责管理与协调会议各方面的工作。

1. 筹备协调会

会前协调会一是及时、完整地贯彻会议主办者、承办者的意图，二是将会议筹备工作分层安排,主要工作有会议场地人员的协调、会议指示标志的制作以及会议工作人员的工作时间表和注意事项等。

2. 秘书处设立

会议的秘书处的主要职责是统筹处理与会议相关事宜,是会议对外联络的窗口。秘书处的主要工作有沟通与接待、交通联络及餐饮安排、协助会议报到事宜、会议资料与物资供应、危机事件处理等。

3. 制发会议通知

会议通知是向与会者传递有关会议的内容、性质、方式、时间、地点等信息的通知,它是会议组织者和与会者之间会前进行沟通的重要载体,也是会议筹备工作的重要环节。

会议通知的内容通常包含会议名称,主办者,会议的内容,参会对象,会议的时间、地点以及其他事项。

会议通知需要附上主办单位或会议筹备机构的通信地址、网址、联系人姓名等联络信息。

为了了解报名参会者的信息,有的会议通知还需附上回执或报名表,请与会者填写姓名、性别、年龄、职务、职称、抵达会议的时间和交通工具等项目,并要求调好后寄回主办单位或会议筹备机构。

4. 制作会议证件

会议证件是会议举行期间为了方便识别与管理,供与会人员和工作人员以及其他相关人员佩戴使用的证件。

使用会议证件对会议进行管理,便于与会人员之间的相互辨认和联系、交流,方便识别身份,统计到会人数,维持会场秩序,保证会议的安全等。

5. 准备会议文件

要开好一次会议,会议文件的准备是重要环节。特别是会议的主旨文件需要精心准备,它直接影响到会议的质量。

根据性质、功能的不同,会议文件可分为:主旨文件(如大会报告、领导讲话、开幕词、闭幕词、主持词、决议草案等)、议案文件(如需提交审议的议案、议案说明等)、事务文件(如会议细则、代表须知、日程安排、代表名单、选举办法等)、议决文件(如会议纲要、决议、公报)和信息文件等。

6. 准备会议的物品与设备

根据会议项目的实际需要,会务组要制订详细的有关物品和设备使用计划,作为会议策划方案的一项附件,使用计划要报请会议的领导机构审定。制订计划时应当列明所需物品和设备的清单,内容包括物品和设备的名称、型号、数量、来源及费用等。

会议用品和设施主要包括以下几类。

(1) 会场的基本设施,如会议桌椅、照明电器、卫生用品、消防设施等。

(2) 会场布置用品,如会标、会徽、绿植等。

(3) 会议视听器材,如麦克风、投影仪、电子书写板以及同声翻译系统等。

(4) 会议通信设施,如电视、电话、计算机以及相应的通信网络设施等。

(5) 文具与印刷设备，如笔、纸、簿册、打印机、扫描仪、复印机等设备。

(6) 交通工具，如大巴等接送与会者的车辆。

(7) 会议专门用品，如颁奖会的奖品与证书等。

(8) 茶水卫生用品，如茶水、茶杯、茶叶、毛巾等。

7. 会议预算和经费筹集

会议活动需要消耗一定的人力、物力、财力。会议的性质、类型不同，经费来源的渠道也不同。会议预算的原则是厉行节约，精简与保障相结合。

8. 会场的布置

会场布置是会前筹备工作十分重要的内容。布置的原则是要确保会议的需要，体现会议的有序性。

会场布置的主要工作有会场座位格局设计和安排、座区划分与座位排列、会场装饰以及主席台布置等。

国内会议主席台座次安排比较严格，一般是按照会议领导机构事先确定的名单次序安排座次。身份最高的领导人（或是声望较高的来宾）安排于主席台前排中央就座；其他领导人按先左后右、一左一右的顺序排列。

国际性会议主席台座次的安排一般是以对方提供的正式名单或正式通知上的身份和职务高低次序为依据，不分国家大小，一律按国家元首、副元首、政府首脑、副首脑、部长、副部长等顺序排列。

如果参加会议活动的国家较多，也可以按各国的英文国名的当头字母的顺序排列，当头字母相同时，按第二个字母排列。为了避免一些国家总是排列在前，可采取抽签的办法，以决定排列本次会议活动席位次序的当头字母，使各国的机会均等。

9. 会议前检查

会前检查是保证会议能顺利召开的必不可少环节。会前检查能够及时发现问题，及时加以纠正，防止将一些可能出现的问题带到正式会议中去。会前检查的方式，一般是会务筹备组先向分管领导汇报，发现筹备过程中的薄弱环节，则要求有关人员负责整改；最后，会议分管领导还应亲自到会场进行实地检查，发现问题，及时纠正处理。

(二) 会议中的管理实施工作

会中管理工作主要包括报到接待、住宿与餐饮安排、交通及娱乐活动的安排、参观展览以及突发性事件处理等。

1. 会议报到与现场的沟通

会议报到处是给与会者留下第一印象的地方。报到的程序应该在会前就规划好，要按照会议报到的程序精心接待与会者。报到处接待人员要安排合理适当。在报到处一般是要办理登记手续和发给与会者会议资料，因此，尤其是在晚间要保证报到处有充足的灯光和空间。为了确保在报到处能准确回答与会者提出的各种问题，所以，报到处的工作人员需要经过培训。为防止报到时排长队的情况出现，报到程序尽量简便。

会议报到还要注意做好贵宾的接待工作。贵宾接待主要是防止出现意外，一般应明确贵宾的具体情况，要考虑是否安排专人负责联络接待贵宾，是否需要为贵宾采取特殊的保卫措施等。

对于成功的会议管理人来说,会议报到现场的有效沟通十分重要。会议的现场沟通是团队精诚合作的一种表现。会议项目团队不仅有组办方的管理人员,还可以包括主要服务承包商、场地工程人员、餐饮和保安人员,以及视听管理工作人员等。有效的沟通与合作需要物质的和精神的保障,也需要精神激励。只有会议项目现场所有员工间彼此协助,及时处理现场中的每一件事务,才能保证会议的顺利进行。

2. 住宿和退房

会议组织者应妥善安排与会者的住宿问题。一般来说,组办方应提早在会前通知与会者可以入住的酒店及客房的具体时间,但往往也会出现有的与会者可能提前到达的情况,这时,如果是有空余的客房,是可以满足这样的与会者要求的。但如果是在旺季没有充足的客房可以提前入住时,会议的组织者则需要有处置办法。另外,还会出现与会者来晚的情况,同样也要有应急安排入住的预案。

会议结束需要退房。一般来说,与会者退房的时间与会议最后一次活动结束的时间一致。

与会者退房也会有各种各样的情况,或早或迟,这方面也需要会议的管理者事先做好预案,最好以协议等的形式与酒店做好协商工作。

3. 与发言人的对接

做好与会议发言人的对接是会议实施与管理的工作核心。

会议开始前,应确认所有发言人的信息。会议当天,对到达会议场所的发言人,要指定接待人员为其准备好会议材料、茶水,在休息室或贵宾室休息等待会议的开始;对于从机场赶至会议场所的发言人,一般需安排工作人员去机场接机,接机人员应该熟悉会场等基本情况,及时回答发言人的疑问,做好对接工作。

在会议中,应有专门的接待人员对接会议发言人,及时了解他们需要什么帮助,以便会议正常进行。

发言结束后,还要考虑是否安排发言人和与会者之间有互动环节,如果有,则需要落实。最后是关心发言人的会后行程,妥善安排,不要有遗漏的环节。对发言人要始终提供热情周到的服务。

4. 会议宣传

根据需要,有些会议除了在会议前定期发布大会新闻稿之外,还会召开会前和会议期间记者会,借以加强新闻发布及宣传的力度。召开记者会应事先准备好新闻稿以及记者会议程,纳入会议的整体策划之中进行管理。

5. 会议期间应急事件处理

(1) 签证问题。

签证问题通常在会议通知中会有说明,但是仍然有些国外与会者会有所忽视,对于重要的贵宾,一定要对其强调签证的问题,以免发生因为签证问题造成的延误,严重的会导致大会程序的调整,需要特别予以重视。

(2) 紧急医疗。

有些与会者可能会因为改变饮食习惯,或者因为喝酒、睡眠不足、疲劳等原因在会议期间生病,会议的组办方应充分做好预案。如有可能发生心脏疾病、中风等其他一些对生命造成危害的病症。大型国际会议一般需要设立会场医务室等来应对突发的紧急医疗事件。

(3) 卫生问题。

卫生包括饮食卫生和环境卫生两方面,会议的餐饮卫生至关重要,要谨防食物不洁而造成腹泻或食物中毒现象。

(4) 其他。

会议期间还有可能会发生盗窃等事件,需要及时告知与会者注意做好安全防范工作。

(三) 会议后的管理工作

会议结束后的管理工作主要有:安排与会人员离开会场、清理会场、归还所借物品、财务结算以及会后文书整理等。

会议组织者还需要对会议进行评估,总结经验教训,找出问题,根据会议过程中所反馈的意见改进工作,争取下一次会议取得更大的成功。

本章小结

本章讨论了会议的概念以及会议项目的构成要素、种类、目标和议程等。所谓会议,通常是指有一定数量的人参加,围绕特定的目的、在某个地点定期或不定期进行的持续一段时间的思想、观点和信息交流活动。会议的种类,根据会议的目的、内容和与会者的不同,可以对会议进行分类。

会议项目的策划需要明确会议的具体目标、会议形式、选择会议的时间、举办地点、明确会议的参加对象、确定会议的规模等。

会议召开前的实施与管理要围绕会前协调会、秘书处的设立与会议资料运送、制发会议通知、制作会议证、准备会议文件与材料、准备会议的物品与设施、会议预算和经费筹措、会场布置以及会前检查等内容进行。

会议中的管理要特别注意报到的程序安排与报到现场的沟通、与会者的入住和退房、会议发言人的接待、会议期间特殊事件的处理等问题。

复习思考题

1. 什么是会议?会议的种类有哪些?
2. 会议的构成要素主要有哪些?
3. 会议策划主要包含哪些方面的内容?
4. 确定会议目标要考虑哪几方面的问题?
5. 国际大会及会议协会(ICCA)对国际会议的统计标准是怎样的?
6. 会议前期的管理重点有几方面?
7. 讨论题:阅读下面的文字,并讨论问题。

案例分析

提升会议品牌的七大战略

会议的优劣并不在于科技含量的高低、酒店的奢华程度或者演讲者的报酬多少,而在于能否给参会者带来更多的收获并留下更好的印象。所以对于举办会议来说,策划战略至关重要。以下是美国《展览》杂志主编——希瑟·柯悟德先生提出的七大战略。

1. 选择优秀的会议策划者

现在的参会者已不再满足于企业精英做的现场演讲和其后的"提问—回答"的传统形式,而是期望更多。如果想要举办一流的会议,最好请优秀的会议策划者来全局统筹会议的进程,从参会者的需求出发设计好各个环节。

2. 请委员会做参谋,而不是做计划

举办会议,最重要的是对参会者进行深入的市场调查,然后将最终的调查结果提交给委员会各成员单独审查,最后讨论汇总。

3. 选择合适的设施

选择独特的会场,或者是精心布置会场的每一个细节,如室内的温度、灯光甚至包括椅子的类型等。

4. 发现或者培训优秀的演讲者

首先要保证演讲者的演讲内容达到预期的要求。另外,因为每个人的学习习惯不同,所以一个优秀的演讲者必须能兼顾到每个参会者,尽量避免采用传统的课堂讲课方式。要充分利用视觉工具,把听众的注意力集中起来,尤其注意不要超过30分钟。

5. 让参会者做好充分准备

提前向参会者宣传会议的主题,以便他们能提前进行相关的准备。在会议期间,还要鼓励他们能把一些重要的信息反馈回来。

6. 让演讲者准备得更充分一些

除了演讲稿,演讲者还应该做更多准备。如准备好几个最重要的问题,以便进行讨论。

7. 充分利用网络

在网站上开辟一个参会者专栏,以方便他们能在会议举办前提出好的建议和方案,同时也可以更多地了解他们的需求,这对举办会议是非常有好处的。

举办会议能否取得成功,首先取决于会议的策划工作如何。

(来源:中国会展经济信息网。)

思考并讨论:

1. 为什么说"选择优秀的会议策划者"是提升会议品牌的战略之一。
2. 请结合会议的策划与管理相关知识,讨论充分利用网络的问题。

第六章

展览项目策划与管理

引言

展览会策划与管理是展览项目能否取得成功的关键。一般来说,展会主题确定之后,展览会策划人员应就展览举办时间、地点、展品范围、展览进度控制、展览会的招展招商、展览会的相关活动以及展览费用预算等展览必须要做的具体事情做出适当安排。这个过程就是策划。

从展览项目策划与管理的内涵上来看,包括展览会的招展、招商、现场管理、服务管理、品牌策划、客户关系管理、危机管理以及信息管理等在内都是重要的内容。有人说,展览是"为买家找卖家"和"为卖家找买家",这其实是强调招展策划与专业观众的组织的重要性。因而,本书将重点围绕展览会的招展、招商策划、客户关系管理以及展览会的品牌管理等内容进行探讨。

建议本章用 8 课时教学。

在学习过程中,可以参考《会展策划》《会展全程策划宝典》《展览会策划与管理》《会展策划实务》等著作进行深入学习。

学习要点

1. 展览项目策划的概念
2. 展览项目策划的要点
3. 展览项目策划的内涵
4. 招展、招商的概念
5. 招展、招商的主要方式
6. 展览会客户关系管理
7. 品牌展览会的概念
8. 品牌展览会的管理战略
9. 品牌展览会的形象设计

第一节 展览项目策划概述

一、展览项目的市场定位

举办一次成功的展览会,必须进行科学系统的策划。好的展览策划不仅需要策划者熟知产业发展状况、市场开发、专业客户方面的信息,而且,对展览市场供求、参展商/专业观众的购买行为以及展览市场的竞争者等都需要有深入的研究。这其中,展览会项目的市场定位十分重要。

(一)展览会定位的概念

在展览市场竞争日益激烈的背景下,正确的定位往往能够占据市场竞争的主动地位从而赢得市场。

展览会定位是指组办机构根据展览市场的竞争状况和自身所具有的资源条件,通过建立、传达和发展差异化优势,使组办方所举办的展览会在参展商和观众心目中形成一个独特鲜明的印象的过程。

从根本上来说,展览会的定位首先是要找到自身的优势,对某一特定的展览题材进行展览市场的细分,然后集中力量在这一细分市场内充分地发展。

展览会的定位需要明确展会"是什么",塑造鲜明的个性,使得参展商和专业观众对展会的特色有一个清晰的认知。

展览会可以视作为一件产品,不在于大而全,应有清晰而准确的市场定位,它需要的是独特、专业。

(二)展览会定位的范畴

1. 产品和服务定位

将展览看成是产品,那么,展览的主题以及展览过程中一系列的服务都需要有具体的定位。展览的组办方需要把产品和服务的特征与目标客户联系起来,为客户提供利益。

产品和服务的定位确定后,展览的组办方需要根据定位作出产品、价格、渠道、促销等方面的决策,在展览设施、设备、场馆以及人员配备等方面都需要作相应的调整。

2. 地区定位

成功的展览会往往是与举办地的社会发展状况、经济发展水平、交通运输条件、居民的综合素质以及主办、承办方的办展能力等因素密切相关的。

一般来说,参展商在决定是否参展时,会综合考虑各种因素,分析该展览会是否能够给自己带来核心的利益。

因此,作为会展项目的主办者,大到一个国家或地区、城市,小到展览企业,在进行展览整体设计时,都需要针对参展商的需求,在参展商和专业观众心目中树立良好的区位形象,从而推动区域展览业的发展。

3. 企业定位

从会展企业方面来说,通过建设、维护展览企业的品牌,树立良好的公众形象十分重要。在目标客户的心目中,展览企业是一个整体,他们对该展览企业的所有产品和服务的评价是一致的。因而,如果想在参展商和观众的心目中留下良好的印象,就必须围绕展会不断开发系列的产品和服务,并且,以长期不变的品牌宣传、促销等手段,持之以恒地实施展会的市场定位策略。

(三)展览会定位的步骤

展览会的定位可遵循以下几个步骤。

1. 执行展览会品牌识别策略

展览会品牌识别策略主要有:第一,细分展览市场,明确本展览项目能给参展商和专业观众带来哪些附加值;第二,明确本展览项目与其他同类展览相比有什么独特之处;第三,要明确本展览将通过何种方式向参展商与专业观众提供独特的价值。

2. 选定目标客户

对于展览会来说,目标客户是针对参展商和专业观众而言的。即通过对具体的产业市场进行细分,选定与本展会相适合的潜在参展商和专业观众的范围。

3. 创造展览会差异化的优势

要想在众多的展览会中脱颖而出,需要展会的组办方能够将独特的展会价值传递给目标参展商和专业观众。一个展览以自己与众不同的优势赢得目标客户的信赖就是最大的成功。

4. 传达展会品牌形象

展会的组办方确定了展会的定位之后,应调动各种宣传手段将本展会的特色传达给目标参展商和观众,使他们对本展会的定位加深印象。常见的宣传手段有广告宣传、举行新闻发布会、采取公共关系活动等。但是,对于参展商和专业观众来说,具有特色的展览会服务项目更能引起他们的关注(参见相关链接6-1)。

相关链接 6-1 2019 厦门工博会的定位

厦门工博会也叫台交会,全称为厦门工业博览会,是海峡两岸工业领域规模大、影响广的品牌展会。集中展示当前制造业新设备和高等技术,发布产业新资讯,举办海峡两岸经贸论坛等系列活动,为密切两岸产业合作搭建舞台空间。2019年厦门工业博览会暨第23届海峡两岸机械电子商品交易会于2019年4月12日至15日在厦门国际会展中心举行,本次展会设智能制造(工业机器人和自动化)、机床设备、橡塑工业、工模具及功能部件、交通运输、印广设备等专业展区,展示面积85000平方米,规划展位3500个。

2019厦门工博会的市场定位是：①开拓海峡西岸经济区市场——2019厦门工博会是机电企业开拓海西地区市场尤其是福建市场的好平台。②开拓台湾市场——2019厦门工博会是海峡两岸间规模很大的经贸交流盛会。③开拓东南亚、南亚及中东市场——厦门工博会每年吸引的参会境外买家近4000人，近几届出口成交额均在1亿美元以上。

(资料来源：http://www.chinayihong.cn/)

二、展览项目策划的实施

展览项目策划在确定了市场定位之后，需要根据项目的进度逐项完成策划。不同性质、不同规模的展览会，在具体实施策划时有不同的安排。通常，小型展览会要提前一年进行策划工作，而大型的国际展览会往往要提前两年甚至更早的时间进行策划。一般来说，可以将展览会的策划实施分为展前、展中和展后三个阶段，每个阶段需要具体实施的策划工作如下。

(一) 两年前

(1) 选择与聘请合适的专业展览顾问公司，落实合作关系，签订协议。

(2) 酒店的预订工作。因为距离展览开始的时间还早，这时的实施工作主要是考察酒店设施及服务，并与酒店方进行洽谈、签订相关协议。

(3) 确定展览场馆使用面积。对于热门地区的展览馆尤其需要提前预订，与场地方进行洽谈，并需要签订合同。

(4) 策划制作展览工作的进度表。

(5) 定期召开策划工作的筹备会议，推进与落实展览前期的各项工作进度及决议。

(6) 制作撰写展览筹备的企划书(包含展览会的意义、宗旨、内容、工作进度及预算等)。

(7) 撰写与制订营销计划书(如何宣传推广本次展览会)。

(8) 初步确定展览会主题、分主题以及拟邀请人员的名单。

(9) 整理确定目标参展商名单，寄发展览会的宣传资料以及报名表等。

(10) 参考同类型展览会的相关费用收取，由筹备会决议。

(11) 搜集适合的旅游、文化等资料，可考虑委托和指定专业旅行社办理。

(二) 一年半前

(1) 拟定展览会的邀请函、展览会主题以及展览会的具体日期、地点等。

(2) 印刷并寄发展览会通告，主要是针对可能参与的目标人群，初步告之展览会举办的日期、地点、费用及摊位费等。

(3) 确定展会期间举办的论坛形式及内容。为下一步邀请演讲人等做准备。

(4) 初步确定展览会所需要的社交活动。如酒会、晚宴、开闭幕式等。

(5) 确定各类印刷品的名录，撰写文案、确定印刷时间表，并与设计印刷公司协调，如参展手册、宣传册、报名表、名牌、邀请卡等。

(6) 展览网页设计，可以请专业公司或专业人士制作，这项工作十分重要，为了方便参

展商或观众等上网浏览,或进行网上报名等。

（三）一年前

（1）草拟展览会说明书及所需要签署的合同文本。

（2）收集与筛选目标参展商的名单。

（3）确定展览会的招展计划、方案等,招展工作正式开始。

（4）印制并有针对性地寄发宣传手册及相关表格。

（5）对论坛版块的演讲人和嘉宾进行确认,落实是否接受邀请,并提供演讲题目。

（6）选制展览会所需要的纪念品、资料袋、奖牌等。（数量、确认交货期）

（7）向上级等有关部门报备本次展览会的举办时间、概况。

（8）联络并确定展览会的有关供应商,如视听音响、灯光设备、交通、餐饮、旅行社以及会场布置等。

（四）半年前

（1）向组委会汇报展览会的各项准备工作。

（2）落定与确认展览会的开幕议程并挑选主要论坛活动的主持人。

（3）寄发正式的通知函件给申请参展的参展商,告之其参展申请是否被接受、展览会的具体日期、地点以及注意事项等。

（4）寄发正式的通知给所有受邀请的主持人并提供展览会相关的参考资料,如本次展览会参展商构成情况以及邀请演讲人的背景情况等。

（五）3个月前

（1）组织实施展览会的新闻宣传。

（2）落实与邀请出席开幕式或者闭幕式的嘉宾（如需嘉宾致辞,应书面告之具体的时间、地点）。

（3）规划和招聘现场工作人员、志愿者。重点考虑展览会报到现场、主办单位接待办公室等工作。

（4）落实拟定展览会期间的活动手册,如活动的议程,演讲人,主持人,开、闭幕式等。

（5）落实安排接机方案。如需要的车辆、接机人员、机场欢迎牌、通关安排、下榻宾馆等。

（6）展览会现场布置规划与落实。如展览会现场、报到处、酒会、晚宴场地等。

（7）确认与落实各项餐饮活动的安排。如酒会、茶点、午餐、晚宴等。

（六）两个月至一个月前

（1）参展商的报名参展工作结束,对参展商的统计与评估。

（2）与酒店核实已预订房间数。

（3）落实展览会现场接待工作人员的培训会。

（4）印制展览会的系列活动手册、参展商名册等,根据预测的参与人数印制,以供报到时领取。

（5）落实与印制展览会需要的其他物品,如胸卡、证书、邀请卡、餐券等。

（6）落实展览会的各个环节。如参展议程情况、论坛演讲人情况、主持人情况、视听设备是否完好、开闭幕式嘉宾及流程、酒会、晚宴等环节。

(7) 召开参展商的协调会,进一步协调摊位的位置、进场要求、撤场规定等。

(8) 检查与落实展览场馆的各项准备工作。

(七)展中阶段(开展前3天+展会期间)

(1) 落实召开新闻发布会。准备展览会的新闻通稿及相关资料,落实安排新闻发言人。

(2) 展览会现场接待工作人员预演,筹委会主要委员现场查看指导。

(3) 展会报到的相关资料完成装袋。

(4) 检查各展览会场所布置。重点查看会场、展览会现场。

(5) 展览会报到处以及秘书处等的相关资料进场。

(6) 展览会各项活动以及表演的彩排、预演。

(7) 展览会会场布置。需关注到灯光、音响、麦克风、电脑、投影仪等细节的落实。

(8) 参展商进场报到,领取展览会资料。

(9) 检查落实餐饮安排,需进一步核实数量、菜单等问题。

(10) 确保展览会的正式开始。根据活动流程表开展每一项工作,每日闭馆后,要对当日工作及问题进行总结,并及时纠正与改善,同时预习第二天的工作流程等。

(八)展后阶段

(1) 统计参展商、观展人数及组成情况,包括总量、地区来源、行业等。

(2) 整理、分析展览会相关数据资料并进行归档。

(3) 与酒店核对总住房数,收集账单、支付账款。

(4) 进行财务结算。

(5) 给协助单位、支持单位、重要参展商、演讲嘉宾等相关人员寄发感谢信。

(6) 征求参展商以及专业观众对本次展览会工作的意见。

(7) 召开总结大会。报告展览会的收支情况,总结经验,解散筹委会。

(8) 展览会文集编撰。

(9) 薪资清册。

(10) 结案,并开始准备下一届展览会的相关工作。

三、展览会的项目策划书

在充分了解与确定展览项目的计划与实施过程之后,策划人员就可以撰写展览会的项目策划书了。策划书其实是要举办一个新的展览项目的整体方案。它是展览项目申报与执行中的关键性文件,对于展会的实施具有指导作用。具体包含以下内容。

(一)展览会概要

(1) 项目名称。

(2) 主办单位、承办单位、支持单位、协办单位、执行承办(可根据项目的需要选择)。

(3) 举办时间。

(4) 举办地点。

(5) 项目举办的周期安排(是每年举办一次、隔年举办还是只举办一次等)。

(二)项目市场分析

(1)分析该展览项目的国内外所在产业情况及未来发展趋势。

(2)分析该展览项目在本地区产业发展中的特点以及发展趋势。

(3)分析该展览项目的市场空间情况,以及本展览会如何进入或拓展这个市场空间。

(4)分析该展览项目的实施对城市和区域经济发展的作用和意义。

(三)项目资源分析

分析本地区可以支撑该展览项目举办所依托的相关资源。主要包括地区经济资源、社会资源、区位资源、产业资源、文化资源、管理资源和政策资源、产品资源、设施资源和服务资源等。对上述资源需要进行系统、深入的分析。包括支撑该展览项目主要资源中的优劣势比较分析,以及每一项资源在整个展览项目设计中的作用等。

(四)项目竞争分析

(1)简述国内外该题材的展览项目的举办情况。

从国内和国外两个方面进行。具体分析过程中,可以先列举出国内或者国外目前已经举办过的同类展览的名录,再分别从举办时间、举办规模、展品范围、主办单位以及已经举办过的展览会项目的特色、主要效果和可能对本展览会项目产生的影响等方面进行分析。

(2)重点比较、分析周边地区相关展览会项目的举办情况。

(3)分析本展览项目举办所面临的优势和劣势。

(五)项目整体设计

(1)项目的主题及主题解析。

(2)展品所涉及的范围及展位的空间布局情况。

(3)展览会期间主要活动的安排情况。

(4)展览会拟邀请的重要嘉宾情况。

(5)参展商主要范围。

(6)客商的主要范围。

(7)展览会观众的主要范围。

(8)举办开幕式和闭幕式的情况。

(六)展览会的营销方式和手段

(1)本展览会的参展商和客商分析。

(2)展览会的宣传方式以及内容设计。

(3)展位的定价方式和价格情况。

(4)展览会的主要的营销理念和营销手段。

(5)其他营销的手段和方式。

(七)展览会主要服务机构的对接

(1)展会物流企业的选择以及对接方式。

(2)展台搭建企业的选择与对接方式。

(3)展览会餐饮企业的选择和对接方式。

(4) 展览会商务服务企业的选择和对接方式。
(5) 展览会旅游服务企业的对接情况。
(6) 展览会票务服务工作的安排。
(7) 展览会的安保与保洁工作的安排。
(8) 其他设计者认为需要的服务对接与安排。

(八)展览会公共危机预案设计

(1) 展览会项目的整体安全管理概述。
(2) 可能出现的公共危机的情况分析。
(3) 需要谋划的公共危机预案。
(4) 公共危机预案的管理方式和程序。

(九)展览会工作团队的筹划

(1) 组建展览会工作团队的方式。
(2) 展览会团队的组织结构。
(3) 展览会需要具体设立的工作部门,部门的负责人需要具备哪些基本素质,每个部门需要设立哪些工作岗位和安排多少工作人员等。
(4) 展览会团队采取哪些管理措施。其他需要设计或说明的内容。

(十)展览会的财务分析

(1) 展览会的成本分析,主要的支出项目的内容和预算。
(2) 展览会的利润分析,主要收入项目的内容和预测。
(3) 展览会的整体经济效益分析。
(4) 特色盈利手段和节约资金的手段。
(5) 需要说明的相关问题。

(十一)展览会项目对经济社会发展的作用分析

(1) 对本地区经济发展的直接作用,对展品所在产业的提升或促进作用。
(2) 对城市服务业的拉动作用、对城市知名度的提升作用、对城市社会发展和文化产业发展带来的作用。

(十二)其他需要说明的内容

本展览会的特色、亮点,包括独特的设计内容、项目的差异化特色等。

第二节　招展招商的策划管理

一、招展招商的概念

招展和招商是展览会筹备中最重要的两项工作。

所谓招展,是指办展机构招揽到合适的企业参加展览会活动的行为。招展质量的好坏

直接影响着展览会的效果,招展是展览会成功的基础,也是展会策划的重点内容之一。

所谓招商,是指办展机构通过各种方式将那些对展览会中所展示的产品或服务感兴趣的采购商和观众吸引来展览会的行为。观众是展览会中不可或缺的重要因素,拥有数量众多的专业观众也是展览会成功的重要标志之一。

招展的目的是招揽到合适的参展商参展,招商的目的是邀约到专业观众来到展览会。招展与招商有着不同的特点。

第一,经济的直接性与间接性。办展机构每招到一个参展商就能够带来直接的经济利益,但是,招到观众却不能直接显示出经济收益。

第二,工作的显示性与隐形性。办展机构在招展工作上投入多少,是可以通过展位的预定情况而得到显示的,但时,展览会观众是否到场,一般很难事先确定,存在着一定的不确定性。

第三,效果的及时性与滞后性。参展商一般都会提前缴纳展位费等各项费用,但是,观众是否来到展览会,招商效果如何,一般要到展览会举办期间才能知道,具有滞后性。

在展览会筹备的实际过程中,往往容易出现"重招展、轻招商"的倾向。原因是招展能够给企业带来直观的经济效益,而招商从表面上看经济效益不明显。但是,需要强调的是,一个展览会如果开幕后到会观众不理想,门庭冷落,会直接导致参展商的不满,因而,它就不是一个成功的展览会。

可以说,展会的招展与招商是互相影响、互相作用的。一方面,展会的招展工作做得好,参展企业尤其是龙头企业较多,展品新、信息集中,观众就会更踊跃地到会参观;另一方面,如果展会招商工作做得好,参观的观众多,买家多,参展商的展出效果就能得到保证,参展企业就更希望来参展。

二、招展招商的策划

招展招商策划是对整个招展招商工作进行的总体规划。完整的招展招商策划应该建立在全面掌握各种相关市场信息尤其是同类展览会情况的基础上,结合展览会的定位等,对招展招商的各项工作进行统筹安排,主要包含潜在参展商分析、展区和展位划分、参展商数据库的管理、招展招商的分工、招展价格的制定、招展函的编印与发送、招展预算、招展进度控制以及专业观众的组织管理等。

就招展来说,准备阶段包括招展计划书的制订、招展函的设计与印刷以及潜在参展商数据库的建立等工作;在招展的实施过程中,还包括人员拜访、代理机构的确定及电话招展等工作。在具体策划中,需要重点关注的有以下几个方面。

(一)招展招商的分工

展览会的招展招商工作大都由多个机构(主要指各办展单位和代理商)来完成,因此,需要分工明确、避免混乱以及招展招商对象重复等现象。这里的招展招商分工主要是指办展机构的各单位之间需要明确责权利,在招展招商工作方面的分工要明确;如果委托招展招商代理机构,也需要在权利、义务和利益等方面有明确的规定;展览会主办单位、协办单位、承办单位、支持单位等在招展招商工作中的任务分配也要明确(见表6-1)。

表 6-1 展览会招展招商的分工及主要内容

招展招商分工类型	主要内容	备注
各办展单位之间的分工	制定共同的招展招商原则； 发布展区划分情况和安排展位的政策； 确定各单位的招展面积指标； 明确各单位的招展招商地区和重要潜在客户； 统一参展费用的收取办法	
给招展招商代理机构的分工	明确代理机构的招展招商权限和义务； 制定具体的招展招商代理运作方式（包括价格与折扣政策、佣金支付办法、展位分配、收款规定等）	
每个办展单位内部的分工	确定项目组的招展招商负责人； 组织（包括临时招聘）招展招商人员； 明确各招展招商人员负责的地区范围和重要潜在客户； 制定招展招商人员间信息沟通和资料共享办法	

需要特别指出的是，展览会的招商工作是服务于整个展会的，当展览会由几个单位联合举办时，必须明确展会的招商工作的具体负责单位。如果商定是共同负责的，则必须明确各办展机构之间的招商分工。招商分工一定要能够结合自身的优势，优势互补，共同完成展会的招商工作。

展览会招商工作给展会带来的效益是长期的和可持续的。展览会的招商和招展一样，都是展览会获得成功必不可少的重要因素。

（二）展区和展位划分

在招展工作开始之前，办展机构需要事先划分好本次展览会的展区和展位。展区的划分其主要依据是展品的类别，一般来说，一个专业题材的展览其展区可能只是占用场馆的某一部分，也可能需要几个场馆。只有当展区正式确定之后，才能具体来划分展位。

展区和展位划分好之后，还需要绘制出展览会的展位平面图，平面图上要求标明各展区的名称、所有展位的代号以及展览场馆的停车场、出入口、洗手间、楼梯和现场服务设施等，以便参展商能更加方便地做出参加展览会的决定。在展位的安排过程中，一般同类别的展品会集中安排在同一个展区。

对于专业性的展览会来说，展区和展位的划分是具有一定的科学性和整体性的。展区的划分与参展商的结构是相关联的，而展位的划分则会直接影响未来的招展工作。划分展区和展位时一般应遵循以下几条原则。

（1）展区的划分有助于提高参展商的展出效果。
（2）便于观众参观和疏散。
（3）有利于更充分地利用展览场地。
（4）有利于展览会的现场管理和服务。
（5）展区划分的主要依据是展品所属的专业题材，为了增强展览会的专业性，往往还会依据展品的品牌(国内/国际)或者地域范围(中国/外国)等来进行展区展位的划分(见图6-1)。

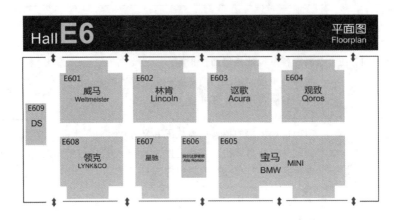

图 6-1　2018 上海浦东国际汽车展览会 E6 馆展位图

(三)制定招展价格

通常来说,招展价格是指展位的出租价格。展位又可以分为标准展位(俗称"标摊")和光地展位。在计算价格时,前者往往以一个"标摊"多少钱来表示,而后者则是按每平方米多少钱来计算的。

展位的价格还有室内展位和室外展位的区别。广义的招展价格有时还包括会刊广告、水电和展具租赁等有偿服务项目的总体报价。制定招展价格是招展策划的重要内容之一,也是开展招展活动的基础。

1. 制定招展价格的原则

制定展位价格一般应遵循下列原则。

(1)展览会有明确的定价目标。

(2)展览会有清楚的收费和免费服务项目。

(3)展位预订有一定的价格弹性空间。

(4)展位的定价标准有利于增强与同类展览会之间的竞争力。

(5)也有利于本展览不同展位的销售平衡。

(6)展位的定价尤其是优惠方案有利于促进潜在参展商尽早报名。

2. 价格折扣策略

除品牌展览会之外,一般的展览会在招展中都会利用一些价格促销手段。通常,展览会的价格折扣有以下几种情形。

(1)统一折扣。

统一折扣是指展览会举办机构对所有的参展商都实行统一的折扣政策。这种折扣在幅度上一般是根据参展商所租用的展位面积大小而定,参展面积越大,所得到的折扣幅度也就越大。

(2)差别折扣。

差别折扣主要是根据展位的不同位置,而实行的不同程度的折扣。另外,"标摊"和光地的价格折扣也有差别。

(3) 特别折扣。

特别折扣是指对于行业内的龙头企业的参展商,由于其强大的影响力以及参展规模面积等较大,而特别给予的折扣。

3. 应注意的几个问题

为确保招展工作的有序进行,办展机构在制定招展价格时,应注意以下几个问题。

(1) 所确定的折扣标准要非常清晰,如遇到特殊情况可灵活调整。

(2) 对于招展代理商在价格和折扣上要进行严格管理。

(3) 要避免招展后期低价倾销展位,前后不一的情况。

(4) 招展价格的方案一旦确定,要严格执行,并明示所有参展商(参见相关链接6-2)。

相关链接 6-2　第二十七届上海国际广告技术设备展览会参展费用

1号馆国际馆标准展位9平方米价格:A区20000元,B区15000元

1号馆国际馆光地展位每平方米价格:A区2000元,B区1500元

2号馆国际馆标准展位9平方米价格:A区28000元,B区25000元

2号馆光地展位每平方米价格:A区2800元,B区2500元

3号馆雕刻馆标准展位9平方米价格:A区12000元,B区10000元

3号馆雕刻馆光地展位每平方米价格:A区1200元,B区1000元

4.1馆标识馆标准展位9平方米价格:A区12000元,B区10000元,C区8000元

4.1馆标识馆光地展位每平方米价格:A区1200元,B区1000元,C区800元

5号馆标准展位9平方米价格:A区15000元,B区12000元

5号馆光地展位每平方米价格:A区1500元,B区1200元

6号馆展示器材标准展位9平方米价格:A区12000元,B区10000元,C区8000元

6号馆展示器材光地展位每平方米价格:A区1200元,B区1000元,C区800元

7号馆喷绘馆标准展位9平方米价格:A区13000元,B区11000元

7号馆喷绘馆光地展位每平方米价格:A区1300元,B区1100元

8号馆标准展位9平方米价格:A区13000元,B区11000元

8号馆光地展位每平方米价格:A区1300元,B区1100元

(资料来源:上海现代国际展览有限公司官网。)

(四) 招展招商的手段

针对目标参展商与观众,招展招商的基本手段有直接邮寄、电话销售、人员拜访、代理招展(通过专业协会、商会、政府机构等)、互联网、新闻发布会以及参加相关主题的展览会等。

（五）编印招展函

招展函往往也称为参展手册，它是办展机构用来详细介绍展览会和招徕目标参展商的文字性材料，图文并茂，一般会编印成小册子的形式。招展函的外观、风格、内容框架等可以多种多样。主要包含以下内容。

（1）致参展商的邀请信。

（2）展会的基本信息，包括展览会的简要背景、展览会名称、举办的时间及地点以及办展机构等。

（3）如果是多届举办，则可以编印出往届展览会的成果，如参展商和专业观众数量、专业观众的结构分析等。

（3）指明本届展会的亮点和创新之处。

（4）本届展会的参展办法，如参展程序介绍、展位和广告等配套服务报价、参展申请表、付款方式、优惠政策、联系办法等。

（5）相关图片，如往届展览会的图片以及场馆的分区图、周边地区道路交通指南等。

（六）招展招商的预算

招展预算是招展招商工作中必须完成的重要工作之一。它是对招展招商过程中可能需要的相关费用支出所做的总体筹划。在编制招展招商预算时，应本着节约、有效和充足的原则，确保每一笔费用的合理运用。

展览会的直接招展招商费用主要包括以下几方面。

（1）招展招商的人员费用，包括招展招商工作人员的工资、差旅费、办公费等。

（2）招展招商的宣传推广费用。

（3）招展招商代理的费用。

（4）招展招商资料的编印和邮寄费用等。

（5）招展招商所需要的公关费用。

（6）其他不可预见的费用。

（七）招展招商的进度与时间管理

招展招商的进度控制是在时序和效果上对招展招商工作的一种统筹安排。为了监督和控制各项招展招商工作的切实执行，在策划时需要制订比较详细的招展招商进度计划表，以便对照检查，及时发现招展招商过程中出现的问题，并迅速采取应对措施，招展招商进度计划表可以分别单列，也可以结合在一起制定，如表6-2所示。

表6-2 招展招商进度计划表

时间节点	招展招商工作	宣传推广支持	招展招商目标	负责人

为了确保展览会的成功举办，招展招商工作都需要有严格的时间控制。但相对而言，面

对人数众多并且具有不确定性的专业观众,展会的招商很难像对待招展工作那样进行控制。展览会在选择监控办法上应有的放矢。如国际性的展览会,对于国外观众往往是根据参观申请登记来进行监控;而对于国内观众除了观众登记表之外,还应根据已掌握的目标观众数据信息、制订的招商进度计划来进行有效的监控。

目前,招商管控采取观众网上预登记的方式是一种趋势。因而,利用网络技术、短信平台邀请潜在的观众等都是必不可少的。

三、专业观众的组织与管理

(一)专业观众的概念

展览会中的"展",更多的是相对于参展商而言的;而"览"主要是指相对于观众而言的。一个展览会的质量高低与否关键取决于观众数量的多少。而在展览会的活动管理中,又以专业观众为核心。专业观众是指在专业性展览会上,与展示产品的设计、开发、生产、销售以及服务直接相关的观众,也包括目标参展商的潜在客户。

办展单位和参展商、专业观众是展览活动的主体。一个成功的展览会应该是最大限度地同时满足参展商和专业观众的需求,办展单位和参展商以及专业观众之间是息息相关的,如图6-2所示。

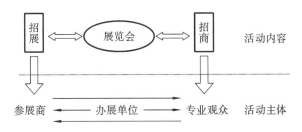

图6-2　展览会活动内容与主体之间的关系图

当然,除了专业观众外,展览会往往也会有一定数量的普通观众。是否邀约普通观众前来,是由展览会的性质和定位决定的。目前,国际上很多专业性的展览会是不邀约普通观众前来参观的。

(二)专业观众组织管理的内容

专业观众组织管理工作的目的是让目标观众知晓展览会的相关信息,并最终能前来参观洽谈。具体工作内容包括以下几方面。

(1)展览会开始前期,需要收集有关专业观众的信息,分析目标观众人群的情况,制订详细的专业观众组织计划。确定最佳招商手段,并有效地实施专业观众的组织计划。

(2)在展览会的现场,对专业观众的组织管理包括交通服务、餐饮服务、咨询服务、引导参观等现场观众服务和管理工作,并且还要给专业观众提供必要的安全卫生保障等事宜。

(3)展览会结束后的专业观众管理工作,主要包括对观众数据进行统计和分析、更新数据库、寄发感谢信和挖掘潜在参展商等。

在实际工作中,真正做好专业观众的组织与管理并不是一件容易的事情,它需要精心研究,认真服务,抓好方方面面的组织工作(参见相关链接6-3)。

相关链接 6-3 展览会专业观众组织的关键问题

专业观众素质的高低,是决定企业或组织参加展览会是否能达到预期效果的重要因素之一。美国展览研究中心(CEIR)曾就此对美国的相关企业进行过一次专项调查,并提出了与专业观众组织相关的 14 个问题,所得出的结论可供借鉴。

1. 谁是观众

根据对美国 200 个展览会观众进行的调查统计表明,在一个展览会的观众中,33％为企业管理人员,33％为技术人员、维护工程师、质量监督人员、研究科学家、产品和流程监工等,15％为销售人员和营销专家,其余为各界人士。因此,参加展览会的公司或组织,应在其展台或摊位上安排不同的人员,如技术人员、销售人员及管理人员。这一点对国内主办单位在组织专业观众和参展商、在安排参展人员时都有借鉴作用。

2. 观众从何而来

以美国为例,在美国举办的国家级展览会中,57％的观众来自 640 公里以外的地方。在美国举办的地方性展览会中,43％的观众居住在 80 公里之内。

3. 有多少观众是首次参观展览

一般而言,展览会中有 35％的观众是第一次参观展览会。展览会场地变更、展览会举办周期和历史都会直接影响观众参观展览会的热情。

4. 观众参观过许多展览会吗

每个展览会都有固定的观众群体。据统计,54％的观众一般只参观固定的展览会。当然,展览会性质的不同,其固定的观众群体占观众总数的比例也不一样。其中,在制造业展览会中,拥有固定的观众群体比例最高,为 64％;医疗类展览会为 54％;电脑类展览会为 53％;食品类展览会占 44％;通信类展览会占 40％。面对这样的事实,公司如选择参加一个展览会并希望取得较好的效果,就应定期参展,一方面保持和固定与老客户的关系,另一方面可结识和开发新的客户。

5. 有多少观众经常参观展览会

根据调查,一个典型的展览会中,60％的观众参观展览会已有 2 年或 2 年以上的历史,他们大多由组织者记录下来。参展公司从该展览会组织者处可以得到上届展览会的参观者名单。公司据此进行有目标、有针对性的展览会宣传,将有助于大大增加参展公司展台的观众人数,展台业务洽谈量也会增加。

6. 观众如何选择展览会

此项调查结果还表明,观众参观展览会,主要基于朋友、同事的介绍、建议或行业贸易出版物上的展前宣传广告,以及网络、电子邮件、展览会、参展商电话促销等,其中占首位的因素是朋友、同事的介绍或建议;其次是行业贸易出版物上的展前展品宣传广告。相比之下,网络、电子邮件、展览会及参展商电话促销效果最差。

由此可见,与参展商的广告相比,观众更容易相信来自朋友、同事,或出版物上的偏见较少的信息。因此,展览公司应根据上述调查结果选择展前宣传的方式,展览会开幕前最好向相关行业的出版物寄送有关展品(产品)及服务等方面的详细信息。

7. 参展商邀请观众吗

对过去20年观众参观展览会情况的调查结果显示,一般而言,在展览会开幕前12个月,88%的观众没有与参展商联系过。因此,展览会提供了一个场地和窗口,使参展商与那些通过其他途径无法结识的潜在客户建立起联系,从而为参展商提供了与许多潜在客户进行面对面洽谈的宝贵机会。

8. 观众为什么而来

在参观展览会的观众中,有50%的目的是为了了解某行业的新产品或服务。因此,参展公司应在展位上和所散发的材料中,准备好新产品或服务的图片、文字介绍和宣传资料,并注明是新产品或新服务。

9. 观众有备而来吗

在参观展览会的观众中,75%的观众有日程计划安排。在参观前,他们已经知晓某些参展公司,并想要了解他们的产品或服务。此外,他们也想参加某些产品的说明会、研讨会及各种营销网络活动等。因此,参展商应在开展前通过邮寄等方式将产品或服务说明书寄给观众,或直接当面推介。

10. 观众在展览中做什么

根据调查结果,在参观展览会的观众中,有76%的企业管理人员(决策人员)询问报价或索取价格表;51%的观众要求公司销售人员拜访他们;94%的观众比较同类的产品或服务;95%的观众索取有关展品的文字资料;95%的观众与目前的产品供应商洽谈。

因此,在展览会上散发产品文字说明材料的费用较高,当场不发产品说明,而承诺在展会结束后立即予以邮寄,随后通过打电话进行跟踪,询问对方是否收到,以此作为展后联络的机会,不失为一种好方法。实际情况表明,与当场散发文字说明比较,展后邮寄材料并进行电话联系的方式,可使材料的阅读率增加20%。此外,公司参展人员应熟悉展出产品的性能和服务,随时向观众予以介绍和演示,并以较高的效率进行报价。

11. 观众有采购计划吗

调查结果显示,在参观展览会的观众中,57%的观众在展览会闭幕后的12个月内,有采购产品的计划。

12. 观众是否会寻找现有的或新的供应商

调查结果显示,在参观展览会的观众中,95%的企业管理人员、决策人员(占观众总数的33%)在展览会中会与已有的产品供货商进行会面和洽谈;77%的观众则至少找到一位新的产品供应商。因此,参展商在参展前应向已有的客户发出通知,邀请他们参观展位;同时在展位上安排优秀的接待人员,以表现对客户的重视。

13. 观众停留多少时间

研究结果还表明,观众一般用两天的时间参观一个展览会,其中,平均使用9.2小时与展台人员洽谈。而且,观众参观展台并进行业务洽谈的时间长短与展览会的规模之间并无直接的联系。

因此,参展商为争取一位专业观众的时间和注意力,进行展前宣传以及采用完整的营销手段,对成功参展至关重要;参展商在展台上安排素质高、能力强的人员也非常重要。在展会开幕前,参展人员应接受相应的培训,能够迅速确定并捕捉潜在的目标观众,并提供准确的销售信息。

14. 观众还会参观展览会吗

观众的采购计划指数是指在一个展览会中,决定购买一件或多件产品的观众人数占观众总人数的比例。在过去25年中,观众的购买计划指数一直在逐年增加。而且,尽管有时受到经济危机衰退的影响,但参观展览会的观众在总数上不变。因此,参展商不要受经济衰退的影响而轻易缩减或取消参展计划。

(资料来源:http://www.icxo.com/)

(三)专业观众数据库的建立

数据库对于展览会的成功举办十分重要。获取专业观众数据的途径有多种。展览企业可以通过问卷调查、网上注册或参展注册等方式获得观众的职务、特长、年龄以及购买意向等情况,再用大数据对观众的质量进行科学的分析,从而建立有效的数据库。

在信息技术日益发达的今天,也可以说,数据库的建立是展览会成功不可或缺的条件之一。据悉贸发局建立的数据库已经有超过60万个商贸企业的信息,其中中国香港10万家、中国内地12万家、海外38万家,每年大约可以有超过240万的宗商贸配对。

专业观众数据库中的数据在来源上可以通过以下几种途径获得。

(1) 从合办和协办单位的数据资料中获得。

国内举办展览会通常由该行业的主管单位或协会与展览企业等共同主办,因此展览企业可以利用合作主办单位数据库的资料,来完善观众的数据库建立工作。

(2) 向媒体等机构购买相关的数据。

向媒体等机构购买相关的数据也是一种行之有效的数据库建立的方法。购买相关的数据不足之处是信息的准确性有待提高,购买回来的许多信息可能过时或有误,需要更新。

(3) 与参展商合作所获得的观众信息。

办展机构与参展商合作,可以从参展商那里获得真实而宝贵的专业观众信息。

知名的参展商自身往往掌握大量潜在客户的名录,这些用户基本上都属于专业观众,这一合作途径往往可以收到很好的效果。

(4) 共享目标观众相近的数据库。

展览企业的数据库一般是按照不同的展会统计入库的。不同展览会的目标观众也有比较接近或者有交集的地方,这样,通过共享再进行一定的归类筛选后就可以加以利用了。

(5) 数据库的更新。

展览会结束后,需要在已建立的数据库中对观众数据进行添加与更新。更新的依据来自观众登记表上的信息。更新数据库的工作是重要而辛苦的,需要投入大量的人力与物力。此项工作对展后的观众统计以及下届展览会的观众组织工作都有重要的意义。

第三节　展览会的品牌管理

一、品牌展览会的概念

一个展览会经过主办单位的用心经营，具有自身的品牌定位、内容、优势与个性，并且能得到参展商、观众乃至社会公众的一致认可，那可以说就成为品牌展览会了。

一般来说，品牌展览会是指具有一定的展览规模，能代表某个行业内的发展动态，能反映该行业发展的趋势，能对该行业的发展有指导意义并具有较强影响力的展览会。

品牌展览会是由品牌名称、展会Logo和标识语等有形标识共同组成的一个有机整体。

在国际上，品牌展览会通常都是获得行业协会和政府主管机构的支持的展会，它代表着该行业的发展方向，为该行业提供专业的展览服务，并且有行业媒体及大众媒体的强力参与。品牌展览会一般是具有先进的品牌营销策略和品牌管理技术，并坚持长期品牌发展战略的展会。其中有不少还获得了国际展览业组织的认证。

品牌展览会一般都具有以下几个特征。

(1) 较高的知名度。

品牌展览会在一定区域内具有较高的知名度和较大的影响力，普遍能得到业界的肯定和认可。例如，汉诺威工业博览会，自1947年创办至今，经不断地发展，目前已成为规模最大的国际工业盛会，是技术领域和商业领域的一个重要国际活动，被认为是真正的全球性的盛会。

(2) 具有较好的规模效应。

品牌展览会具有明显的成效，能吸引众多的参展商、专业观众的参与，同时，它也要具备相当的展览规模。例如，中国进出口商品交易会(广交会)于1957年创办，在中国，它是历史最长、层次最高、规模最大、商品种类最全、到会采购商最多且分布国别地区最广、成交效果最好的综合性国际贸易型展览会，有"中国第一展"之称。近年来，每届广交会展览规模达118.5万平方米，境内外参展企业近2.5万家，210多个国家和地区的约20万名境外采购商与会。

(3) 具有较强的权威性。

品牌展览会具有一定的前瞻性和预见性，它有明确的市场定位，有稳定的参展商和专业观众，而且它能提供几乎涵盖这个专业市场的所有信息，因而，它是能代表该行业的发展方向的展览会，一般都拥有较强的声誉和可信度。例如，创办于1949年的法兰克福书展。有数据显示，在每一届的书展上达成的版权交易占世界全年版权交易总量的75％以上。参展的国家超过100多个，出版商和书商超过7000家，每年都有30多万个新品种参加法兰克福书展。法兰克福书展已成为世界最大和最重要的图书贸易中心，是世界书业界的盛会，有"世界文化风向标"的美誉。

(4) 具有规范的服务和完善的功能。

品牌展会一般沿用国际标准来规范服务。例如香港春季电子展，该展览由香港贸发局主办。目前,该展览已有超过30个国家和地区的2000多家参展商参展,专业观众来自150多个国家和地区,每届人数超过50000名人次。为方便买家采购,2019年的展览设视听产品区、数码影像产品区、电子游戏产品区、电子制造服务区、汽车电子及导航系统区、安防展区等十多个专业展区,为全球买家提供更全面的产品和市场资讯。该展会的服务宗旨以顾客为先,"以人为本",采用先进及创新的操作技术,确保来到香港会议展览中心的顾客能时刻享受超值及喜出望外的卓越服务。

二、品牌展览会的管理策略

(一)制定品牌的长期发展战略

要建立和培育品牌展会,最重要的一点是展览会的经营者与管理者要有牢固的品牌观念,要制定长期的展览会品牌发展战略。

从欧美国家品牌展览会的发展经验来看,培育一个品牌展会并非短期行为,它往往需要经过数十年乃至更长的时间。品牌展览会决不能只谋求短期的经济效益,而是应该从定位、经验、实力、社会资源等多个方面逐渐培育积累,形成长期的稳定增长的态势。展览会的组办方一定要有长远的眼光,敢于投资,敢于承担各种风险,并且对展览会的品牌精心呵护,耐心培育。

以北京国际汽车展览会为例。该展览1990年创办,每逢双年分别在北京中国国际展览中心和全国农业展览馆举行。几十年来,展览的组办机构不断吸取国内外先进经验,努力提高组织、管理和服务水平,取得了显著成效。展览从过去单纯的汽车产品展示,发展成为展出汽车零部件、新技术、新材料、新工艺、加工制造设备、检测维修设备和汽车用品等,同时,还举办各种技术交流会及专业论坛,展示汽车企业发展战略发布、全方位形象等。目前,该展览会已成为国际汽车展览会中的著名品牌展会之一。

(二)全面提升专业化发展水平

从我国会展业的发展来看,展会的基本特点是数量众多,但多而不强。一般的展览会往往规模较小,专业性不强,主要表现为办展质量不高,展览会的竞争力和市场占有率较低。

经济全球化对会展业的发展,特别是管理模式提出了更高的要求。从品牌展览会的经营策略来看,越来越多的展览会开始寻求与专业公司合作,有的甚至把展会业完全移交给专业的展会公司,专业化程度越来越高。

目前,我国会展业也正处于一个发展与变革的时期。会展企业应采取诸如资产重组、上市经营、参股控股、兼并收购等多样化的资本经营战略,跳出仅靠内部积累成长的圈子,实现快速扩张,成就我国的展会名牌。

例如,继英国ITE集团以亿元并购了"中国国际涂料展览会(CHINA COATING,以下简称涂料展)"之后,英国的英富曼集团(以下简称英富曼)又以超过3亿元的价格收购了上海百文会展有限公司主办的中国美容博览会股份。目前,中国美容博览会(上海CBE)已经成为亚洲区域内首屈一指的美容行业品牌盛会。展览覆盖美容行业上下游产业的供应全产业链与全细分品类,为买家和专业研发技术人员提供资讯交流、贸易洽谈、行业解决方案等一站式专业服务。

(三)提升经营服务和管理理念

提升会展企业的经营服务和管理理念是建立品牌展会的一项根本性基础工作。品牌展览会需要根据客户的需求量体裁衣,做好服务。

一般来说,品牌展会的服务包括展览会的整个运作过程,从展览的市场调研、展会项目的立项、展会的营销手段、展会的观众组织以及展览会现场服务等都需要从品牌经营的高度提升服务意识。

对于会展企业来说,不仅要转变一般的经营观念,而且需要树立明确的品牌服务管理目标,将所提供的展会服务组合起来形成独特的"产品",运用到展览会服务的每一个环节中去。

以中国义乌小商品博览会为例。该展览会创办于1995年。在经营过程中,展会的主办方深知市场服务的重要性。为了提升该展览会的物流业服务水平,义乌建立发达的联托运网络,目前已建立通达全国250多个城市乃至世界各地航运、空运、铁路、公路网络。同时,展会的组办方还从增强服务意识,提高办事效率,改进工作作风入手,对外商的管理、居住、公司审批、出口报关、社会治安,提供主动、快捷、优质的服务。在管理上,提出了"面向世界,服务全国"的理念。"义博会"也逐渐发展成为扎根义乌、辐射世界的日用消费品类国际性品牌展览会。

(四)打造网络展会与构建全球展会网络

现代信息技术尤其是网络技术的发展为展览会提供了附加值,它延长了展览会的时间与空间。无论是参展商还是观众在展览前和展览后都可以对展览会进行浏览与探究。网络技术使得展览会的组织者能够向参展商和观众提供他们所需要的展会各个阶段不同的信息,并且,能够向观众进行互动式的宣传。

在国际上,网上展会成为新的亮点。它将传统的商务流程电子化、数字化,以电子流的形式代替了物流,大大减少了人力、物力,降低了展览会的成本,提高了效率。它将展览会的组织者、参加者以及观众通过网络联系起来,摆脱了人们的时空限制,为展览会带来了更大的发展空间。因此,会展业的发展应该充分利用网络的信息资源优势,在现实世界之外打造知名的展览会网络品牌。

另外,展会的国际化是建立品牌展会的重要保证。例如,UFI(国际博览会联盟)资格认可以及使用"UFI"标记就成为名牌展览会的重要标志。展会的国际化主要表现在展览会的国际化程度以及展会运作的国际化。

在展会运作国际化方面,构建展览会的全球网络,展会题目的出售与收购以及通过展会企业的合作共同开拓展会市场是一种趋势。随着国际展会公司进入中国市场,这种国际化的运作方式将会得到加强(参见相关链接6-4)。

相关链接 6-4 品牌展览会

品牌展览会是指具有一定规模,能代表这个行业内的发展动态,能反映这个行业的发展趋势,能对该行业有指导意义并具有较强影响力的展览会。

国外的会展业发展得非常成熟，有很多年的历史，而从国际知名展会的发展来看，几乎完全是以市场化的方式吸引参展商。欧美秉承了他们数百年的工业发展历史，它们的现代服务业也是和其工业发展一脉相承，特别注重品牌的塑造、推广和维护。现在，国际知名展会的举办本身就是一种品牌的象征，一种专业化的号召力，如德国汉诺威展览、法兰克福展览、意大利米兰展览已在世界上享有盛誉，是品牌化的著名代表。

(资料来源：https://baike.com/)

三、品牌展览会的形象设计

展览会的品牌形象设计是对展览会的目标市场定位和总体表达理念的策划设计。它需要遵循整体推进、标准化、实事求是、创新性以及要与民族文化相结合等原则。最主要的是集中在以下几个方面进行设计。

1. 品牌名称设计

《论语》中有"名不正则言不顺"的说法。其大意是说，如果在名分上用词不当，那么其言语就不能顺理成章了。这句话沿用在展览会的名称上，则可以指展览会的名称要与自己在人们心目中的地位相称，否则道理上就讲不通。由此可见展览会命名的重要性。

展览会在命名时应尽可能地把握下面几个要点。

（1）精短。名称越精短越容易记。如"世博会"（世界博览会）、"工博会"（工业博览会）等商标，人们一看便会记住，也易于识别。但是，展览会的命名，一般还需要有举办地等的限定语，如"上海世博会""汉诺威工博会"等。

（2）上口。指品牌名称要有较强的语感。必须容易发音、朗朗上口，读起来语感好，读音响亮，尽量避免使用一些难发音或音韵不好的字。如"华交会"（华东进出口商品交易会）、"高交会"（中国国际高新技术成果交易会）等。

（3）新颖。指品牌名称具有独特性、创新性。其商标要有时代感，体现创新精神，新颖性强调展览会的品牌个性，扩大其与其他展览会的差异感，从而达到令人难忘的效果。如"休博会"（杭州世界休闲博览会）、"海博会"（中国海洋经济博览会）等。

2. 展览会 Logo 设计

Logo 是徽标或者商标的外语缩写，它是指通过形象的徽标，让展览会的参加者记住展览会的主体和品牌文化的一种图形标志。

在信息经济时代，展会 Logo 的设计也日益趋向多元化、个性化。Logo 设计在更广阔的视觉领域内起到了宣传和树立展览会品牌的作用。通过 Logo，人们可以更迅速、准确地识别判断展览会的品质的高低。优秀的 Logo 设计具有个性鲜明、便于识别、记忆以及产生美好联想的作用。

展览会的 Logo 设计要遵循以下几个方面的要求。

（1）设计要求。

设计者对展览会内容要全面了解，并能充分掌握设计要素，将设计要素融入设计中。标志设计必须含义深刻、特征明显、造型大气、结构稳重、色彩搭配,能适合展览会的内涵,不产生歧义。

(2) 创意要求。

在创意上要充分考虑到标志接触的对象和使用环境,为展览会制定标准的视觉符号。设计之初,需要提炼出标志的结构类型、色彩取向,将标志所要体现的精神和特点列举出来,并且要深入挖掘相关的图形元素,找出标志的设计方向,使设计工作做到有的放矢,而不是对文字图形的简单组合。

(3) 营销要求。

设计要能体现展会举办机构的经营战略、价值理念以及举办机构最高管理人员的基本意愿。要能够体现展览会的特点,展现办展单位的实力,使 Logo 设计成为展览会鲜明特征的高度浓缩。

(4) 认知要求。

Logo 设计不仅需要规范,考虑到标志的结构形象可以在不同环境下使用,都能达到统一、有序、规范传播的效果。而且还需要考虑到参展商与观众的认知心理,接受特点,达到容易识记,并能够给人留下深刻印象。

3. 标识语设计

品牌名称与 Logo 是品牌展览会最核心的资产。而标识语通常与品牌名称和 Logo 在一起,简洁而精准的传播着展览会的品牌形象。

标识语,又名公示语,社会标志语(于伟昌,1998),属于社会管理用语范畴。一般来说,为社会公众或特殊群体提供宣传和服务的语言标牌或标语都可归于标识语范畴。展览会的标识语有时也称作"口号",其特点是简洁、上口。标识语的主要功能是品牌识别与沟通。高明的标识能引导参展商与观众通过标识语就能联想到展览会。

例如,中国进出口商品交易会(广交会)以"卖全球买全球""友谊的纽带,贸易的桥梁"为标识语,向全球的参展商和观众传达出广交会国际化、专业化、市场化、信息化的特点,表明了它是中外展商与观众结识客户、展示洽谈、行业交流、信息发布、产品推介等的一个全方位对外开放平台。

4. 主题色

心理学的实验表明,颜色能够影响人们的脑电波。例如,脑电波对红色反应是警觉,在红色的环境中,人的脉搏会加快,血压有所升高,情绪兴奋冲动。而人们对蓝色的反应则是放松,在蓝色的环境中,脉搏会有所减缓,情绪也比较沉静。目前,色彩心理学已经发展为一门十分重要的学科。

我们说,使用一种主要的颜色来承载和表达展览会的品牌内涵,这种颜色就可以称之为主题色。在会展活动中,色彩在客观上能够对参展商和观众从知觉、感情到记忆、思想、意志、象征等都产生一系列复杂的变化。色彩的选择也会直接影响到展览会的品牌形象。因而,展会举办机构在创建品牌展会时,都会考虑到主题色以及辅助色的选择问题。如世界环保博览会(简称"世环会")的主题色以绿色为主。

本章小结

展览会的策划与管理是一个系统工程。从策划方面来说,策划者必须首先掌握相关展览的市场情况。在展览会项目的立项阶段,策划人员必须熟知展览会的主题选定、立项策划的主要内容以及展览会立项策划书的撰写等。展览会的策划项目还包含展览会项目的可行性分析、展览会营销策划、招展招商策划、专业观众的组织策划、展览会活动策划以及服务策划等。从管理上来说,展览会的管理包含现场活动管理、客户关系管理、危机管理、信息管理以及品牌形象管理等。

复习思考题

1. 名词解释:招展、招商。
2. 简述展览项目策划的要点。
3. 展览项目策划的主要内涵有哪些?
4. 简述展览会客户关系管理问题。
5. 简述品牌展览会的概念。
6. 品牌展览会的管理战略有哪些?
7. 简述品牌展览会的形象设计。
8. 阅读下列案例并讨论问题。

案例分析

专业观众是展会的生命力

展会专业观众对展会的重要性,就像水对鱼的重要性一样。展会如果离开专业观众那么展会必将失败,一个展会规模再大,展商再多,如果没有专业观众,那么展商就不能实现展出效果,无法完成参展目的,那么展商就会逐渐退出参展队伍,最后展会也将会没有企业参展从而导致展会的失败。

展会的参展商关心的是有多少专业买家和订单。因此 2018 国际(眉山)竹产业交易博览会组委会特此邀请了竹产业各产业链的目标观众前往参观。展览会于 2018 年 6 月 29 日至 7 月 1 日在四川省眉山市青神县国际竹艺中心举行。

展览会目标观众构成包括以下几方面。

(1) 国家林业局和有关部委领导,省、市、县有关领导。
(2) 全国竹产业地区代表团、中国竹子之乡代表团、特色竹乡代表团。

(3) 国际竹藤组织成员国代表和有关国家驻华使节。

(4) 国际竹藤组织理事会议、中国竹产业协会会员代表。

(5) 国际竹产业发达地区政府代表团,各行业协(商)会负责人。

(6) 国内外竹制品生产、加工、营销、科研等方面的企业代表。

(7) 国内外涉及竹产业的文化、创意、旅游等方面的企业代表。

(8) 国际重要采购商、贸易商代表及代理、经销商等。

(9) 特约目标买家,省市区域代理,批发(流通)企业,全国各大商(卖)场(沃尔玛、麦德龙、好又多、伊藤、王府井)礼品部负责人,各旅游景区,特色古镇工艺礼品门店、专卖店负责人,零售商等。

(10) 竹业电商(互联网+)、微商、竹业"双创"人员。

(11) 竹研究机构、大中专院校、培训机构、媒体记者。

(12) 旅游爱好者,直接消费者。

其专业观众邀请的方式包括以下几种。

(1) 省内外竹产业集群、专业市场做广告造势邀请。

(2) 相关协会发文组织会员或通过其内部刊物、网站、微信公众平台等来宣传邀请。

(3) 通过同类及相关展会来邀请。

(4) 通过专业媒体以及报纸、电视台、电台、地铁、快铁等大众媒体宣传邀请。

(5) 动员参展企业自行邀请客户参观。

(6) 利用新闻发布会、联谊会、交流会、推介会等形式宣传邀请。

(7) 通过呼叫中心邀请专业人士参观。

(8) 通过在展期举办论坛、研讨会等配套活动邀请。

(9) 展会官网上开通预登记、邀请国内外业内专业人士参会。

(资料来源:眉山青神竹博会组委会。)

思考并讨论:

1. 为什么说专业观众对展会的重要性就像水对鱼的重要性一样?

2. 分析2018国际(眉山)竹产业交易博览会组委会在专业观众邀请方式上的特点。

第七章

节事项目策划与管理

引言

节事（Event）是节日（Festival）和特殊事件（Special Event）的统称。节事项目策划与管理是对于节事活动的总体谋划与细致安排，它既是一个理性思维的过程，也是一个系统考虑节事活动项目每一环节组织管理的过程。

本章从探讨节事项目策划与管理的基本概念、节事项目的特点、类别开始，到对节事项目的策划理念、策划流程、策划的主要内容以及节事活动的组织管理等进行系统详细的阐述，通过学习可以对节事活动的策划与管理的整个过程有一个深入的了解。

建议本章用8课时教学。

在学习过程中，可以参考《节事活动策划与组织管理》《节事运营管理》《节庆活动的组织管理与营销》以及《会展业务流程》等著作进行深入学习。

学习要点

1. 节事项目策划的内涵
2. 节事项目策划的特点
3. 节事项目策划的类别
4. 节事活动的策划理念
5. 节事活动的策划流程
6. 节事活动策划的主要内容
7. 节事活动的组织管理流程
8. 节事活动的营销手段
9. 节事活动的赞助
10. 节事活动的风险控制与管理

第一节 节事项目策划概述

一、节事策划的概念

一般认为,"节事"一词来自英文的"Event",其含义有"事件、节庆、活动"等。在国外,人们常常把节日(Festival)和特殊事件(Special Event)、盛事(Mega-event)等合在一起划归一类,英文简称为FSE(Festival Special Events),可以翻译为"节日和特殊事件",简称"节事"。节事策划是节事活动项目的起点。事先精心的策划是节事活动项目成功的保证。

所谓节事活动的策划是指策划人员为达到节事活动项目的目标,经过认真地调查、分析与研究,再根据节事活动具体的各种情况和信息,判断节事活动的变化和发展趋势,识别并创造节事需求,并借助合理的科学方法、手段和技术,对节事活动项目的整体战略和策略进行运筹规划的过程。

在节事活动的策划中,需要把握原则,抓住最关键的环节。节事活动的策划只有与时代精神同步,才能确保节事活动的可持续发展。

一般来说,在进行节事活动项目的策划时需要遵循以下几个原则。

第一,凝练特色。

所谓特色指的是"人无我有,人有我特"的事物。在节事活动的发展过程中,有特色十分重要。可以说,特色是节事活动的独特卖点(USP),特色也是现代节事活动进行差异化竞争的要求。因而,在节事项目的策划中,要注重凝练特色,它体现在节事活动的主题凝练、节事举办形式的创新,以及节事活动的组织与体制的创新等方面。

第二,广泛参与。

节事活动是全民性的活动,它不仅需要业内人员的参与,更需要社区大众以及外来游客的广泛参与。节事的策划应该把吸纳当地社区居民参与以及参与节事消费作为重要目标。在策划时要注意充分开发社区资源、调动社区居民参与的热情。必要时,还可以组织社区居民作为节事活动的志愿者参加组织和运作。

节事活动想要对外部的旅游者和赞助商等构成强大的吸引力,离不开社区公众的参与和支持。因而,成功的节事活动一定需要吸引当地社区大众参与决策策划、组织和消费,满足当地人的基本利益。

第三,凸显优势。

节事活动的资源可能是自然的、人文的,也可能是历史的或者是现代的。策划的关键就是要能够发现节事项目的优势和亮点,通过节事策划使得优势更加突出,把亮点发扬光大。

有些传统的节日庆典可能已经存在多年,在策划时需要重新梳理优势。也有以优势产业为基础的节事活动,如在旅游产业、服装产业等当地优势产业发展基础上所策划的旅游节、服装节等,都可以进一步强化当地的产业优势来进行策划。

第四,高效节俭。

建设"节约型"社会是未来的发展趋势。政府对节事活动大包大揽的方式显然已经不适应现代节事活动策划的要求了。在节事项目的策划设计中,需要提高效率、节俭办事,避免在节事运作过程中盲目攀比。在对节事主题项目进行策划时,需要摒弃那些耗资巨大,社会、经济、文化等效果并不显著的活动项目和策划内容,认真做好前期的投资——收益分析和成本——效益分析,力避节事活动项目举办过程中的铺张浪费现象。

第五,市场准则。

市场化是举办节事活动的准则。主要包含以下三点:首先,参加节事活动的目标客户要市场化,目标观众和参与者要靠市场来调节;其次,节事活动所需要的资金不能只依靠政府来扶持,要有多元化的市场筹措渠道;再者,节事活动的运作主体要交给市场。市场准则要求节事活动的举办从主题的定位到方案策划、内容的编排、赞助商的确定以及最后的效果评估等要形成一整套的评价标准。

一般来说,节事活动的策划可以委托专门的策划机构或者特定的策划团队来完成,在这种情况下,需要对参与节事策划和组织的机构采取必要的约束机制。在实际策划中,有时也会通过头脑风暴等形式听取多方意见,以保证节事利益相关者等都能够参与到节事的策划中去,确保节事策划的方案具有可行性。

二、节事项目的特点

在进行节事项目策划时,一定要熟知其特点,这样才能做到有的放矢。一般来说,节事项目主要有以下特点。

(一)地域性

地域性是节事活动的显著特点。节事活动总是在一定地域内开展的,特别是带有少数民族色彩的一些节事活动,往往是以少数民族生活的地域为活动范围而开展的。例如拉木鼓节,每年的"格瑞月"(佤历,相当于公历12月),在佤族的聚集地,人们身穿盛装,上山拉木鼓,载歌载舞,抒发出追求幸福的强大热情。

(二)多样性

节事活动的内涵十分广泛,其开展的形式是多种多样的,开展的内容也是丰富多彩的。例如我国传统节日之一的春节,已有4000多年的历史。从腊月二十三或二十四祭灶开始,一直到新年的正月十五日(上元节)才算结束。这其中已形成了办年货、扫尘、贴年红、团年饭、守岁、压岁钱、拜岁、拜年、舞龙舞狮、拜神祭祖、烧炮竹、烧烟花、游神、押舟、祈福、庙会、游锣鼓、游标旗、上灯酒、赏花灯等多种多样的习俗。

(三)文化性

节事活动是一种文化活动,它包含着丰富的民族文化、地域文化、节日文化和体育文化等,极浓的文化气息是所有节事活动的主导性特点。例如雪顿节,藏族的传统节事活动,每年藏历六月十五至三十日,节事期间除了吃酸奶,还要演藏戏,举行一些大型的文艺活动、学术讨论会以及经验交流会等,文化气息十分浓厚。

(四)体验性

节事活动的举办,对于每一位参与者来说,是一个亲身经历、亲身体验的过程。节事活动具有参与性强、影响深远的特点。也可以说它是一个大众性的文化、旅游、体育、商贸和健康休闲活动,它建立在大众广泛参与和体验的基础之上。例如世界上不少国家都有的狂欢节,尤其是巴西的狂欢节最为著名。节日期间,男女老少浓妆艳抹,载歌载舞。除了生活必需的药店、医院和酒吧之外,工厂停工,商店关门,学校放假,狂欢的人们仿佛忘记了忧愁和烦恼,沉浸在欢乐的海洋。

熟知了节事活动的特点,在实际策划过程中就需要将这些特点融入策划方案中去,具体需要注意以下几个方面的问题。

第一,要开发潜在的节事资源。

节事活动是一种依据文化资源的特殊产品,往往是一个地方的精神与文脉中最具象、最集中的体现,而这种文化资源一般是处于潜在状态的,需要经过节事策划者的开发利用,才能够由潜在状态转变为可以给节事利益相关者带来效益的表现状态。

第二,要精心策划节事活动的创新点。

在同质化竞争日趋激烈的今天,面对错综复杂的分众市场,节事活动的策划者只有通过敏锐的分析和大胆的创意,才能够提炼出节事活动的独特卖点(Unique Selling Point,USP)。只有创新和独特才能形成节事活动的新颖和与众不同。

第三,要注重节事策划的系统性与周密性。

节事活动的筹办、策划、实施和运作是一个系统工程。尤其是在前期的策划阶段,一定要有详细周密的准备过程。在策划中,既要保证节事利益相关者的预期利益,使他们有信心并能够得到充分的满足,同时也保证节事活动举办过程中各项工作的顺畅和安全。

第四,要在节事活动的效益上下功夫。

节事活动是一种社会文化的仪式化表达。好的节事活动能够产生广泛而巨大的影响力,也能够带来巨大的经济和社会效益。但是,如果策划、运作不当,也可能引起较大的不良效应。所以,节事活动策划需要在效益上下功夫,因势利导扩大正面效应,消除负面效应。

三、节事项目的类别

不同的节事活动项目可以根据其举办的历史由来、内容属性以及规模影响等进行分类。

(一)按照举办的历史由来分类

1. 传统节事活动

从历史由来看,传统节事活动是对传统历史的追溯,也是对民族传统文化的继承活动。例如端午节的赛龙舟活动、元宵节的逛庙会活动等。在对古代传统历史文化的弘扬上,如中国鹿邑国际老子文化节、山东曲阜的国际孔子文化节等。

2. 现代节事活动

按照节事活动产生的时间来说,现代节事活动可以是与生产劳动紧密联系的荔枝节、桃花节、油菜花节等;也有与人们生活紧密联系的节事活动,如哈尔滨的冰雪节、大连的服装节、重庆的火锅美食文化节以及各种影视文化和旅游节事活动等。

(二)按照举办的内容属性来分类

1. 自然景观型

这种类型是以自然景观为依托而形成的节事活动。如蒙顶山登山节。据民国《象山县

志》记载:"天峰者,蒙顶之第一峰也。游人于十月朔,鸡初鸣,观扶桑日月并出。须臾,日光如丹砂,月隐不可见,海天璀璨一色,光芒万道,闪闪刺目不能视,奇观也。"每年的十月初一,蒙顶山上都会汇聚来自全国各地的登山爱好者,登蒙顶山观赏"日月并出"奇景,这是大自然赐予的美好礼物。

2. 历史文化型

这种类型的节事活动主要是源于历史文化。例如由甘肃省兰州市人民政府主办的中国丝绸之路节。兰州在中国丝绸之路中占有重要位置,公元2世纪,中国同中亚、西亚和欧洲进行交往,这里是必经之地。

3. 民俗风情型

这种类型的节事活动主要是来源于地方民俗风情。如上海浦东的民俗文化节。节日期间,在三林老街,包含圣堂庙会、非遗展示、民俗展演、艺术展览、行街表演、花船巡游等文化板块的节事活动,深受当地老百姓的喜爱。

4. 物产餐饮型

这种类型的节事活动主要是起源于当地的特色物产或餐饮。如重庆大足的枇杷节。每年5月,包含乡村美食+坝坝宴、黑山羊篝火烧烤露营、汉服巡游表演、情景剧以及"枇杷王"评选等在内的节事活动吸引着四方的宾朋与来客。

5. 运动休闲型

这种节事活动以运动或休闲为主。例如中国郑州国际少林武术节。该项节事活动集武术、旅游、文化交流于一体,自1991年举办以来,已逐渐形成品牌。

6. 娱乐休憩型

举办这种节事活动的主要目的在于娱乐休憩。例如合肥的娱乐文化节。每年的5月到7月,来自国内外各地的人们,在合肥都可以感受到节日的热闹气氛。近年来,在原有的娱乐文化节目中又增添了消遣摇滚音乐节,风格多姿多彩的摇滚音乐带给广大消费者极大的娱乐体验。

(三)按举办的规模影响来分类

1. 重大节事

重大节事是指举办规模大、影响深远的节事活动。例如中国上海国际艺术节。

2. 特殊节事

特殊节事是源于某一特殊的事件或节日等所举办的节事活动。例如农历二月初二的龙抬头节是汉族的传统节日。民间认为,这天是龙欲升天的日子,称为龙抬头。这一天,各地的人们会到田野里采野菜,包饺子,煎煎饼,炒黄豆,煎腊肉,蒸枣馍等,后逐渐发展成为人们改善生活的一个节日活动。

3. 标志性节事

标志性节事一般是指在同一地方重复举办的节事活动,对举办地来说,具有传统性、吸引力、形象或名声等方面的重要性。例如中国国际钱江(海宁)观潮节。海宁观潮始于汉盛于唐宋,被誉为"天下奇观"。海宁以潮高、多变、凶猛、惊险堪称一绝,观潮之事已名扬海内外,成为地方的标志性节事。

4. 社区节事

社区节事主要是结合社区实际、依托社区特色而举办的以社区居民需求为导向的节事活动。如各地举办的社区邻里节。通过社区群众喜闻乐见的节日活动形式,逐步提升居民对社区的归属感、认同感以及居民之间的凝聚力。

第二节 节事活动策划的内容

一、节事活动的策划要素

节事活动策划需要根据不同的主题定位来规划组织结构设计、内容的编排以及商业模式选择等内容。在实际工作中,节事活动策划要立足现实,面向未来,进行创造性的策划。主要包括以下几个要素。

(一)明确的主题

主题是节事活动的灵魂。节事活动策划如果没有主题,那就成了一堆无目的的随意构想和生硬拼凑的材料,不可能取得成功,更不要说解决节事活动所面临的一系列问题了。

(二)独特的创意

节事活动策划在内容及手段的创意上必须是新颖的、奇特的,能够扣人心弦。能使得参加该节事活动的人深受感动,在事后能够留下深刻的印象。

(三)实现的可能性

节事活动策划要量力而行,使得在现有的人力、物力、财力及技术条件下有实现的可能性,否则,再好的节事活动策划也不过是空谈。

二、节事活动的策划流程

在流程上,节事活动的策划包含前期的准备阶段、现场实施阶段和后续总结评估等三个阶段(见图7-1)。

不难看出,节事活动的策划在前期的准备阶段要花大量的时间。从市场需求调研到节事目标的确定、拟定初步方案、进行可行性分析,直到最优化方案的确定等都需要精心策划,仔细论证。

三、节事活动策划的主要内容

在节事活动项目的初步规划阶段,其具体内容可以围绕项目的目的、主要活动、形式、功能和实质等方面来进行规划设计。

首先,要明确策划目的。

举办节事活动的目的有很多,或是弘扬某种文化、庆祝节日、促进旅游、带动地区经济发展;或是打造举办地的美好形象、提升举办地的美誉度和知名度等。策划者要围绕目的进行策划。

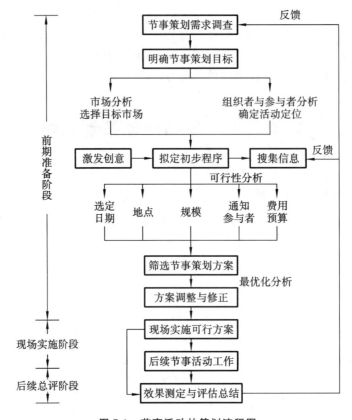

图 7-1　节事活动的策划流程图

根据不同的策划项目,有时还会分列举出节事活动项目的"宗旨""指导思想"或者"组织原则""策划理念"等进行策划。

第二,特色鲜明的活动内容策划。

节事活动之所以能够吸引广大受众,最主要的原因是它具有深厚的文化韵味和浓郁的地方特色以及丰富多彩的活动内容。这是节事活动存在的根本。因而,在策划时一定要根据举办地的文化和传统特色来具体策划设计节事活动的具体内容(参见相关链接 7-1)。

相关链接 7-1　第 16 届中国吴桥国际杂技艺术节精彩看点

看点一:惊险——高空节目挑战极限

惊险刺激的高空节目历来是吴桥杂技节的夺睛点,也展现了各国杂技艺术家们挑战极限的自信和勇气。

作为吴桥杂技节的"常客",朝鲜平壤国立杂技团的《空中飞人》历年来都是高空杂技的标杆,今年他们带来的节目在技巧和艺术性上又有了新的发展和提高。

巴西马戏艺术家带来的《男子皮条》不仅曾被邀请参加皇家招待会,还曾在 2012 年伦敦奥运会开幕式上一展风采。在创作过程中,主创人员吸收了体育中吊环的技巧,结合了绸吊上升下降的旋转空间,扩展了皮条表演的要素。

由美国马戏艺术家表演的《双人皮条》,将给观众带来与众不同的新感觉。

来自乌克兰的《吊环》,展现出了演员独特的表演风格。"单臂挂环旋转升降""双手抓环拦腰上""后挂腰旋转上",演员表演干脆利落,在十几米高空中升降旋转的吊环上一气呵成,展现了力量与艺术的完美结合。

"秋千争次第,牵拽彩绳斜",由西班牙马戏艺术家表演、曾获得2017西班牙菲格莱斯国际马戏节银奖的《秋千》,与以往相比加入了更新更高难度的技巧,如"打滚挂住单脚后跟""口咬旋转""口咬倒立降千下杠"。

俄罗斯国家马戏公司的《浪桥》节目,除了技巧有明显提高外,还增加了欢快的开场舞,场面气势宏大,为庆祝吴桥杂技艺术节创办30周年增添了喜庆气氛。该节目是男女混合表演,"双浪桥互相传递""云里翻两周过桥""前空翻两周双过桥"和"后空翻四周落桥"等技巧难度大,观赏性强,给人以美的享受。

阿根廷与哥伦比亚马戏艺术家首次参加吴桥杂技节联袂表演《大飞轮》,用到的是一个轮子,这次他们带了双箭四轮的大飞轮,由8人轮番表演,演员众多,气势宏伟。

看点二:炫目——花样技巧目不暇接

技巧性是杂技艺术展现其神奇魅力的重要因素。倒立平衡、手技、车技、顶杆……本届杂技节节目技巧花样翻新,类型多种多样。

弹球手技是近年来发展起来的新型节目,在《男女弹球手技》节目中,富有弹性的小小白球在法国马戏艺术家手中上下翻飞,不仅可以在地板上表演,还可以在长椅上表演,男女两位演员对弹,最多可弹起13个球,高高低低,变换各种花样。在弹球过程中,两位演员边传边舞,令人目不暇接。

埃塞俄比亚非洲梦想马戏团的《抖轿子》曾获2016俄罗斯莫斯科国际马戏节银奖。该节目的9位演员均来自非洲,黝黑的皮肤透着健美和力量。

来自罗马尼亚布加勒斯特格罗巴斯马戏团的《抖杠》节目,不断突破自我,挑战高难度,"前空翻两周落杠""燕飞两周落杠""前空翻180度转体落杠"等技巧与音乐完美融合,演员动作连贯轻盈,如精灵般在音符中舞动。

由中国济南市杂技团带来的《杆上技巧》曾获第五届泰山文艺奖一等奖。该节目将人体的力与美通过技巧造型诠释得淋漓尽致。

《顶杆》节目是俄罗斯尼古灵马戏团的传统强项,曾多次在世界各大马戏节获奖。

蒙古马戏发展中心的《大跳板》曾获2016俄罗斯伊热夫斯克国际马戏节金奖、2016西班牙菲格莱斯国际马戏节金奖、2016俄罗斯索契"最佳技巧"大奖、法国美西马戏节金奖。演员在跳板上弹起并旋转6周落地,还有多位演员依次弹起、旋转、站立、叠加四层……这些高难度动作对弹跳的高度和落点要求非常高,稍有差池便功亏一篑。节目在编排、音乐及服饰上都具有浓郁的民族风格。

俄罗斯的顶功在世界杂技界颇负盛名,他们选用的底座演员和尖子演员身高和体重一般相差并不悬殊,这就给整个节目技巧的完成增加了难度,需要演员下一

番苦功。

来自埃塞俄比亚的《女子三人技巧》,在平衡类节目中可称得上是上乘之作。演员顶功技巧稳健,动作柔美规范,"蹬二节尖子脚上倒立变蹬叉""底座弯腰蹬二节叉顶""倒推顶朝天叉单脚起顶""扛平腿上起顶""背对背举元宝顶"等技巧难度较大,让人深深感到成功来之不易。

瑞典路德维卡迷你马戏团此次带来的《单车》,表演技巧别具一格,值得期待。

在杂技舞台的钢丝项目表演中,每种钢丝都有不同的技巧。美国火鸟艺术制作公司带来的《软钢丝》,演员动作灵活,技巧扎实。该节目技巧主要有"丝上侧手翻""直叉""倒立大摆""后滚起顶""钢丝晃管""躺丝连滚"等,形式多样,动作惊险,具有震撼力。

看点三:融合——创新杂技感染力强

吴桥杂技艺术节为国内外杂技界人士及时准确地了解杂技艺术发展最新动态,学习借鉴国际先进创新理念提供了平台,激发了艺术家们的创作灵感,促使杂技不再片面追求技巧上的难度,更加注重吸纳舞蹈、音乐、灯光、表演等各类艺术元素,使杂技真正成为一门综合艺术。

《搏回蓝天——女子集体车技》是河北省杂技团演艺有限公司新创排的节目,在刚刚结束的第十届中国杂技金菊奖全国杂技比赛中荣获"金菊奖"。

河北吴桥杂技艺术学校创排的《中国功夫——蹬人流星秀》根据沧州武术之乡的特色,融合了太极等武术元素和舞蹈动作,展示了中国底蕴深厚的传统文化。

河南省杂技集团有限公司带来的《侠·义——蹦床技巧》以其新颖的创意、创新的道具及高超的技艺,在第十届中国杂技金菊奖全国杂技比赛中荣获"金菊奖"。节目创新之处在于结合对手抛接技巧动作,道具移动式表演,多角度、多方位展现了精湛的杂技技巧。

道具革新给杂技节目带来质的飞跃,空竹中装上轴承,使得空竹的转速更快,旋转的时间更长。中国台北非常棒国际创意股份有限公司的《扯林至尊》节目,便据此进行了创新发展。演员将空竹技巧与舞蹈动作进行了巧妙结合,动作干净利落,曾获得2017摩纳哥蒙特卡洛国际马戏节青少年组金奖。

由意大利马戏艺术家表演的《高卓舞》曾受邀参加各大国际马戏节,在欧洲享有盛誉。《高卓舞》是欧洲一种独特的民族舞蹈,欢快的踢踏舞、系在钢丝上的铅球击打地板的声音,再加上鼓乐的伴奏,形成了风格独特的打击乐章,节奏鲜明,催人奋进。演员手持钢丝飞快舞动,不断变换节奏发出美妙的声音,让人精神振奋、心旷神怡。

乌克兰魔术师带来的《"艺术家之梦"——魔术》是由一对男女青年共同演出的节目。男演员在画板上描出一个女人的画像,用布盖上,马上拉开,瞬间变出一个亭亭玉立的姑娘来;再用布一挡,姑娘衣服的颜色又变了。接着,姑娘把男演员的眼睛蒙起来,让他坐下,用布盖上,然后自己也蒙上布,再把布拉开,姑娘变成了男子汉……魔术的魅力妙不可言,让人回味无穷。

保加利亚斯蒂凡尼艺术公司的《魔屏——魔术》,让人百思不得其解。演员站在一个小屏幕外面,往屏幕里伸下手,手就在屏幕里出现,并上下摆动,就像长在演员身上一样。演员走进屏幕后,屏幕上就出现了演员的图像,还会把脖子拉长,十分可笑。转眼间屏幕上出现两个一样的演员图像,其中一个走出来,还向里边的演员扔东西,两人你来我往,配合得天衣无缝。

匈牙利马戏艺术家表演的《街舞篮球》,把球类表演与街舞融合在一起,增添了节目的互动性、观赏性。

蒙古马戏发展中心的《绳技抖轿子》是一个新创节目,它融合了抖轿子和绳技两种技巧,给杂技舞台增加了新内容。"二节摇绳抖轿子上下跳绳""二节摇绳抖轿子传送""驮三节跳绳"等技巧,新颖独特,别具一格。

看点四:幽默——滑稽表演乐趣多多

滑稽节目是历届吴桥杂技艺术节的一大亮点,演员表演风格迥异,诙谐幽默,让观众在紧张刺激之余适时放松了神经、舒缓了心情,成为杂技舞台上不可或缺的"调味品"。

俄罗斯国家马戏公司带来的《"普洛斯维宁"——滑稽》是一个以音乐表演为主的滑稽节目,演员使用的乐器达到几十种,每一种乐器都能玩出新花样。

滑稽节目在杂技专场中,可以起到调节场上气氛的作用。要想把气氛调节好,不管是文滑稽还是武滑稽,都得下一番功夫。意大利马戏艺术家表演的《"大卫·瓦萨罗"——滑稽》趣味横生,演员尽管身材较胖,但跟头翻得十分利落。最吸引人的是,演员在大绳上手持平衡杆做前后空翻,技艺不凡,但他却常常装作不经意地从大绳上摔下来,引得观众捧腹大笑。

(资料来源:中国国际吴桥杂技艺术节官网。)

第三,节事活动的形式要丰富多彩。

在形式安排上尽量要做到生动活泼,具有亲和力。节事活动的参与者一般都是想通过这一活动达到休闲和娱乐的目的。因而,节事活动的形式编排一定要严谨、环环相扣、切合主题(参见相关链接7-2)。

相关链接 7-2 第36届潍坊国际风筝会创多项历史之最

4月20日上午,第36届潍坊国际风筝会在潍坊滨海国际风筝放飞场开幕。当天,这个能同时容纳10万人、1万辆车的世界最大放飞场上迎来了包括中国、美国、法国、南非等65个国家和地区的800多名参赛队员,以及世界各地的数万名观众。开幕式升旗仪式上,当国歌响起,数千只风筝随着音乐声在空中飞舞,场面宏大,视觉震撼。

今年的世界风筝锦标赛是历届风筝会参赛国家最多的一届,也是参加运动员最多的一届,国内外风筝队员达到了800多人。古巴、墨西哥、智利、留尼汪岛等国

家和地区首次参加；除了欧美老牌风筝队外，塞拉利昂、南非等非洲国家的代表队也积极报名参加。代表队的档次规格也是有史以来最高的，有的国家由体育部和文化部部长带队参加。

各国风筝队都带来了各自具有民族特色的风筝参加比赛和表演。西班牙风筝队带来了斗牛表演，运用四线运动风筝做成公牛形象的风筝，一人穿着斗牛士服装进行斗牛表演。葡萄牙吉祥物——公鸡串式风筝以及一些大型软体风筝，如法国的串式熊挂件，新西兰的鲸鱼、魔鬼鱼等，在天空中竞放。英国队一人可以同时放飞三只运动风筝，加拿大史提夫可以一人放飞两只四线运动风筝，都是世界一流高手。

中国传统风筝也是本次大赛的一大亮点。用传统风筝制作技艺制作的十几米长的大型立体风筝"山东号"首次亮相世界风筝锦标赛。这只风筝由十几位风筝艺人用时近一个月打造完成。除了本地风筝大师以外，还有来自北京、天津、四川、南通、阳江、西安等地传统风筝艺人参加。南通板鹞风筝享誉海内外，这次他们派出十几人携带十几只大型板鹞风筝参加比赛和表演。这些风筝都是当地风筝大师、传承人精心制作，为民间艺术精品。西安李小虎风筝大师带来了他最近几年设计制作的别具一格的优秀作品。

此外还有一大批以国庆70周年为主题的风筝；3000平方米世界最大风筝，900平方米的国旗风筝，都是首次亮相。

本届风筝会以"拥抱世界、共享蓝天、放飞梦想"为主题，从4月20日开始，到5月3日结束。共安排了3大类30项活动，包括主题类活动14项、经贸类活动11项、文体类活动5项。除了每年一度的潍坊风筝大赛、世界风筝锦标赛等传统项目外，今年新增了潍坊国际人才周启动仪式、AOPO航空嘉年华、中国非物质文化遗产暨风筝形象大使花车巡游、国际大马戏嘉年华、极限摩托车飞跃特技秀等群众喜闻乐见的项目，并注重引入科技元素和时尚元素，为现场观众带来前所未有的震撼体验。

4月22日，第36届潍坊国际风筝会重点合作项目签约仪式在富华国际会议中心举行，共有42个合作项目集中签约，总投资约167亿元。其中，高端装备、智能制造项目9个，医疗康养项目8个，新能源、新材料项目6个，招院引校及高端人才引进项目4个，现代物流项目5个，现代农业及食品加工项目2个，文化创意项目2个，金融服务项目2个，新一代信息技术项目1个，其他项目3个。

（资料来源：杨国胜，冯砚农。）

第四，在功能策划上要兼顾经济与文化两个方面的效益。

节事活动是一种文化现象，也是一种经济载体。节事活动策划应围绕"经济搭台""文化唱戏"的基本功能来展开。

从节事活动的经济功能来说，举办期间大量的人流可以使当地服务性行业收入迅速增长，促使举办地的交通、贸易、金融、通信等行业的发展。

从节事活动的文化功能来说，传播与弘扬当地特有的节事文化品牌，对于提升节事活动举办地的文化品位和声誉有着十分重要的意义。

第三节 节事活动的组织管理

一、节事活动组织管理的要点

"细节决定成败",组织管理是节事活动成功的重要保证。可以说,节事活动在执行过程中的每个细微之处都非常重要。

(一)活动场地的布置要点

1. 场地的选择

一般来说,节事活动所需要的场地有室内场地、临时搭建的场地和露天场地几种。在场地选取方面需要考虑多种因素,选择好的场地不仅更有利于开展节事活动的各项议程,而且,还能达到节事活动社会效益与经济效益上的双丰收。

通常,在选择活动场所时需加以考虑的因素如下。

(1) 是否与节事活动的性质、活动的主题相匹配。

(2) 场所的大小与节事活动的规模是否相匹配。

(3) 该场地的区位条件如何,以往曾经举办过哪些活动,声誉如何。

(4) 场所的可用性如何,包括交通、食宿游购等的便利程度情况。

(5) 场所本身可以提供哪些设施,甚至于要考虑场馆尺寸、照明强度、主要风向、地面状况等条件。

(6) 场所周围的交通情况以及停车场情况如何。

(7) 观众、贵宾、表演者、员工、残疾者等人的入场通道情况。

(8) 设备、厕所以及其他便利设施情况。

(9) 饮食服务以及供应商情况。

(10) 供电情况、通信设备情况。

(11) 整体环境、通风条件。

(12) 应急出口等情况。

2. 场地的布置与装饰

场地的布置和装饰一般会委托专业的设计搭建公司来实施,但是,作为节事活动的组织方需要围绕节事活动项目的任务及要求,对整个布置与装饰的过程进行管理。

(1) 舞台、表演或演示区域要区分表演者和观众的界线。

(2) 观众和参与者区域,入口和出口的管理相当重要。

(3) 设施设备管理区域,要确保各种设施设备完好。需进行必要的调试。

(4) 服务区域,如储存区、演员休息室、化妆室等要安排有序。

在场地的装饰方面,应按照合同要求,重点对舞美设计、布景、灯光以及特技效果等进行监督管理,确保节事活动的使用。

在节事活动开始之前,必须对场地现场的布置与装饰情况进行巡查,如场地与活动项目的要求是否一致、观众的舒适度、观众对活动项目的可视性(视线)、储藏区、出入区、舞台区及相关区域、设备等情况,减少意外事件发生的概率。

(二)活动现场的组织管理

节事活动现场组织管理工作是所有节事活动工作中最关键的一环,它决定着活动的成败。节事活动现场组织管理的重点有以下几方面。

1. 接待服务的组织实施

节事活动的现场接待服务一般采取的是程序化、规范化的管理。按照接待服务礼仪程序,精心制定方案,邀请嘉宾,组织实施。一方面,组织者要尽量采取适合与会观众、游客以及嘉宾、媒体记者等所需要的个性化服务。另一方面,要从细微处照顾他们的需要和感受,只有观众满意,节事活动才算真正的成功。

在活动的开幕式、闭幕式、颁奖仪式等活动中,要重视礼仪和仪式的组织管理。在有外宾参与的节事活动中,还要重视国际交往的通则。遵守国际交往中约定俗成的习惯做法。遵循平等、诚实守信的原则。

在接待组织实施工作中,还要注意区分服务对象的不同,尽量满足各类群体的个性化需求。如对演员、媒体记者、VIP客人等来宾,要做到细致周到,是否有事先规划缜密的交通方案、接送方案等。对于残疾人等特殊群体,要有特别的接待方案。有的还需要对固定的建筑和设施加以改造,在各方面给予特殊群体以帮助和照顾。

2. 现场的组织实施

节事活动现场的组织实施需要重点做好观众到场与退场、住宿餐饮管理以及对现场工作人员的组织等工作。

节事活动现场组织管理的难点在于观众的蜂拥而至,又蜂拥而出。能否有效疏导观众流,这不仅是出于安全的需要,也会直接影响到观众参加节事活动的心理体验。

节事活动是一项有大量人员聚集的活动,对参会者的住宿与餐饮管理需要及早做好预案,才能有条不紊。

在节事活动现场,需要有大量的执行人员来完成不同区域的工作任务及阶段性工作,这也需要管理者事先做好方案。通常,节事活动的现场管理工作需要大量的志愿者来承担,这就需要进行细致周到的培训和实地演练,而后再分别充实到翻译、商务服务、文秘、接待、安保、裁判、新闻中心等岗位上去。

(三)后勤保障管理

作为节事活动的组织者,后勤管理也是需要重视的工作,后勤管理工作的好坏,也会影响节事活动的成败。后勤保障中需要考虑的问题有以下方面。

(1)是否明确本次节事活动举办的目的?

(2)节事活动的规模有多大,预计有多少观众、媒体记者和VIP贵宾参加?

(3)要知晓节事活动会场的情况。

(4)节事活动对场地设施有何特殊要求?供残疾人使用的设施情况如何?

(5)活动场地的座位布局如何?

(6)节事活动需要多少工作人员和志愿者?

(7) 需要安排何种紧急救援、保安措施和人流控制措施？
(8) 可能发生的紧急情况有哪些（如人群冲突等）？
(9) 观众和媒体记者等各类人员乘坐何种交通工具抵离场地？
(10) 通向活动场馆的各主干道、高速公路出口、十字路口、地铁口等处要设置指示方向的交通指示牌。
(11) 向相关车辆发放通行证和停车证。
(12) 做好重要客人接送时的安全保卫工作。

二、节事活动的营销策划与赞助

（一）节事活动营销策划的主要程序

一般来说，在策划节事活动营销时，需要从营销调研、营销的目标市场定位、制订营销计划、实施营销计划以及营销效果评估等方面进行，这也是节事活动营销的主要程序。

1. 营销调研

调研是节事活动营销的第一步。在进行营销时一般是从以下几个方面进行调研。

(1) 该项节事活动目前在国内外发展的状况。
(2) 了解节事行业的行规及相关的法律法规。
(3) 本节事活动的优势与不足分析。

需要指出的是，节事营销调研的内容十分广泛，其调研方法也是多种多样的，此不赘述。

2. 市场定位

在节事营销过程中，目标市场定位有两层含义：一是选择节事活动的目标市场；二是给所选的目标市场正确定位。

目标市场选择的基本程序一般是大致确定节事活动的营销范围、进行市场细分、分析评价细分目标市场、确定目标市场选择策略，最后正确地选择目标市场。

在实际进行节事活动市场定位时，不仅要仔细研究定位的依据，还要具体分析定位的对象。对不同的对象进行正确定位是策划时必须要考虑的。

3. 制订营销计划

一般来说，完整的营销计划至少要包括：计划摘要、计划的建立原理以及营销活动的执行内容等。

(1) 营销计划的摘要。

营销计划的摘要是说明节事营销活动总体目标以及计划具体内容概况的文字。计划摘要的特点是简明扼要，是计划的目标以及计划内容的概要。

(2) 营销计划建立的原理。

市场营销计划建立的原理旨在阐述营销计划所建立的基础，它为有关的活动和人员提供一些必要的原始资料。原理描述一般包含节事活动营销状况分析和企业所选择的市场营销战略两个部分。

(3) 营销活动的执行内容。

营销活动的执行内容包含所有相关的活动、任务、责任、成本、时间表以及控制和评估的

程序。

具体来说,活动计划要包含活动责任、活动安排的时间表以及具体的活动计划等;市场营销预算包括目标市场预算、市场营销组合要素的预算、应对偶然事件的资金等;控制程序包括每一次活动的期望结果、进展报告及其测量等;评估程序包含测量、履行标准、评估时间表等。

4. 实施营销计划

节事活动营销计划工作制订之后,需要明确各相关部门和人员的职责、任务,还要对计划完成情况及具体的营销活动实行严格监控,以确保预期计划实现。

在实施和控制节事活动营销计划时要注意以下几点。

(1) 明确所有参与节事活动营销人员的权利与职责,充分发挥每个人工作的积极性、主动性。

(2) 要根据节事活动的进展情况制定每一个阶段的分目标,详细了解分目标的测量方法和测量程序。

(3) 要对节事活动的营销环境、目标、组织、程序及方法等全部活动进行系统性的评价。

5. 效果评估

节事营销效果评估一般是围绕事前测试和事后评估两部分来进行。主要评价内容有:潜在客户对展会的认知度,与会者、参展商或专业观众的数量情况的变化以及他们对本次节事活动宣传推广工作的意见和建议等。

(二) 节事活动营销的策略

节事活动营销可以说是一种特殊的营销类型。通常所说的产品策略、价格策略、促销策略、分销渠道策略、人员策略、过程策略以及顾客服务策略等在一定程度上也适合于节事活动营销。随着时代的发展,一些新型的营销策略如绿色营销、网络营销等更值得充分关注。

1. 绿色营销

绿色营销倡导体现环保意识和社会意识,它要求节事活动的举办方向社会公众提供绿色的、有利于节约资源和保持生态平衡的节事活动项目。

在策划绿色节事营销时,需要注意以下几点。

(1) 秉持绿色理念。

"绿水青山就是金山银山"。节事营销需要牢固树立绿色营销的理念。在节事活动的策划、设计、营销过程中必须将这一理念一以贯之。

(2) 打造绿色形象。

在节事经营的整个过程中,要加强保护当地的水土资源,使用可再生资源,大力宣传绿色环保形象。

(3) 提倡绿色设计。

在进行节事项目的开发和主题设计时,从节事场所的选用与布置到所有环节的设计与安装都要做到有利于能源的使用、资源的节约以及废液和固体垃圾的限制和处理等。确保为节事活动提供绿色场所与空间。

(4) 倡导绿色消费。

节事活动的组办者通过生产经营绿色产品、宣传绿色产品等方式倡导节事活动参与者的绿色消费行为,不仅有助于节约能源,保护环境,而且能达到经济效益、社会效益和环境效益的统一。

2. 网络营销

在节事活动项目策划运作中,将文字、图片、声音、动画等在网上予以发布,并辅以在其他媒介上宣传是通常的做法。网上节事营销将传统的商务流程电子化、数字化,降低了成本、提高了效率,有着鲜明的特性,深受网民的喜爱。

对于节事产业来说,互联网正日益成为全球信息交流、技术进步和商品交易的重要载体,节事产业与信息通讯、交通运输、城市建设、旅游休闲、宾馆餐饮、广告印刷等关联度极高。在营销策略上,需要有效拓展节事营销的渠道,利用现代化的交流沟通工具为节事活动服务,并在有效控制成本的基础上,实施营销计划,达到吸引更多观众的目的。

网络营销主要有以下几种形式。

(1) 主页式。

申请域名并制作主页,在这个主页上发布节事活动的有关信息。

(2) 网页嵌入式。

可以在门户网站上嵌插广告条,向公众发布活动的动态信息。

(3) 电子邮件。

向目标观众发送电子邮件,针对性强,成本低、效果好。

(三) 节事赞助

从公益角度来说,赞助是赞助者以提供资金、产品、设备、设施或者免费服务等形式无偿赞助社会事业或社会活动的一种公关专题活动。不过,在现实生活中,更多的赞助者是要通过赞助获得冠名、广告、专利或促销权利作为回报的商业活动。

节事赞助是整个节事营销战略的重要组成部分。一方面,节事活动的组办方通过赞助获得必要的资金或者实物,从而扩大节事活动的效益。另一方面,赞助者可以通过赞助活动作为企业广告宣传的载体,在公众获益的同时获得"冠名权",提高广告的效果,扩大社会公众对企业或者产品的认知度。

在组织策划上,节事赞助需要做好以下工作。

1. 认真研究赞助问题

进行赞助研究是节事赞助工作的第一步。节事活动的组织者首先应该熟知活动的目的、组织机构以及相关材料;其次,要深入了解赞助企业的情况,包括其规模、效益、信用度以及以往的赞助案例等;再者,还要研究赞助项目的可行性、有效性以及要求与流程等。

2. 制定详细的赞助方案

在深入进行赞助研究的基础上,组织方需要制定详细的赞助方案与计划。制定有吸引力的赞助方案是顺利完成赞助工作的关键环节。

赞助方案的制定要把握一定的技巧,在内容上要具体、翔实。包括在对赞助的目的、对象、赞助形式、促销方案的描述上,以及在文字、美工设计、费用预算、回报条款、具体实施方案等方面都应详细。

3. 审核与评价赞助项目

对每一项具体的赞助项目,组织机构都应慎重研究,进行质和量的评价。要有高层的领导或专门负责部门对其方案和计划进行逐项地审核评定,论证与评价赞助方式、款额以及赞助时机等的可行性。

4. 组织实施赞助方案

在赞助方案的实施过程中,要精心地组织,并且要有专门的公共关系人员与赞助商联系、接触。

第一步,对于重点赞助商需要送专函,公关人员还要掌握一定的技巧,采取各种方式充分展示节事活动的卖点,给赞助商良好的印象。

其次,面谈签约,确认赞助。所签订的赞助协议是法律文书,是双方权利义务的认定,必须认真对待。

再者,项目赞助的实施过程其实就是双方对合同的履行过程,也是对赞助商权力的实现过程。

在整个赞助过程中,也可以充分利用广告和新闻传播等手段,为赞助活动造势,加强宣传,使赞助活动的效益达到最大化,以取得赞助项目的成功(参见相关链接7-3)。

相关链接 7-3 与赞助商建立关系

在确定合适的组织和共同的目标市场之后,自然还有大量的工作要做,为了实现潜在赞助商的目标,活动必须与赞助商一道采取相应的手段。必须认真考虑满足其某种或多种需求的合理方法,并使活动和其赞助商尽可能彼此靠近。

这种活动包括以下几方面。

(1)共同确定赞助商的需求问题。
(2)改进那些用于评估的手段。
(3)为满足赞助商与活动的需求,改进一系列活动的权利和义务。
(4)赞助商获得活动权利而必须认同的付款和/或提供的服务。

活动不能单方面决定某个潜在的赞助商最合理的赞助手段,依靠最终共同选定的方法来审计活动资产才能保证一种更完美的关系和结果。那些普通的权益,如冠名权,活动标志的使用权,媒体宣传及出版权,门票及服务上的权益等都应当能够满足赞助商的某些特定的需求,但有这些仍然不够。这类权益往往还需要利用捆绑在一起的某些特殊因素进行补充。这就是在活动中充分地使用赞助商的产品或服务,但关键是它们能够为活动管理者提供一个创新的机会。

(资料来源:伊恩·约曼,等.《节庆活动的组织管理与营销》。)

5. 赞助效果测定

赞助效果是整个赞助工作的最后一个环节,也是赞助活动不可缺少的环节。赞助活动结束后,节事活动的组办方应该对照原计划方案,对实际效果进行评估测定。

节事活动的赞助评估测定环节主要包括撰写评估报告、召开总结会、建立专项档案以及答谢活动等各方面的工作。

评估测定过程还包括收集各个方面对此次赞助的看法、评论以及邀请相关方面的专家与组织方共同来评测,符合客观实际,找出差距与原因,为今后的活动赞助提供参考与借鉴。

三、节事活动的风险控制与管理

"风险"是指可能发生的危险。在节事活动中,人群相聚而至,各种变量因素积累变化,可能发生的风险有很多,必须严加防控。

(一)节事活动风险的类型

节事活动的风险有不同类型。通常,按风险产生的动因可以将节事风险划分为内在风险与外在风险两大类。

1. 内在风险

节事活动的内在风险主要是指在节事活动过程中,由于经营不善、管理不到位等所造成的管理失控和混乱,从而导致节事活动陷入困境(见表7-1)。

表 7-1 节事活动内在风险类型

类型	细分
竞争环境风险	潜在竞争者的挑战、同行竞争的威胁等
经营风险	管理风险
	营销风险
	节事场馆风险(包括设施与设备)
	财务风险
	人力资源风险
	信誉与形象风险
其他风险	谣言传播、媒体误导、新技术挑战等

在节事经营层面的风险中,场馆风险主要指场馆和设施所引起的危险、盗窃、抢劫、爆炸,人流拥堵所造成的倒塌伤害以及火灾、漏电、严重污染等事件。

这些风险的产生大多属于管理层面上的问题,应加强管理,制定出节事活动各项管理职能和规章制度,不断提高节事活动管理人员的综合素质和与会者的文明素质。

2. 外在风险

节事活动外在风险主要指公共安全危机。节事活动外在危机包含由自然因素、社会因素以及公共卫生事件等因素造成的危机。

(1)自然因素危机。

由自然因素引起的危机,诸如突然发生台风、暴雨、洪水等重大自然灾害。这是节事活动无法抗拒的,属于不可控制范畴。为了防范这些危机,组办者一定要加强与政府相关管理部门的信息沟通,一旦获悉可能产生的此类危机,节事活动要及时作好时间调整,及时更改日期或变更场地等,以避开危机的发生。

(2)社会因素危机。

社会因素危机是指由社会宏观环境或者经济秩序的变化而导致的危机。例如社会经济衰退,出现了通货膨胀、政治动乱以及恐怖威胁等事件。这种来自社会环境的危机是难以抗拒的,又称之为不可控制的危机。它要求节事活动的组办者应尽早从国家政府相关部门提前获得有可能的风险信息,并及时采取应急措施,以降低风险。

(3) 公共卫生事件。

来自公共卫生事件的风险主要包括传染病疫情的爆发、群体不明原因疾病的发生、公共食品安全和职业危害、动物疫情以及其他可能严重影响到公众健康和生命安全的事件等。

(二)节事风险控制与管理的原则

在节事风险的控制与管理过程中,需要准确、及时、顺利地处理危机,主要应遵循的原则如下。

1. 安全第一

节事活动策划实施的每个环节都应考虑到安全问题。尤其是节事活动的现场不需要对号入座时,更要加强对现场人员的引导,否则,观众入场时可能会因为争抢座位而导致混乱甚至发生伤亡事件。可以说,安全管理既是现场保安或保安人员的责任,也是所有参与管理人员的责任,只有牢固树立"安全第一"的观念,开展全员安全管理,才能保证节事活动的平安、有序。

2. 注重防范

节事活动的管理重在预防。建立科学、严谨、周密、系统的预警机制是有效控制危机的关键。政府应建立社会方面的公众经济安全体系,制定和完善应对节事风险的法律法规。作为节事活动的组织者,在风险没有发生的时候就必须事先作出响应和恢复计划,对员工进行培训,并且联合相关机构、社区作好准备,以预防可能出现的危机。

在节事活动现场组织与实施过程中,需要注重的防范措施有以下几点。

(1) 事先培训:防范要点与急救知识不仅要进行宣传,还需要对相关人员进行事先培训。

(2) 安全提醒:如张贴"烟火施放区请勿靠近"等的标志。

(3) 明示与告知:危险点与紧急出口须向观众明示与告知。

(4) 设置防护围栏:不让观众随意在场内跑动,避免不必要的矛盾冲突。

(5) 设置保护设施:特别是对于高风险性的表演或娱乐活动,现场一定要设置相应的保护设施。

3. 快速反应

在节事活动期间,如发生紧急医疗事件(食物中毒、昏迷、中暑、心脏病、有害气体中毒等),火灾,犯罪行为,恐怖主义活动等,对于这类危机情况需要敏锐把握,有效处置。快速反应是节事活动风险防控需要遵循的原则。只有采取果断有力的措施进行控制,才能将风险降到最低。

4. 积极应对

在控制节事活动的风险时,积极应对能够赢得时间、争取主动。当危机事件出现时,管理者需要采取积极的态度,在尽可能短的时间内遏制危机苗头。一般来说,危机处理中有"黄金48小时"的说法,也就是说,当危机发生后,要争取在两天之内解决,及时向社会公众阐明事件的原委、经过和处理结果,以避免谣言滋生、扩大事态,造成更大的伤害。

(三)节事风险管理的策略

1. 建立预警机制

在节事活动的危机的管理和预防方面,组织者通常会策划并做出以下预案。

(1)进行节事活动的风险预测分析。
(2)制定节事活动风险的应急预案。
(3)成立节事活动风险的管理委员会。
(4)印制节事活动的风险管理手册。
(5)确定节事活动风险管理的组织发言人。
(6)事先同传播媒介建立联系。
(7)建立处理节事活动风险的关系网。
(8)做好节事活动组织内部的培训工作。

2. 节事活动风险管理的"RCRR 模式"

节事活动风险管理者要未雨绸缪,对危机情境要防患于未然。一旦危机发生,需要及时有效地进行信息沟通,采取相应措施,及时平息危机,把风险控制下来,将工作程序恢复到常态,这种管理方法可以称作为"RCRR 模式"(见图 7-2)。

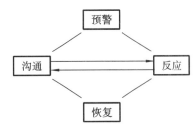

图 7-2 节事风险管理中的 RCRR 模式

在"RCRR 模式"中,预警是首要的工作。在充分做好预案的基础上,风险控制与管理人员还应该熟悉节事活动的业务流程。一旦有危机发生,管理者应保持冷静的理性,迅速按照风险管理计划将所有人员布置到位,控制现场,控制负面影响的扩散。这期间需要完成一系列的沟通工作。尤其是突发事故,第一时间是抢救生命,然后要把事故情况及组织对策告诉全体员工,使员工同心协力共渡难关。如遇到有人员伤亡的紧急事件,应立即通知其家属,并提供条件满足家属探视、吊唁的要求,组织周到的医疗和抚恤工作,并由专人负责;如果时间允许,有设备损失的应及时予以清理。

在处理公共危机事件时,应保持所有信息渠道的畅通,并注意各个方面的配合协调,及时将处理的进程与结果公布于众,以求节事品牌形象能及早恢复到危机发生之前的状态。

3. 坚持应对理念,时刻为观众着想

在节事活动风险防控与管理方面,可以说,风险和机会并存。善于管理,危险就可能转化成机会。因而,面对危机,组办方坚持应对理念、服务好观众是最重要的。通常有以下做法。

(1)成立风险防控管理小组,查找并发现举办过程中可能出现的疏漏。
(2)加强医疗卫生、安全、饮食等方面的风险防控。
(3)与交通管理部门沟通,应对临时交通管制等有可能造成的道路受阻给人们出行带来的影响。
(4)加大安保警力执勤力度,确保在安全上万无一失。
(5)设立节事活动现场服务管理中心,受理并解决临时发生的突发性事件。
(6)加大宣传力度,与媒体保持良好沟通,提醒观众在适当的时间以恰当的方式参与节事活动等。

4. 节事保险的投入与效果评估

从风险管理的角度而言,保险是一种风险转移,通过这一机制,众多的经济单位结合在

一起,建立保险基金,共同对付不幸事故。面临风险的经济单位,通过参加保险,可以将一部分风险转移给保险公司,以财务上的小额支出代替经济生活中的不确定性。这样,可以做到有备无患,多一份保险,就多一份放心。

另外,风险评估也是风险管理不可缺少的部分。节事风险评估是对节事活动过程中所面临的威胁以及可能带来的风险进行评价。它是节事活动能够顺利开展的重要途径,应当纳入节事活动安全管理系统策划的过程中去(参见相关链接7-4)。

相关链接 7-4 《节事活动廉政风险防控及效果评估实施办法》出台

为进一步增强旅游节事活动的实效,加强廉政风险防控,根据中央、省市关于加强节庆活动管理的精神,县纪委驻文化和旅游部纪检组于近日出台全市首个《节事活动廉政风险防控及效果评估实施办法》。该《办法》针对文化和旅游部承办的各类重大节庆、论坛、展会活动,以惠民办节、效益办节、安全办节为立足点和出发点,以流程环节为突破点,从活动立项、意见决策、方案审核、服务外包、走访评议、绩效评估等5个方面着手,加强旅游节事监督管理,建立形成"岗位职责清晰、活动程序规范、防控措施具体、制度机制完善"的长效化活动承办机制,不断放大旅游节事综合效应。

(资料来源:宁海新闻网,记者叶子。)

本章小结

本章系统介绍了节事项目策划的概念、特点、类别、理念、流程以及节事活动策划的主要内容、节事活动的组织管理等。

节事策划是节事活动的起点,也是节事活动中最关键的环节。从内容上来说,节事活动策划应对活动的时间、地点、规模、类型、主题、宗旨、目的、日程、组办单位、赞助单位、主体内容、配套活动、邀请单位、参加者、新闻发布会、海报、广告、吉祥物、开幕式、行动计划、现场布置、紧急事件处理、闭幕式以及效果评估等进行系统策划。这其中,行动计划还包括宣传促销计划、财务计划、安全计划以及接待计划等。每一项策划的要素都是必不可少的。

从管理的角度来说包括现场管理、财务管理、配套活动管理、风险控制与管理等都是十分重要的工作。作为节事活动的管理者,对每一项工作的业务流程、管理要点等都必须考虑周全。

在本章的学习过程中,可以结合课后复习思考题等,以加深对本章的理解和掌握。此外,建议读者利用互联网手段或查阅相关图书,搜集整理节事策划与管理相关方面的学习资料,从而加深对节事活动策划与管理的理解。

复习思考题

1. 名词解释：节事活动
2. 节事项目策划有哪些特点？
3. 简述节事活动项目的类别。
4. 简述节事活动策划的主要内容。
5. 节事活动的营销手段有哪些？
6. 在组织策划上，节事赞助需要做好哪些工作？
7. 简述节事风险控制与管理的原则。
8. 阅读下列案例并讨论问题。

环球嘉年华

环球嘉年华是世界知名的娱乐品牌，是与迪士尼主题公园、环球影城并驾齐驱的世界三大娱乐主题之一，但它的运营形式很独特。环球嘉年华的场地一般是向当地政府租借使用，活动时间大致在一个月到两个月之间。另外，环球嘉年华中的大型游艺机也是向欧洲各大家族租借，以保证其机械的更新换代和安全性能。作为世界最大型的巡回移动式游乐场，环球嘉年华已经游历了法国巴黎、英国伦敦、马来西亚吉隆坡、新加坡、阿联酋迪拜、中国香港等诸多城市，受到各地的热烈欢迎。

其中，上海"环球嘉年华"从瑞典、英国、德国、意大利等国，用200多个集装箱运输了世界顶级的游乐机；负责安装、操作和维护的外籍员工170多人，分别来自13个国家和地区。

为了适应在中国这一世界增长速度最快经济体和世界最大消费市场建立有利可图的事业的挑战，环球嘉年华将继续构筑其成功的"超级嘉年华"（Mega Carnival）产品组合，此产品组合以在中国民间文化、娱乐和体育活动的欢乐氛围中流行和传统嘉年华乘骑和竞技活动为特色。通过广泛的媒体报道以及数百万快乐环球嘉年华游客强烈口碑背书，环球嘉年华品牌在整个地区迅速获得广泛认可。环球嘉年华品牌在消费者中间树立信心。消费者知道无论何时何地参加嘉年华活动，他们都能在一种安全、干净的环境中体验环球嘉年华活动带来的最新的令人刺激的嘉年华乘骑活动、具有挑战性的有奖竞技活动、独具吸引力以及世界一流的娱乐享受。

（资料来源：https://www.docin.com/p-337400358.html/）

思考并讨论：

1. 为什么说环球嘉年华是世界知名的节事品牌？
2. 环球嘉年华在中国举办了哪些有特色的活动？

第八章

演艺项目策划与管理

引言

演,是指根据事理进行的推广、发挥、推演;艺,是指才能、技艺。演艺组合在一起指的是以戏剧、音乐、舞蹈、说唱艺术以及技艺表演等为主要形式的表演艺术活动。

演艺项目策划具有主题性、娱乐性、创新性、互动性以及国际性等特点。在实际的策划中,要注意切实可行、专业精湛、规范标准、灵活考虑和整体把握。

演艺项目的策划过程包含项目立项、调查研究、策划创意、项目论证和决策与评价等阶段。在演艺项目策划方案的撰写方面需要做到主题鲜明、文字简要、内容完整、逻辑性强、有一定的美感和可操作性等要求。实景演出的设计策划是大型演艺活动策划中的一个典型。

在演艺项目的管理中,包含演艺项目的营销、战略执行与控制、运营、配套、市场组织以及品牌塑造与经营等多方面的内容。本章重点对演艺项目的管理流程、现场管理以及大型演艺活动执行与管理中任务单的制定等进行阐述。

建议本章用 8 课时教学。

在学习过程中,可以参考《会展策划》《会展业务流程》《大型演艺活动策划与管理》等著作进行深入学习。

学习要点

1. 演艺项目策划的概念
2. 演艺项目策划的特点
3. 演艺活动策划的基本要求
4. 演艺活动策划的流程
5. 演艺项目策划案的内容构成
6. 实景演出的设计策划
7. 演艺项目的管理流程
8. 演艺项目的现场管理
9. 演艺项目工作单的制定

第一节 演艺项目策划概述

一、演艺项目策划的概念

(一)演艺的由来

演艺活动由来已久。早在原始社会,人类的祖先在狩猎、庆祝、祭祀或巫术等活动中,经常会有载歌载舞的表演活动的出现。伴随着人类的历史进程,演艺活动也从早期的宗教仪式到古希腊的演艺舞台;从乡村的草台班子到大剧院的演出,在不断地发展变化。

学者张德玉在《演艺的历史》一书中,介绍了西方戏剧、歌剧、芭蕾、电影、音乐剧等演艺类型的历史,书中还涉及印度的梵剧,中国戏曲的起源、类型以及发展演变。人类需要演艺活动,从规模宏大的罗马剧场废墟中,可以联想那一时期剧场娱乐活动的蓬勃发展。

演艺活动是与音乐、舞蹈紧密结合的歌舞表演活动。通常,人们把"演出艺术"活动简称为"演艺"活动。与演艺活动密切相关的还有"表演艺术"活动等(参见相关链接8-1)。

相关链接 8-1 表演艺术

表演艺术是由表演艺术家完成的直接诉诸人的视觉、听觉的艺术种类。泛指必须通过表演完成的艺术形式,如音乐演奏、演唱、舞蹈、曲艺等。专指演员在电影、电视剧、戏剧中创造角色的表演。表演艺术的美学特征主要是通过演员的表演,把各类艺术的文学脚本所提供的间接形象转化为直观的形象,使人在欣赏演员绘形绘声绘色的表演中,如亲临其境、亲闻其声、亲见其形,产生情感交流,了解作品形象所反映的社会生活和思想内容,获得审美享受。与其他艺术形式相比,表演艺术的直观性决定了它和宣传事业的关系最直接、最密切,宣传效果最快、最易被接受。表演艺术的审美特征还表现为表演者的表演创造过程与观众的欣赏过程同时进行。

(资料来源:https://baike.baidu.com/item/表演艺术/7803083? fr=aladdin/)

(二)演艺产业

作为现代会展产业的重要组成部分,演艺产业正在快速发展。从广义上来说,演艺作为一种新的经济形态,它是以视听出版、影视传媒、演艺娱乐为依托的文化产业。包括通常所说的各类创意节目演出、彩车巡游活动、艺术体操与卡通乐队表演以及荧光舞、影子舞、互动激光舞各类舞蹈表演等。也可以说,凡是涉及演出艺术与技术的产业活动都属于演艺的范畴。

演艺产业又是从事表演艺术方面的机构与团体所形成的集合体。它涉及电影、电视、歌唱、实景演出、交响乐、歌剧、芭蕾、现代舞蹈、音乐剧、民族戏剧、民间歌舞、杂技、曲艺、皮影等行业。

在我国,演艺产业同旅游业、科技产业结合紧密。最早出现的是旅游演艺。比较有代表

性的案例是20世纪80年代西安推出的《仿唐乐舞》;90年代,杭州宋城景区推出的《宋城千古情》。

2004年,由梅帅元总策划完成的大型山水实景演出《印象·刘三姐》在桂林阳朔推出,由此引发了国内大型实景演出以及演艺产业的发展热潮。

演艺产业是基础性文化产业,也是文化产业体系中的核心产业之一。目前,演艺产业已经出现了如实景演出模式、主题公园模式、旅游舞台表演模式等多种相对成熟的产业模式。

从产业链的角度来看,演艺产业包括文艺表演团体、演出场所、演出中介机构和演出票务等各环节。演艺产业的业态也是多样的,有演出院线连锁型企业、演出跨界创新型企业、企业品牌塑造型企业、转企改制的演艺集团等。演艺产业是一个创意与劳动力密集型的产业,因其能耗低,具有可持续发展的后劲,因而也被称为是低碳产业,具有经济辐射和拉动作用。

(三)演艺项目策划

随着演艺产业的发展,各种晚会、企业、公司年会以及企事业单位的庆典、产品发布、开张、礼仪活动等都会有演出,各类演出项目的活动计划、程序安排以及整体规划等都需要专业的策划运营管理人才。

通常,在演艺活动过程中,涉及申请、报告、协议、计划等各种文件的撰写与制定。从专业的演艺公司来说,演艺资源的客户推广方案以及开展演职人员的招募、设备供应、场景信息、经纪服务、器材租赁、影视培训、宣传策划等工作也都需要专业人员来完成。

演艺活动策划是指为了完成演艺活动的目标,借助一定的科学方法和艺术表现手段,为演艺活动进行决策、计划中的构思、设计、制作等策划的过程。它是通过策划人员精心组织的演艺大纲与执行方案,它对演艺活动的启动、筹划与发展具有指导性作用。

演艺活动策划也可以说是一种设计,好的演艺策划是对演艺活动的一种过程与行动安排,或者说是一张有创意的规划蓝图。从执行层面来说,演艺策划就是有效地组织各种表演资源与方法来实现演出战略的一种系统工程。

可以说,演艺项目策划是一种制定演出规划系统程序,在本质上它也是一种智慧的理性行为。好的策划能在现有的资源中编排出最好的舞台节目表演,它的实施可以让观众在观赏演艺活动时沉浸其中,甚至忘了自己的客人身份,观众和舞台真正达到零距离亲密接触。

二、演艺项目策划的特点

准确地把握演艺活动项目策划的特点,有助于更准确地做好演艺项目策划工作。演艺项目策划的主要特点如下。

1. 主题性

演艺活动都有一定的主题,演艺活动想表达出什么效果是必须要清楚的。一台晚会或者大型综合性演艺活动是不能缺少主题的。主题是进行演艺活动项目策划需要明确的首要问题。

演艺活动策划的主题性是指在策划中需要不断体现与展现出的一种理念或价值观念。主要表现在两个方面:其一,主题是演艺活动策划的灵魂,也是演艺活动独特性的集中体现;其二,主题是演艺活动策划的主线,演艺活动的子系统要围绕主线进行,离开了策划的主题,各个子系统便失去了中心。只有正确把握好策划的主题,才能使得演艺活动的整体策划是独具风格与特色的。

2. 娱乐性

娱乐性是演艺活动的生命,没有娱乐性就失去了演艺活动的根本。一般来说,人们会将演出的效果作为评判演艺活动成败的标准,而如果没有娱乐性,观众就很难认可,也就不能说是好的演艺活动。

演艺活动是一种能为人们提供休闲娱乐的精神文化产品,因而,在保证演艺活动艺术性的前提下,需要特别注意策划它的娱乐性内容。例如舞蹈、歌曲、杂技、武术等演艺形式,策划表现出欢快热闹氛围以及欢快的视听效果,则更能激起观众的兴趣,使观众获得更多愉悦的体验。

3. 创新性

创新是一项活动,它的目的是解决实践问题。创新的本质在于突破传统、突破常规。创新需要在一定范围内具有领先水平。创新在解决社会问题中发挥着积极的作用。

演艺活动项目的策划需要具有首创性或者独创性。策划创新的要求既不是沿袭老的套路,也不是模仿别人;或是有好的概念提出,或是勇于突破常规,标新立异,与众不同。例如明星演唱会、周年庆典晚会、新年晚会、春节晚会、音乐会、慈善晚会、舞蹈表演等,好的演艺活动与之相匹配的策划方案一定是具有创新性的。

4. 互动性

现代演艺活动观众既是观看者,也是演出的参与者。在演艺活动策划中,经常设计出某些悬念,如采用手机、网络、微博、现场有奖问答等手段能够吸引观众参与,构成演艺活动互动性的特点。

5. 国际性

随着全球文化的深入交融,现代演艺活动中外合作频繁,因而,演艺活动的策划也越来越呈现出国际性的特点。比如说世界博览会,平均每天有超过100场的演艺活动,汇集全球众多的演艺团体前来献艺,具有很强的国际性。每一场成功的演出都源于精心的策划。

三、演艺项目策划的要求

演艺活动项目策划是策划人员根据要求调查项目的现状、分析现有的条件、规划设计切实可行的行动方案的过程。在实际的策划中,需要注意以下几个方面的要求。

1. 切实可行

决策的目的是为了行动。可行性是从人力、物力、财力、技术手段等方面来看决策是否可以执行。如果决策不能够实施,就没有价值可言,这类决策就没有任何实际意义。因而,演艺策划首先要做好项目的可行性分析与论证。

可行性分析一般要从以下几个方面进行:一是科学性分析。要求在科学的理论指导下进行实地调研、预测,严格按照策划程序进行构想,并对策划方案进行统筹和效能评价。二是要进行经济性分析。要考虑策划方案能否以最小的投入获得效益的最大化。三是要进行利害性分析。要分析项目所能够带来的效果、利益、危害和风险,综合考虑,全面衡量。四是进行合法性分析。分析项目的实施是否符合相关的法律法规。

2. 专业精湛

演艺项目策划要求有较强的规划设计能力。广义的演艺策划是指演艺活动的全部方案,它不仅包括语言文字部分,还包括图画、数据等视觉内容。狭义的演艺策划仅指演艺活动的策划。演艺项目策划有较强的专业性要求,例如,在通常的演出活动中不仅需要通盘考虑项目实施的诸多环节,而且还要事先做好功课,包括写好相关的演出文学台本、演出节目串词等细节内容。

3. 规范标准

演艺项目策划要求规范化和标准化,规范性的策划有利于在演艺活动的实施中相互准确无误地传递、认知和处理信息;另一方面,随着办公室自动化和网络化的推进,演艺项目的计算机管理、无纸化已成定势。只有做到策划体式的规范化和标准化,才能为计算机远程管理奠定基础,从而实现演艺项目策划的拟写、传输、处理、归档的自动化和网络化。

4. 灵活考虑

演艺项目具有一定的周期性、区域性和季节性,因而,在策划上需要充分考虑到这些因素。如在演艺行业特有的经营模式中,单一的经营模式和多元经营模式在演艺节目的服务管理等方面都有不同的要求。

同时,演艺行业又有周期性、区域性和季节性等特点。在策划时,需要加以注意。如淡旺季需要有不同的策划,甚至露天的主题演艺项目也会受到气候的影响等,这些都必须考虑到。

5. 整体把握

要把演艺活动项目策划视作一个整体。策划工作是对项目总体目标的综合分析、预测评价、最优化,并且要将纷繁复杂的分项目组织成一个科学有序的整体。尤其是对于大型的演艺活动来说,对于总体要实现的目标来说是一个大的系统,而大的系统中又可以划分出若干个子系统,它们之间互相联系而又有所区别,在进行策划时,必须整体把握,兼顾特色。

第二节 演艺项目策划的主要内容

演艺活动策划之初往往需要召开专题筹备会议。由筹备组成员共同协商对演艺活动进行宏观总策划。

一、演艺项目策划的基本流程

一般来说,演艺项目的策划过程包含项目立项、调查研究、策划创意、项目论证和决策与评价等阶段。从程序上说,大型演艺活动策划和实施,通常要经过以下流程。

(一)项目立项

立项是演艺活动项目策划的第一步。所谓立项就是要把某个演艺活动作为一个项目确定下来,这个演艺活动要不要做?为什么做?一定要尽早确定。

重要的演艺活动往往提前一年甚至更早的时间就要立项了。特别是大型或系列演艺项目,在立项过程中,有的还需要报请上级有关部门批准。

(二)演艺项目策划的需求调研

在演艺项目的需求调研阶段,主要是收集和项目有关的各种资料,包括各类文字、图片以及影像活动等素材。收集之后还需要对素材进行分类编排、结集归档,为可行性研究分析做准备。

(三)可行性研究

可行性研究是演艺活动策划的一个十分重要的工作步骤。研究范围既包括演艺活动项目的适应性,也包括演艺环境和活动范围的适应性,该活动在物力、财力上的适应性以及效益的可行性等。

从演艺活动效益的角度考虑,演艺活动在宣传方面如何节省费用?如户外演艺活动还要考虑天气的情况、安全设施问题等,这些都是在进行演艺活动策划时要开展的可行性研究。

(四)明确演艺项目的策划目标

在对演艺项目的市场调查过程中,要确定本项目策划目标,选择本项目的目标市场和活动定位。

确立与提炼演艺活动的主题是演艺活动策划的重要环节。不管演艺活动的宗旨是政治的、经济的、公益的还是娱乐的,只有主题确定了,后续的工作才能开始。

(五)收集策划信息

成功的策划离不开科学合理的策划思维与策划信息。策划者在这一环节所收集的信息将直接为演艺项目初步方案的拟定提供指导。

(六)激发策划创意

演艺活动需要引人注目,它必须在策划阶段就能够对活动的亮点以及主题表达氛围、场地的设计等有着周密的设计。策划者在这一环节所进行的设计也将直接为演艺项目初步方案的拟定提供支撑。

(七)拟定初步方案

初步方案至少要包含以下内容:选定活动开展的日期、活动地点、活动的大致规模、参加活动的人群、活动费用等。

(八)优选演艺活动策划方案

演艺活动初步方案形成之后,要依据活动的目的、意义,进一步精心设计活动的形式、内容以及独特的创意,依据这些原则,进一步优选合理化的演艺活动方案,确保独特性。

(九)调整与修正策划方案

选定好策划方案后,还要根据举办方的要求对策划方案进行进一步的调整与修正,直到符合要求。

(十)实施方案

演艺活动项目的实施方案是根据策划方案中所提出的具体任务来进一步细化的方案。特别是在演艺活的现场管理中,实施方案要具体、可量化。

(十一)演艺活动的后续工作

演艺活动后期的工作包括项目收尾、项目总结、归档等。

(十二)评估总结

演艺活动的评估是后期管理工作的核心,它为项目总结提供依据。对演艺活动的策划而言,要不断总结、反思,做到既有一定的模式,又有突破。好的策划要解放思想,在实践中摸索,与时俱进,开拓创新,这就需要不断地总结与完善。

二、演艺项目策划案的内容构成

演艺项目策划从立项到评估所包含的内容十分丰富,从系统策划来说,最后会形成策划的系列文案。这其中,最具代表性的是演艺活动策划案。从格式上来说,演艺活动策划案也没有一成不变的格式。策划人员可以根据具体情况进行撰写。通常包括以下内容。

（一）封面

主要包括演艺活动的主题、策划方案的完成日期、编号和备注等。可单独成页，如策划案内容较少，也可以省略此项内容。

（二）目录

目录可以使阅读时一目了然，目录是标题的细化。通常，策划内容比较复杂时采用目录，也可以省略。

（三）正文

正文是演艺活动策划方案最为核心的部分。主要包括策划的主题、演艺活动所要实现的主要目标、演艺活动的市场调查、可行性分析、演艺活动的方式、演艺的日程安排、演艺活动程序、演艺活动的组织与管理方案、宣传方案、设计方案、演艺的效果预测等。

（四）附录

在演艺活动策划案中，如果有预算明细表、注意事项、危机处理预案等相关的图示、表格等内容，可附录在正文的最后。

（五）签署

签署是对封面内容的补充，演艺活动策划案的文末，一般应写明策划单位的名称及成文时间等。

三、实景演出的设计策划

融媒体时代，作为一种新型文化艺术形式，实景演艺活动不仅能推动当地的经济发展，而且还能提升举办地的文化品位。所以，各地利用自身得天独厚的历史文化资源以及自然环境，进行整合，创作富有特色的文化创意产品。实景演艺活动就是一个选择。

（一）实景演出的概念

实景演艺活动，一般是以真山真水的实地风景为演出的舞台，以当地特有的文化、民俗风情等为主要内容，融合演艺界、商业界名家为创作团队的一种独特的文化表现形式。它是近年来兴起的文化旅游创新拓展项目。

据不完全统计，我国已建成各类实景演艺项目有近200处（见表8-1）。

表8-1　（部分）山水系列实景演艺项目列表

序号	名称	所在地点	年份
1	印象·刘三姐	桂林阳朔	2004
2	大宋·东京梦华	河南开封	2008
3	井冈山	江西井冈山	2008
4	天门狐仙·新刘海砍樵	湖南张家界	2009
5	中华泰山·封禅大典	山东泰山	2010
6	道解·都江堰	四川都江堰	2010
7	鼎盛王朝·康熙大典	河北承德	2011
8	草庐·诸葛亮	湖北隆中	2013

续表

序号	名称	所在地点	年份
9	天下·盘山	天津蓟州区	2014
10	龙船调	湖北恩施	2015
11	梦里老家	江西婺源	2015
12	嫦娥	湖北咸宁	2015
13	火烧圆明园	浙江横店	2016
14	田野狂欢	三亚海棠湾	2017

实景演出往往以举办地独特的地理空间优势,辅以大型多功能特制道具器械以及高科技表现手段,演艺效果逼真,场景壮观,深得观众的喜爱。

实景演出与一般舞台演出的不同之处在于它是以真实环境(自然景观或人文景观)为背景的演出活动,演出场所固定,具有唯一性和长期性等特点。

(二)实景演艺项目的设计要求

实景演艺活动项目设计需要注意的问题主要集中在对当地环境的保护与改善方面。项目实施前需要对项目所在地的环境进行勘探绘测,要尤其关注当地的水文地质保护等问题。项目设计必须严格遵守相关国际公约以及国家有关环境保护方面的法律法规(参见相关链接8-2)。

相关链接 8-2 《中华人民共和国环境保护法》(节选)

第三章　保护和改善环境

第二十八条　地方各级人民政府应当根据环境保护目标和治理任务,采取有效措施,改善环境质量。

未达到国家环境质量标准的重点区域、流域的有关地方人民政府,应当制定限期达标规划,并采取措施按期达标。

第二十九条　国家在重点生态功能区、生态环境敏感区和脆弱区等区域划定生态保护红线,实行严格保护。

各级人民政府对具有代表性的各种类型的自然生态系统区域,珍稀、濒危的野生动植物自然分布区域,重要的水源涵养区域,具有重大科学文化价值的地质构造、著名溶洞和化石分布区,冰川、火山、温泉等自然遗迹,以及人文遗迹、古树名木,应当采取措施予以保护,严禁破坏。

第三十条　开发利用自然资源,应当合理开发,保护生物多样性,保障生态安全,依法制定有关生态保护和恢复治理方案并予以实施。

(资料来源:《中华人民共和国环境保护法》。)

实景演出项目在进行规划设计时,要遵循不能破坏现有生态环境的原则。不仅如此,还要以能创造出一个新的良性的循环生态环境为目标。一定要考虑该项目与周围环境互相融合协调和可持续发展的要求。在规划设计中,应重视"绿化",并对演出期间观众可能产生的垃圾进行环保处理方面的设计。在标识设计方面,要考虑到清晰的、多语种的国际化导引设计,以便及时有效地满足对各种观众疏散的需求。

(三)实景演出项目设计策划要点

在实景演艺活动的设计策划过程中,不仅需要明确项目的开发定位,包括总体定位、战略定位、规划功能区定位、形象定位以及项目远景等,还需要注意以下问题。

1. 整体空间设计要注重层次

整体空间设计包括实景演出场的地形改造、演出节点的设置以及场地园路的规划等。实景演艺空间在布局与改造上需要尽可能地维持当地的原貌。一般来说,观众在审美上对原生态的真实景致更感兴趣。在节点的设计上,要围绕停车场、购票大厅、等候区域、检票场地以及观众区域等内容,将重点放在功能设计上。实景演出的园路一般以线性设计为主,要依据实景环境有层次地进行设计。

2. 实景建筑设计要围绕主题

实景演出所需要的建筑主要包括展示类建筑、表演设施以及配套服务设施建筑等。在对这些建筑进行设计时需要紧紧围绕实景秀的主题来进行。辅助建筑如景墙、亭廊、桥等建筑的设计也要考虑观众的体验,围绕主题文化和主题意图等进行设计。

3. 景观小品的设计要以观众体验为重点

实景演出中的景观小品内容丰富,包括水体、雕塑、铺装、座椅、标志牌以及灯座等。在设计中,要综合考虑其色彩、质感以及材料的类型等内容,尤其是要以观众的体验为中心。例如水体的设计,一般是以自然水体为依托,根据实景演出的情节需要还可以增设喷泉等人工景观。

4. 植物景观的设计要清新自然

实景演出以大自然为背景,需要营造绿意盎然的环境。植物景观的设计需要不冲淡主题。利用丰富的自然资源营造清新的视听环境是设计的重点。

5. 观众区设计要注重舒适和体验效果

观众区的设计可以根据不同的实景进行创意设计。不过,和一般的观众厅不同,实景演艺的观众区一定要贴近观众的认知心理,让观众沉浸到剧情的实景中享受与体验。因此,以人为本、参与性、体验性等设计原则都是必须遵守的。

6. 延伸设计需要结合当地特点进行

在演艺项目设计中,每一项设计都需要有详细的"方案设计"以及"延伸设计"内容。例如舞台的搭建设计、演出区域的域内布景、环形看台布置、剧目内容设计、演员服装设计以及演出道具的设计等。在延伸设计方面还必须考虑延伸产品的特色、产品定位以及销售方式等内容。

7. 总体设计还需要综合考虑演出内容与表现形式

实景演出是一场运用声、光、电、影、音乃至水、火等多重高科技手段,融合舞台表演艺术、文化创意元素等设计的立体视觉盛宴。所以,从演艺效果上考量,在设计上,设计者还必须熟悉"秀"的剧本、演员以及主题音乐、舞台舞美设计、服装设计、灯光设计等,在后期的舞台表演艺术的铺排方面,还必须对需要使用的灯光、激光、焰火以及水雾、喷泉、水幕、投影、舞台机械等进行设计,并且,围绕主题,甚至要与"秀"中的演员沟通,将音乐、舞蹈、特技与行为艺术等表演形式结合在一起,方能呈现出美轮美奂的设计精品(参见相关链接8-3)。

相关链接 8-3　大型实景水秀的策划

在水秀领域,多米尼克先生创办的法国水秀公司有一流的设计、电气、机械、电脑工程师,从方案设计到水秀设备生产、设备的安装、调试以及音乐节目的编程、编导等全程都有专业的服务。所提供的"秀"的节目从音乐喷泉、水幕电影、水幕激光、数码水帘、数码喷头到爆炸水炮、高压水炮、特殊水效、艺术喷火、特效烟火等等,独特的创意与完美的设计,总能带给观众神奇与梦幻般的视觉享受。

世界顶级的法国水上梦幻表演与灯火景观表演融合了音乐、歌舞、喷泉、焰火、水幕电影、激光等,在波光水色中营造出美轮美奂、如梦如幻的现代高科技的"镜花缘"。法国国际水秀遍布的足迹有:1984年的斯特拉斯堡之夜;1985年的佛罗里达海上世界乐园;在堪培拉举办的澳大利亚两百周年庆典;1988年在巴黎开展的埃菲尔铁塔一百周年纪念会;1989年在西班牙塞维利亚举办的世界博览会;1992年在伊斯坦布尔举行的土耳其共和国50周年庆典,1998年在德国汉诺瓦举办的世界博览会;2003年圣彼得堡的300年庆典等。

(资料来源:新浪娱乐.http://www.polyperformingarts.com/product/22.html/)

第三节　演艺项目的管理要点

演艺活动涉及如策划、宣传、外联、物品筹备、节目落实、现场管理等诸多的工作。在管理上,有一定的流程,并且会有总负责人和专项工作的负责人来负责管理。

一、演艺项目的管理流程

演艺活动在执行的过程中原则上要按照活动计划书进行,因而,制订一份详细的活动计划书十分重要。在制订活动计划书的同时,可以将演艺活动程序表、活动日程安排表等关于演艺活动的基本资料打印装订成册,保证项目负责人人手一份,这样有利于活动的有序进行。

演艺活动各分项目负责人,组织自己小组成员展开工作,在工作中,一定要分工明确,责任明晰,权利对等。负责人要以会议或座谈等形式及时进行沟通、联系、团结协作,这样以便随时了解活动的进程,同时,也需要及时向自己上一级的领导汇报工作,有无法解决的问题及时提出援助要求。在项目执行上,主要有以下流程(见图8-1)。

二、演艺项目的现场管理

演艺活动的现场管理没有固定的模式。一般来说,根据具体演艺活动工作内容,可以从以下几个方面进行管理。

(一)核实演艺活动的基本事项

在演艺活动的策划阶段应该明确该项目活动是在什么时间、什么地方请专业人士来参与管理。例如,能帮助管理演艺活动后勤的制作人等。

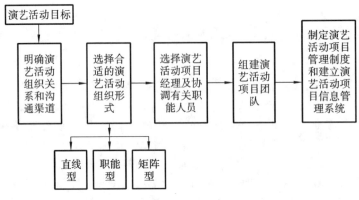

图 8-1　演艺活动组织管理流程图

在决定举办演艺活动的类型时,管理者必须清楚演艺活动的目标观众。明确什么人来参加该演艺活动至关重要。尽量把演艺活动的流程从头到尾梳理一遍,管理者要能完整地想象出演艺活动的全过程。

应该提出并回答的主要问题有以下几个。

(1) 举办该项活动的目的是什么?
(2) 该项活动是在什么时候举行?
(3) 活动是在一周中的哪一天举行?
(4) 活动是在一天中的哪个时间举行?
(5) 谁来参加?
(6) 哪个场地最合适?

(二) 活动场地的落实与管理

演艺活动对于场地的要求比较严格。在管理时,不仅需要考虑空间上的要求,还有必要考虑时间上的要求。

例如,舞台、视听和灯光设备的搬运、安装,音响测试,排演,拆卸的时间等都要考虑在内。另外,乐手们是否需要更衣室和休息室?是否需要划出一定的区域来存放物品?这些都要考虑周到。需要落实的细节还包括以下问题。

(1) 布置场地的时间与团队是否落实?
(2) 室内举办场地的天花板高度是多少?
(3) 在不同时段,场地的视线是否足够好?
(4) 现场是只需要一个舞台还是多个舞台?
(5) 舞台具体需要多大、多高?
(6) 活动场地本身是否有固定舞台?
(7) 场地如何提供特效?
(8) 舞台方面还需要包括哪些预算?
(9) 活动现场是否需要装饰物(道具、绿色植物)?
(10) 舞台区域是否需要挂布帘?
(11) 观众是否需要使用视听设备?
(12) 演出活动是否需要使用多种语言?
(13) 视听服务商对舞台布置有何要求?

(14) 留出彩排的时间是多少？
(15) 演员如何上下舞台？
(16) 楼梯上是否需要灯光？
(17) 舞台、视听设备的搬入搬出、安排装卸都需要多长时间？
(18) 舞台、视听设备的卸车和安装还需要什么特殊的辅助设备？
(19) 在现场布置、节目彩排、正式演出活动和拆卸过程中，饮食和休息该如何安排？
(20) 灯光设备的搬运、拆卸需要多长时间？
(21) 灯光设备的卸车和安装有没有特殊要求？
(22) 娱乐表演队活动安排和设施有哪些要求？

(三)现场交通管理

演艺活动的开展需要安全平稳有序，其现场交通管理问题十分重要。一般需要考虑以下问题。
(1) 大多数的观众与客人是从哪里来的？
(2) 该演艺活动是否需要在市中心举办？
(3) 预计的汽车数量有多少？
(4) 是否考虑到交通拥堵的问题？
(5) 场地周围最近的停车场在哪里？
(6) 停车场的工作时间多长？
(7) 停车场最多能容纳多少辆车？
(8) 停车收费问题。
(9) 申办停车证的问题。
(10) 考虑到交通流量的因素了吗？
(11) 代客泊车的问题。

(四)观众与嘉宾抵达的管理

除了一般观众之外，演艺活动往往还会邀请很多嘉宾。组织者应充分考虑到嘉宾抵达现场的舒适度。需要做好相关预案，例如天气情况，在任何地方天气都有可能产生影响。此外，如防雨设备、物品存放、休息区域的预备等也都应该提前考虑周到。

(五)餐饮管理

演艺活动中的餐饮安排是不可缺少的。组织者需要事先确定有哪些人参加正餐。同时，员工、负责舞台和照明工作的人员、娱乐工作者、摄影师和作为嘉宾的媒体人士需要怎样安排，也必须考虑在内。

(六)其他需要注意的管理事项

作为演艺活动组织者必须要制订一个详细的管理计划表，内容上要囊括舞台上可能涉及的所有事情，包括麦克风、音响、灯光及大屏幕上显示的内容等。

与演艺活动配套的摄影、特效等也都必须考虑到。通常需要注意的问题包括以下几项。
(1) 演出活动什么时候正式开始？
(2) 演出活动什么时候结束？
(3) 演出节目达到高潮时的现场秩序管理。
(4) 演员在膳食上有无特殊要求？
(5) 演出有什么服装上的要求？

(6) 总共需要多少位摄影师？摄影师什么时候到？收费情况如何？

(7) 管理者了解特效的安全规则吗？需要花费多长时间？费用怎样？

(8) 在成本估算方面有没有遗漏？如邀请函印制、住宿环节、交通方面、会场租金、布置费用、食品饮料购买、摆花与装饰、音乐方面、邀请发言人、视听设备、灯光与特殊效果、座席卡、保险、保安、劳务费、电费、宣传材料费、公关材料费、翻译费以及邮寄和手续费、工作人员工资、各种杂费等。

三、演艺项目工作单的制定

演艺项目策划是对演艺活动的主题、内容、目标、形式、步骤、人员组织结构、具体分工、现场管理以及注意事项等都加以确定，从而使演艺活动的组织者有章可循。

大型演艺活动的执行与管理十分复杂，牵涉面广，涉及的人员也很多，因此，为了确保演艺目标的实现，需要将演艺活动的具体步骤、途径、内容、实施方法等作细致安排。演艺活动的组织方往往会将具体的工作内容制定成工作单。

工作单相当于管理的信息指南，其作用在于告诉演艺活动的利益相关方必要的工作信息。工作单又好像是一本工作流程手册，它包括对供应商的要求、对工作人员的工作安排、需要协商的费用等。工作单的各个项目都必须罗列清楚，并且要与活动项目的先后次序一致。项目实施时要使每一个工作人员都能及时阅读到工作单，清晰自己的任务分工。

常见的工作单开头是一份"通讯录"，包括所有工作人员的姓名、职务、单位名称、地址、电话号码、传真、手机号码、电子邮件等。方便联系与沟通是工作单的重要功能。

常见的演艺活动工作单联系表的样式如下。

（一）潜在联系人

豪华轿车（列出所有司机）

媒体（列出所有媒体）

摄影师

安保人员（列出全部人员）

道路通行证

绳和支架

空中跟踪装置

扬声器技术支持

特效人员

撰稿人

舞台/灯光/视听（列出所有关键的工作人员）

交通（大巴）

对讲机

其他潜在供应商

联系表是在演艺活动遇到紧急情况时确保联系畅通的保证，务必填写清楚。联系表的作用还在于演艺活动结束后可以作为发感谢信时的参考。

（二）演艺活动制作公司

公司全称：

地址全称：

联系人：（列出所有联系人，如创意指导、主持人等）

职位：
电话：
传真：
电子邮件：
手机：
住宅电话：

(三)现场工作人员

地址全称：
联系人：(列出所有联系人,如创意指导、主持人等)
职位：
电话：
传真：
电子邮件：
手机：
住宅电话：

(四)舞台(列出所有关键工作人员)

公司全称：
地址全称：
联系人：
职位：
电话：
传真：
电子邮件：
手机：
住宅电话：

(五)视听(列出所有关键工作人员)

公司全称：
地址全称：
联系人：
职位：
电话：
传真：
电子邮件：
手机：
住宅电话：

(六)装饰(列出所有关键工作人员)

公司全称：
地址全称：
联系人：
职位：

电话：
传真：
电子邮件：
手机：
住宅电话：

(七)灯光(列出所有关键工作人员)

公司全称：
地址全称：
联系人：
职位：
电话：
传真：
电子邮件：
手机：
住宅电话：

另外，工作单的制作一般需要安排给专人。同时，也要注意信息的保密。

 本章小结

演艺活动的举办从目的上来说，可能是娱乐、庆祝，也可能是教育、市场营销等。在信息技术日新月异的今天，它更多的是承载着文化交流、传承以及带动旅游业的发展、提高举办地的知名度等功能。尽管，演艺活动在内容上可以说是包罗万象、丰富多彩，在表现形式上也是具有多样性、交互性以及独特性等特点，但是，要想举办成功精彩的演艺活动还必须重视策划与管理工作。随着现代大型演艺活动在发展趋势上更加综合性、多样化和国际化，这也更加要求其在策划与管理上的品牌化与专业化。可以说，在演艺活动的策划与管理上，贴近市场需求、打造精品、不断创新仍将是需要不断探索的课题。

 复习思考题

1. 名词解释：演艺项目。
2. 演艺活动策划的基本要求有哪些？
3. 简述演艺活动策划的流程。
4. 演艺项目策划案主要由哪些内容构成？
5. 简述演艺项目的管理流程。
6. 演艺项目的现场管理有哪些要点？
7. 实景演出的设计策划要注意哪些问题？
8. 阅读下列案例并讨论问题。

案例分析

三亚将再添一大型红色演艺项目

1月17日上午,大型红色演艺《解放海南岛》方案国际征集新闻发布会在北京国家会议中心举行。本次《解放海南岛》等演艺项目方案征集,意味着三亚中央文化旅游区将推出一批质量高、市场认可度高的国际水准实景演艺,为三亚打造实景演艺之都提供高水平的项目支撑。

当天,主办方不仅启动了《解放海南岛》面向全球的方案征集活动,同时也为《梦幻三亚》《船》《鸟秀》《海岛精灵》等4部实景演艺征集项目策划方案。希望能与国内外优秀创作团队合作,打造具有国际水准的优秀实景演艺作品,助力海南实景演艺之都的建设。

据了解,2017年,在三亚市政府倡导支持下,陕旅集团携手北京春光集团合力打造了三亚中央文化旅游区项目。

近年来,在海南省委、省政府的高度重视和大力支持下,海南红色旅游发展基础不断夯实,红色产品更加丰富,旅游设施日趋完善,服务水平稳定提升。

(资料来源:海南日报,记者尤梦瑜。)

思考并讨论:
1. 为什么说大型红色演艺《解放海南岛》的定位是实景演艺?
2. 请你结合本章的学习内容为大型红色演艺《解放海南岛》写出一份策划方案。

第九章

赛事项目策划与管理

引言

作为会展活动的一部分,赛事活动与人们的日常生活息息相关。我们每天都能从媒体上看到各种体育比赛、知识竞赛、技能竞赛、学科专业竞赛等赛事报道。对于现代赛事项目而言,前期的筹划、寻求赞助、活动组织与安排甚至场地的选择等都是必不可少的工作。

我们可以把一项赛事活动前期所有的准备工作统称为赛事策划。赛事策划是赛事经营者根据赛事组织的发展战略,以及赛事经营目标和基本要求所进行的从赛事筹办、竞赛表演、资源销售,一直到赛事的实施和评价过程的整体规划与管理。从内容上来说,赛事策划包含赛事项目的基本目标以及经营目标、市场定位、赛事的场地、所要邀请的参赛人员、启动资金宣传沟通、门票以及无形资产的销售、相关保险、赛事的实施以及赛事的社会和经济效益评价等。

此外,一份完整的赛事策划方案,还要考虑到赛事的组织管理机构、赛事项目的运作与现场管理、赛事项目的市场开发与管理等内容。

建议本章用4课时教学。

在学习过程中,可以参考《会展策划》《会展业务流程》《体育赛事运作管理》等著作进行深入学习。

学习要点

1. 赛事的概念
2. 赛事项目的特点
3. 赛事项目的类别
4. 赛事策划的概念
5. 赛事项目策划的流程
6. 赛事项目策划方案的撰写
7. 赛事项目管理的组织机构
8. 赛事项目运作与管理实施
9. 赛事项目市场开发与管理

第一节　赛事项目概述

一、赛事的概念

(一)赛事竞技活动的由来

作为人类文化的一部分,赛事活动随着人类社会的不断发展而产生。据考古学家研究,在地球的各大洲,在与自然界各种极端恶劣现象抗争的过程中,人们为了生存,通过日常生活中具有重要象征和现实意义的比赛项目,创造了体能竞赛的独特形式。

据记载,在古埃及,当时的最高统治者——法老们把娱乐活动作为享乐生活的重要内容。当时,法老们培养了大量的职业竞技的表演者,其中还有妇女,她们为法老表演翻筋斗、射箭、戏球、体操、斗牛以及舞蹈等。

在进行宗教活动时,埃及的法老为了崇奉祖先,会举行盛大的祭祀典礼,在典礼中就有跳跃等各种竞技赛事活动。

公元前8世纪,古希腊的诗人荷马,在他的长诗《伊利亚特》和《奥德赛》中,对运动技能包括赛跑、战车比赛、摔跤比赛、拳击比赛、投掷铁饼、标枪和射箭比赛等有着生动的描述。

这些技能竞赛虽然简朴天真,但在形式上丰富多彩,对后世的竞技活动有着深远的影响。

雅典城邦时期,当时的奴隶主已经关注到体育、智育、德育和美育的教育。小孩到了13岁,要进体操学校,学习赛跑、跳跃、角力、掷铁饼和投标枪等技能。学校还建有体育馆,是专门进行体育训练和学术研究的场所。斯巴达式的尚武教育使得他们体魄强壮,性格坚强。可以说,斯巴达的勇士与当时极为严格的体育训练有很大关系。古希腊的哲学家柏拉图和亚里士多德也都曾对这些竞技活动有着自己的见解。

古罗马时期,出于对战争的需要,在训练时,练习跑步、跳跃、攀登、撑竿跳高、格斗、游泳等以加强士兵的体力和搏斗能力。

著名的古罗马角斗,起初只是人和人之间进行体能训练的角力与拳击,后来发展成为人与猛兽的格斗,最后演变成了人与人之间的残杀。奴隶起义的领袖斯巴达克斯,就是一名在当时勇冠罗马的角斗士。

欧洲的中世纪,在骑士教育中还保留了古希腊罗马时期的体育活动。并形成了所谓的"骑士七技"——骑马、击剑、投枪、行猎、游泳、下棋和吟诗等。

文艺复兴时期,在学校教育中,竞技活动引起了人们的重视。1424年,意大利出现了"新式学校"。教育家维多里诺主张学生应该多参加跑、跳、骑马、击剑、游泳、射箭和球类等体育活动。他认为运动是健康的基础。其后,捷克的夸美纽斯与英国的洛克也都有对在学校开设体育的论述。

(二)近代体育赛事

在英伦三岛,人们有着进行丰富多彩户外运动的传统。较有名的户外运动有水球、游泳、滑冰、滑雪、网球、板球以及橄榄球、曲棍球等。

英国是较早开展足球比赛的国家。1396年就有了一定的足球比赛规则,1490年,已正式有足球(Football)的命名。1608年,英国成立了第一个高尔夫球俱乐部。

划船活动在英国最为活跃。1882年,英国成立了业余划船协会,强调这一运动竞赛的业余性。该活动直接影响到当时其他项目的比赛和后来的奥林匹克运动(参见相关链接9-1)。

相关链接 9-1　牛津剑桥的划船比赛

牛津剑桥的划船比赛始于1829年。那一年的比赛是这样子发生的:一名剑桥学生Charles Merivale和一名牛津学生Charles Wordsworth突然想出来一个主意。在1829年的3月12日,剑桥向牛津发出了划船比赛的挑战,从此这项赛事的传统就被保留下来,直至今天。每到一年的春天,上一年的失败者就向上一年的成功者发出挑战,于是新一届的比赛又被挑起。

第一年的划船比赛是在牛津郡的Henley-on-Thames(泰晤士河的亨利河段)进行的。当时的报纸向大众报道了这一盛况,居然有接近两万人汹涌而至观看比赛。第一年,牛津赢了。那一年,这个赛事带来的巨大影响使得当地居民决定要组织一个亨利皇家赛舟会(Henley Royalregatta)。从第二年开始,划船比赛移到泰晤士河位于伦敦的维斯敏斯特(Westminster)河段。然而到了1845年,这个河段实在太拥挤,于是划船比赛又往上游移至泰晤士河位于Putney Village的河段。从1856年开始,这个赛事变成一个年度的盛会,除了战争年代,这个传统便被一直保留下来。从1836年开始,牛津大学将深蓝色定为队服,而剑桥则选用了浅蓝色,这个习惯亦一直延续至今。

(资料来源:https://baike.baidu.com/item/牛津剑桥划船比赛/12603991?fr=aladdin/)

18—19世纪,在德国、瑞典等地,体操活动兴起。德国的顾茨姆斯在学校里推行体操教育。他著书立说,对体操活动进行整理分类,构建了德国体操的基本体系。被人们称为"德国体操之父"。

德国体操体系流传到许多国家,对近代体育赛事的发展起了一定的促进作用。

据研究,弗里德里希·路德维希·扬发明了双杠,并且改进了木马、吊杆、吊绳等器械,在他的倡导下成立了体操协会,还定期举办运动会,这些都是近代体育中较早开始的活动。

瑞典学者还对体操艺术有过专门研究,将其分为"自然体操"和"人为体操",又进一步将"人为体操"划分为"军事体操""教育体操"以及"医疗体操",从而形成了瑞典体操的最初体系。1814年,瑞典成立了皇家中央体育学院,培养体操师资以及体操人才,瑞典体操在世界近代体育史上有着重要的地位。

1862年,第一次大型的体操比赛在捷克斯洛伐克举行,这是人类正式将体操列为竞赛项目的最早记载。1896年,在雅典举行了第一届奥运会。单杠被列为世界大赛的正式项目,德国的格·瓦英格特涅尔获得第一个单杠世界冠军。

18世纪中叶,英国也出现了频繁的田径竞赛活动。1866年,举行了第一届全英国的田径锦标赛。

到了19世纪中叶,瑞典的体操已经流传到欧、美、亚洲的许多国家。20世纪初期,瑞典体操也通过日本传到了中国。

(三)赛事项目

作为会展产业的一部分,赛事项目纷繁而众多。赛事项目也可以称作是比赛活动项目。一般是指所有参赛方都需遵守相同规则、有组织的比赛活动。

目前全球规模大、影响力较大的体育赛事项目有世界杯、奥运会、一级方程式赛车、NBA以及各类洲际体育赛事和各单项体育组织的世锦赛等。以足球赛事为例就有意甲、法甲、德甲、西甲、英超、联盟杯、欧洲冠军杯、世界杯、欧锦足球赛和南美洲足球赛等不同的比赛项目。

二、赛事项目的特点

赛事活动项目是在特定的规则之中,让参赛者在智力、体能、技术、技能等方面进行分别的或综合的较量、比拼,最终依照一定的规则而评定出胜负或者排名。其过程具有观赏性。赛事项目可由个人或者以团队形式参赛。

赛事项目的举办需要组织方进行周密的策划,主办方要制定具备公开、公正和公平的赛事规则,对赛事活动的评判也要具有合理性、合法性和权威性。

美国著名的社会学家杰·科克利在《体育社会学:议题与争议》一书中,将现代体育赛事活动所具有的七个互相关联的特征进行了阐述,杰·科克利的观点涵盖了我们所说的体育赛事项目的基本特点。

(一)平等

对于参赛者来说,体育赛事项目应该提供给他们相同的竞赛条件。参加体育赛事活动不能因为参赛者来自不同的国家和地区而有所区别。

(二)量化

赛事项目成绩评定的标准是可量化的。所有的项目比赛通过测量、统计和记录,最后都会化成时间、距离或分数。在清晰可测的规则下,可以对赛事结果进行讨论、统计,所形成的数字被用作为赛事成绩的证据。

(三)纪录

赛事项目会在参赛的个人、团队、联盟、社区、州、省以及大洲等之间进行成绩比较。并且,当今的赛事也特别强调创造和打破纪录,尤其是世界纪录。

(四)专业化

现代赛事项目呈现越来越专业的态势。主流的运动形式由专家和赛事观众所支配。运动员通常只参加一个赛事项目的比赛,并且在某个专业赛事项目中占据一定的位置。

(五)理性化

赛事项目举办是由一整套规则与策略组成的。既定的规则目标是所有运动员所要遵守和努力的方向。规则在运动设备、技术、参加条件等方面也有一定的要求,体现了赛事的理性控制与评价。

(六)世俗化

赛事项目已逐渐形成为个人所得而开展,其形式越来越具有世俗化和娱乐化,如"奥运精神贵在参与"就是这一特点的体现。

(七)科层制

主流的赛事活动越来越呈现出由国际的、国内的、地方层次的复杂机构所控制。这些机构根据一定的规则可以监督和批准运动员、运动队以及运动项目。他们可以制定和执行赛事规则、组织比赛、确认纪录等。

三、赛事项目的类别

赛事项目的种类繁多、内容丰富。全世界每天都在举行不同的比赛。根据不同的标准,赛事项目可以划分为不同的种类。

(一)按照赛事的规格来划分

按照规格赛事可以分为国际性赛事、洲际赛事、地区赛事、国家级赛事、国内赛事等不同类别。

(二)按照赛事的性质来划分

赛事项目按性质的不同可分为体育比赛、歌唱比赛、舞蹈比赛、写作比赛等。例如"世界杯"就是体育比赛,"中国好声音"就是歌唱大赛等。

此外还可以划分为营利性商业比赛和非营利性公益比赛以及教学交流性质的比赛等。

(三)按照赛事的规模来划分

按照赛事的规模,一般可以将赛事项目划分为大型综合性赛事、大型单项赛事、一般赛事项目和小型赛事项目等。

(四)按照赛事的区域来划分

按照赛事举办的区域不同,可以将赛事划分为世界性体育赛事、地区性体育赛事等。如奥运会就是世界性体育赛事,而佘山半程马拉松比赛就是一个区域性的比赛。

(五)按照赛事项目的设置来划分

按照赛事项目的设置,可以划分为综合性体育赛事、单项体育赛事。例如,全国农民运动会就是综合性赛事,而世界乒乓球锦标赛就是单项的体育赛事。

(六)按照赛事的功能来划分

按照赛事的功能来划分,体育赛事可以分为竞技性体育赛事和群众性体育赛事等。

(七)按照赛事运动员的身份来划分

按照赛事运动员身份的不同,赛事可以划分为职业选手赛事和业余选手赛事等。

（八）按照运动员年龄来划分

按照运动员年龄的不同，赛事可以划分为儿童赛事、青少年赛事、成人赛事以及老年人赛事等。

（九）按照赛事的形式来划分

比赛可以有多种形式，按照赛事举办形式的不同，可以将赛事划分为体育赛事、选秀赛事、文化赛事、网络赛事等。

当然，比赛的分类标准不一而足，在实际比赛中，选择何种形式、何种性质、何种类型的比赛，也是因时、因地、因情况而定的。

第二节　赛事项目的策划

一、赛事策划的概念

对于赛事的组织者来说，赛事策划是赛事运作的核心环节。

为了完成赛事目标，需要开展相关的市场调研，进行项目立项，确定赛事主题，实施赛事计划，开展一系列的赛事管理与服务过程，这些工作的顺利实施都需要科学合理的赛事策划。

赛事策划是一个进行专业分工和建立使各部门互相有机协调配合的系统过程。由于赛事策划的根本目的是保证赛事目标的实现，因而，策划工作要做到全面周到，"事事有人做"，也就是说，赛事工作的每一个部门都应明确任务和职责，目标统一，协调一致。

以竞技体育为代表的赛事蕴含着巨大的商机和社会效益。尤其是国际体育赛事，具有窗口的作用，它可以向全世界展示举办地的政治、经济、文化、教育、科技、交通和国民素质的综合水平，举办国际赛事既能够加深与世界各国的理解、交流与联系，又能推动本地的国际化进程。因而，赛事活动也受到人们越来越多的重视。

随着经济全球化的不断发展，国际性赛事也呈现出新的特点。例如现代奥林匹克运动会，它的每一届都会显示出新的时代特征。因而，赛事的策划与组织也必须遵循时代性、创新性、系统性、规范性、可行性等原则。

一般来说，赛事策划活动需要有文案工作的支持。尤其是在大型赛事活动的策划中，往往设有专门负责大型赛事活动策划与赛事文案工作的人员。在实际策划过程中，策划人员有时还需要协助赛事项目经理、媒体经理完成赛事的新闻发布会、开赛仪式、闭幕式等的策划以及媒体联系、跟进和落实，负责配合赛事执行部门完成相关活动的前期策划与筹备等。

二、赛事项目策划的流程

根据种类的不同，赛事活动的策划流程也有所区别，基本的策划流程如下（见图9-1）。

在实际策划过程中，根据赛事活动自身的特点，其策划方案的要点会有所不同。下面我们以第八届中国创新创业大赛策划为例，来看赛事项目策划的基本流程（参见相关链接9-2）。

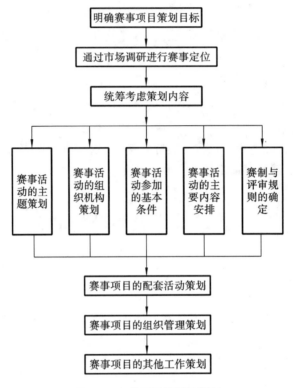

图 9-1 赛事项目策划流程图

相关链接 9-2 第八届中国创新创业大赛

(一)大赛主题

科技创新,成就大业。

(二)组织机构

1. 参与单位

指导单位:科技部、财政部、教育部、中央网信办、全国工商联。

支持单位:共青团中央、致公党中央、招商银行。

承办单位:科技部火炬高技术产业开发中心、科技部科技型中小企业技术创新基金管理中心、科技日报社、中国互联网投资基金、陕西省现代科技创业基金会、北京国科中小企业科技创新发展基金会。

协办单位:各省、自治区、直辖市及计划单列市科技厅(委、局),新疆生产建设兵团科技局,各国家高新技术产业开发区管委会,深圳证券交易所,全国中小企业股份转让系统有限责任公司。

特别支持:招商银行创新创业公益基金、上海三盛宏业投资(集团)有限责任公司。

2. 大赛组织委员会

大赛指导单位、支持单位、承办单位共同组成大赛组织委员会。组委会下设办公室，负责大赛各项工作的具体执行。办公室设在科技部火炬高技术产业开发中心。

3. 专家指导委员会

专家指导委员会如表9-1所示。

职位	姓名
联想集团有限公司董事局名誉主席	柳传志
招商银行股份有限公司党委书记、行长	田惠宇
全国中小企业股份转让系统有限责任公司董事长	谢庚
百度公司董事长兼首席执行官	李彦宏
新希望集团有限公司董事长	刘永好
腾讯公司控股董事会主席兼首席执行官	马化腾
小米科技董事长兼首席执行官	雷军
创新工场董事长兼首席执行官	李开复
搜狐公司董事局主席兼首席执行官	张朝阳
春华资本集团董事长兼首席执行官	胡祖六
芳晟股权投资基金创始合伙人	于明芳
深港产学研创业投资有限公司董事长	厉伟
北极光创投董事总经理、创始合伙人	邓锋
真格天使投资基金创始人	徐小平
达晨创业投资管理有限公司合伙人、执行总裁	肖冰
启迪控股股份有限公司荣誉董事长	梅萌
深圳证券交易所副总经理	李辉
美年大健康产业(集团)有限公司董事长	俞熔
上海股权托管交易中心有限公司总经理	张云峰

(三)参赛条件

1. 企业具有创新能力和高成长潜力，主要从事高新技术产品研发、制造、服务等业务，拥有知识产权且无产权纠纷。

2. 企业经营规范、社会信誉良好、无不良记录，且为非上市企业。

3. 企业2018年营业收入不超过2亿元。

4. 企业注册成立时间在2009年1月1日(含)以后。

5. 大赛按照初创企业组和成长企业组进行比赛。工商注册时间在2018年1月1日(含)之后的企业方可参加初创企业组比赛，工商注册时间在2017年12月31日(含)之前的企业只能参加成长企业组比赛。

6. 入围全国行业总决赛的成长组企业，须在省级科技管理部门推荐时获得科技型中小企业的入库登记编号(登记网址：www.innofund.gov.cn)；对初创组企业不作此项要求。

7. 前七届大赛全国总决赛或全国行业总决赛获得一二三等奖的企业不参加本届大赛。

(四)比赛安排

1. 报名参赛

自评符合参赛条件的企业自愿登录中国创新创业大赛官网(网址：www.cxcyds.com)统一注册报名。报名企业在进行注册和统一身份认证后,应提交完整报名材料,并对所填信息的准确性和真实性负责。大赛官网是报名参赛的唯一渠道,其他报名渠道均无效。

注册截止时间：2019年6月10日。

报名截止时间：2019年6月15日。

各省、自治区、直辖市及计划单列市科技厅(委、局),新疆生产建设兵团科技局(以下简称省级科技管理部门)负责辖区内企业报名材料的形式审查,对符合参赛条件且提交报名材料完整的企业确认参赛资格。

参赛资格确认截止时间：2019年6月21日。

2. 地方赛

地方赛由省级科技管理部门负责牵头组织,落实比赛方案、组织机构、赛事费用等有关事项,加强对赛事的管理,接受社会对赛事的监督。坚持赛事的公益性,不向参赛企业收取任何参赛费用。

地方赛主名称为：第八届中国创新创业大赛＊赛区("＊"为省、自治区、直辖市及计划单列市、新疆生产建设兵团名称),同时各地可冠以反映地方特点的副名称。

地方赛通过初赛、复赛、决赛逐级遴选评出优胜企业(各地可调整比赛轮数),除初赛可采用会议或网络书面评审外,其他比赛均采用"现场答辩、当场亮分"的评选方式。初赛环节要邀请相关技术专家,以项目的科技创新性为主要指标进行评审。

地方赛整体比赛方案应向社会公布,各比赛环节的相关评审资料应留档备查。面对面答辩现场应进行录像,保证比赛的公平、公正和公开。

省级科技管理部门自主设立地方赛奖项,并积极为参赛企业提供政策支持和多元化服务。

不举办地方赛省份的参赛企业,除由省级科技管理部门间协商参加相关地方赛区比赛的,大赛组委会办公室有权安排其参加综合赛区比赛。参赛企业比赛成绩在各赛区内综合排列。

地方赛比赛时间：2019年7月至8月。

3. 入围推荐

大赛组委会办公室根据举办地方赛情况和参赛企业数量,分配各赛区入围全国总决赛名额。省级科技管理部门结合地方赛成绩产生拟入围企业名单。成长组的入围企业最晚必须在推荐时获得科技型中小企业入库登记编号。未获得编号的成长组企业不得参加全国总决赛。

省级科技管理部门组织对拟入围企业开展尽职调查,逐一形成尽职调查报告。不接受尽职调查或尽职调查不合格的企业不得入围全国总决赛。

省级科技管理部门书面推荐入围全国总决赛企业名单,附尽职调查报告,完成网上推荐操作。未在规定时间内完成上述要求的企业,不得入围全国总决赛。

大赛组委会办公室在大赛官网上公示入围全国总决赛企业名单,接受社会监督。通过公示的企业方可参加全国总决赛,未通过公示的将取消参赛资格。

入围推荐截止时间:2019年8月31日。

4. 全国总决赛

全国总决赛由大赛组委会办公室负责组织,按电子信息、新材料、新能源及节能环保、生物医药、先进制造、互联网六个行业分别举办。行业总决赛的举办城市和时间另行公布。

全国总决赛按初创企业组约360个和成长企业组约1080个规模进行比赛。不按时参赛的企业视为自动弃权。

行业总决赛由半决赛、决赛两个环节组成,评委以创投专家为主,比赛采用"现场答辩、当场亮分"的评选方式。半决赛和决赛现场向创投专家等观众开放,并通过有关网络平台等进行直播。

每个行业总决赛半决赛后,评选出大赛优秀企业和晋级决赛的企业。

每个行业总决赛决赛后,初创企业组产生一等奖1名、二等奖1名、三等奖1名,成长企业组产生一等奖1名、二等奖2名、三等奖3名。

全国总决赛比赛时间:2019年9月至11月。

(五)服务政策

1. 大赛优秀企业支持政策

择优推荐给国家中小企业发展基金设立的子基金、国家科技成果转化引导基金设立的子基金、中国互联网投资基金等国家级投资基金。大赛合作银行择优给予贷款授信支持。择优推荐参加"创新人才推进计划"等相关计划评选,以及相关展览交流等活动。

2. 配套服务活动

大赛组委会办公室在行业总决赛期间将组织配套活动,为企业免费提供多元化服务,主要包括培训辅导、融资路演、展览展示、大企业对接等。

(六)专业赛事

专业赛由牵头举办单位负责,与地方赛、全国总决赛相互独立,产生的优胜者不晋级全国行业总决赛。各专业赛单独举办,组织方案和服务政策另行发布,报名者应满足相关专业赛条件、遵从相关专业赛比赛规则。专业赛均不向参赛者收取任何参赛费用。

(1)由中国科协牵头举办中国创新创业大赛中国创新方法大赛。

(2)由科技部火炬中心牵头举办中国创新创业大赛军民融合专业赛。

(3)由科技部火炬中心牵头举办中国创新创业大赛大中小企业融通专业赛。

(4)由广东省科技厅牵头举办中国创新创业大赛港澳台赛。

(5)由内蒙古自治区科技厅牵头举办中国创新创业大赛沙产业大赛。

(6)由中国电动汽车百人会牵头举办中国创新创业大赛新能源智能汽车及交通出行产业生态大赛。

(7)由第三代半导体产业技术创新战略联盟牵头举办中国创新创业大赛国际第三代半导体创新创业大赛。

(资料来源:http://www.ctp.gov.cn/cxcyds/dsfa/lmtt/shtml/)

三、赛事项目策划方案的撰写

作为项目策划的一种,赛事活动策划是一种具有建设性、逻辑性的思维过程,在这一过程中,策划目的是将所有可能影响决策的各项因素形成方案,对赛事项目的执行起到指导与控制作用,最终完成赛事活动所期待的目标。

赛事项目策划书主要由以下几个部分构成。

(一)封面

包括策划组办单位、策划组人员、日期等。

(二)前言

阐述赛事项目策划的目的、主要构思、策划的主体层次等。

(三)目录

赛事策划书内容的层次排列,给阅读人以清楚的全貌。

(四)正文

赛事策划书的主体部分。

赛事项目的种类繁多,情况复杂,其策划方案的内容也各不相同。赛事项目策划书的格式可以根据实际情况进行增减,文字要做到简明扼要,逻辑性强,可适当运用图表、照片、模型等来增强项目的主体效果。具体方案应具有可操作性,数字准确无误,运用方法科学合理,层次清楚。

一般而言,赛事项目策划书的主要内容包括以下方面。

1. 赛事项目概述

对赛事项目策划书进行整体概括性陈述,内容包括赛事活动项目的主题、项目背景、项目目标、项目实施地点、项目时间、主要问题、预期风险以及预期所要达到的目标等。

2. 赛事项目实施计划

主要介绍赛事项目执行过程中的具体实施步骤,起指导作用。如对"报名要求""参赛要求"等的介绍。

3. 赛事项目经费预算

为了更好地指导赛事项目活动的开展,需要把项目预算作为一部分在策划书中体现出来(这一部分用于组办单位实施,不正式对外公布)。

4. 赛事时间进度表

包括策划部门创意的时间安排以及赛事项目活动本身进展的时间安排。时间安排在制定上要留有余地,具有可操作性。

5. 相关附件

赛事项目策划书还会有相关的参考资料。其中所运用的二手信息材料要注明出处,以便查阅。此外,一些赛事的基本要求如报名须知、竞赛规程等往往也会作为附件列入策划书(参见相关链接9-3)。

相关链接 9-3　中国高校计算机大赛——人工智能创意赛策划方案

(一)项目概述

"中国高校计算机大赛——人工智能创意赛"是面向全国高校各专业在校学生的科技创新类竞赛,由教育部高等学校计算机类专业教学指导委员会、教育部高等学校软件工程专业教学指导委员会、教育部高等学校大学计算机课程教学指导委员会、全国高等学校计算机教育研究会主办,浙江大学、百度公司、德清县政府联合承办。竞赛旨在激发学生的创新意识,提升学生人工智能创新实践应用能力,培养团队合作精神,促进校际交流,丰富校园学术气氛,推动"人工智能+X"知识体系下的人才培养。

(二)报名要求

本届竞赛面向中国及境内外高等学校在读学生(含本科、研究生等)。具体要求如下。

(1)参赛队员不限专业。

(2)可单人参赛或自由组队,每支参赛队伍人数最多不超过3人,允许本校内跨年级、跨专业组队。

(3)参赛队员必须为高等学校在册在校学生,报名须保证个人信息准确有效。

(4)每支参赛队伍允许有一名指导教师,且指导教师必须为参赛队伍所属高校在职正式职工。

(5)竞赛期间,每支队伍有且仅有一次队员及指导教师个人信息的修正、更换机会。

(6)要求本届竞赛参赛作品须围绕人工智能核心技术探索有具体落地场景的技术应用创意方案,如人工智能技术在工业、农业、医疗、文化、教育、金融、交通、公共安全、日常生活、公益等行业领域的应用探索。

(7)竞赛采用开放命题,参赛作品须使用百度AI开放平台相关技术并遵循相关设计、开发指南与规范。参赛者应充分发挥创新能力,自由探索应用场景并自行获取相关数据,最终提交具有原创性并能够进行可视化应用展示的参赛作品。

(8)竞赛分为赋能组(EasyDL/EasyEdge)与创新组(PaddlePaddle)两个组别,每支参赛队伍可根据自身兴趣及技术能力基础任意选择组别参赛,同一参赛队员(队伍)只允许报名参加一个组别。

(三)具体参赛要求

1. 赋能组参赛要求

参赛者可自行选择技术创意应用场景,要求参赛作品须使用 EasyDL 定制化训练服务平台(零算法基础定制高精度 AI 模型)进行模型训练或使用 EasyEdge 端计算模型生成平台来实现模型到端的集成(注:二选一),生成的模型需要解决该场景下的具象应用或通用问题。参赛作品必选工具如下。

(1) EasyDL 定制化训练和服务平台或 EasyEdge 端计算模型生成平台。

(2) 参赛作品可选辅助硬件。

(3) 百度大脑 EdgeBoard 高性能终端计算卡。

2. 创新组参赛要求

参赛者需具备深度学习基础知识,可自行选择技术创意应用场景。参赛作品须基于 PaddlePaddle 开源深度学习框架(易学易用、安全高效的分布式深度学习平台)进行深度学习创意应用开发,作品形式包含但不限于算法优化源代码对比、智能终端(如智能手机、机器人、软硬件一体机等)应用等。

(1) 参赛作品必选工具。

PaddlePaddle 开源深度学习框架。

(2) 参赛作品可选工具。

EasyEdge 端计算模型生成平台。

(3) 参赛作品可选辅助硬件。

百度大脑 EdgeBoard 高性能终端计算卡。

3. 其他重要说明

符合 AIOT、端云结合等场景的作品,在开发创作中可选择申请使用百度大脑 EdgeBoard 高性能终端计算卡或其他指定组件来辅助实现。

复赛(区域选拔)期间,组委会将根据作品创意及质量,从全体申请团队中选拔五支参赛团队,免费为其提供价值 5999 元的百度大脑 EdgeBoard 高性能终端计算卡的使用权,助力创意落地性能效果。

获批使用指定辅助硬件的团队,若入围全国总决赛将获得额外加分。

(四)赛制及规则

竞赛分为初赛、复赛(区域选拔)、全国总决赛三个阶段,在各阶段,参赛队伍须按照要求按时、合规地提交参赛作品。

1. 作品提交规则

(1) 初赛。

参赛者须提交项目创意书及团队介绍,内容应包括参赛作品简介、参赛作品创意点、应用场景、工作原理、解决的实际问题、技术方案、开发排期、团队分工等。

(2) 复赛(区域选拔)。

参赛者须基于初赛创意完成作品的开发,提供作品说明书及作品可视化展示视频(3 分钟短视频)。

(3) 全国总决赛。

参赛者须通过现场路演汇报的形式,全方位呈现作品实现过程及最终作品。

2. 晋级规则

评审专家以竞赛专家委员会专家为主,秉持公平、公正原则,竞赛组织委员会负责相关流程的组织和监督。初赛和复赛(区域选拔)均采取线上评审方式,全国决赛采取现场答辩的评审方式。竞赛分中国境内七大赛区及港澳台、海外赛区,复赛将同时选拔出区域优秀参赛团队。各阶段晋级规则如下。

(1) 初赛晋级规则。

根据各赛区报名队伍数量情况确定晋级比例,按赋能组和创新组分别推举复赛(区域选拔)晋级队伍。

(2) 复赛晋级规则。

通过对参赛项目的综合评选,按赋能组和创新组分别评选出区域一、二、三等奖并颁发相应证书,获奖团队总数量不超过该区域提交有效作品队数的三分之一。在复赛(区域选拔)基础上选送总共不超过50支参赛队伍进入全国总决赛。

(3) 全国总决赛晋级规则。

按复赛入围队伍现场路演答辩情况评选出最终获奖名单,按决赛奖项设置颁发相应的证书及奖金。

(五)奖项设置

本次竞赛的评审结果由竞赛专家委员会审定,并在竞赛官方网站公布。获奖证书由竞赛组织委员会统一印制、颁发,颁奖典礼在全国总决赛评审结束后进行。竞赛拟设置以下奖项。

1. 复赛(区域选拔)奖项

复赛中,在统一评审各组别参赛作品基础上,分别产生各赛区、各组别的一、二、三等奖并颁发证书,具体奖项数量及名单由竞赛组委会根据各区域参赛队伍数量和作品质量确定。

2. 全国总决赛奖项

全国总决赛中,根据最终成绩排名设置特等奖、一等奖、二等奖、三等奖及优秀指导教师奖,颁发证书及奖金(税前)。

(六)时间及报名安排

1. 时间安排

(略)。

2. 报名交流方式

(1) 登录"中国高校计算机大赛"网站(http://www.c4best.cn/)或"人工智能创意赛"竞赛平台(http://aicontest.baidu.com/)报名。

(2) 官方指定唯一竞赛日常训练平台:aistudio.baidu.com/

(3) 更多学习资料请访问百度AI开放平台:http://ai.baidu.com/

(4) 竞赛官方交流QQ群:821543911。

3. 其他

本次竞赛不收取任何报名费用,受邀参加全国总决赛的参赛队员决赛期间的食宿由竞赛组织委员会安排,往返交通费及其他费用自理。

(七)组织管理(略)

(资料来源:"中国高校计算机大赛"网站.http://www.c4best.cn/)

第三节 赛事项目组织与管理

一、赛事项目管理的组织机构

不同类别的赛事项目其运作管理的组织机构也不相同。对于赛事来说,不论是何种形式的运作管理,选择合适的组织结构至关重要。

(一)赛事组织结构与组织设计

组织结构是指组织的框架。著名的管理学家斯蒂芬·P·罗宾斯认为,组织结构可以分解为三种成分,即复杂性、正规化和集权化。

1. 复杂性

复杂性是指组织分化的程度。一个组织进行细化的劳动分工,如果纵向的等级层次越多,组织单位的地理分布越是广泛,则对于管理协调人员来说越是困难。

2. 正规化

正规化是指依靠规则和程序引导组织成员行为的程度。有些组织只有很少的规则程序,而有些组织则具有各种详细的规则指导成员可以做什么,不可以做什么。一个组织的规则与程序越多,则组织结构越正规。

3. 集权化

集权化是指决策制定权力的分布。有些组织权力高度集中,决策权自上而下逐级传递,也有些组织,其决策权力则是授予下层管理人员。

以上三种成分是组织结构的三种维度。每一项赛事其管理的机构在复杂性、正规化和集权化方面有不同的坐标,由此使得组织在结构上也复杂多样。

(二)赛事运作管理机构的结构类型

常见的赛事运作管理机构的类型有以下几种。

1. 单一型组织结构

单一型组织结构是指所有的决策权都集中在管理赛事项目全体人员活动的运作管理者手中。这种组织机构一般常见于小型赛事活动项目的管理,它灵活度高,容易理解,权责分明,通常是最高的管理者对所有的赛事工作负责。不足之处是管理依赖度高,将所有的管理信息集中在一个人的身上,一旦发生意外,可能会使管理发生严重后果。

2. 职能型组织结构

职能型组织结构是指将组织分为各个部分,将风险分类,鼓励员工的专业化。这种类型的好处是个人或团体分属于不同的具体工作领域,从而避免了工作责任的重复。它的局限在于管理中的协调困难,因为各个领域中的工作人员为了保护自己的利益可能产生矛盾。管理中需及时沟通,包括召开职能经理会议、全体员工大会等,保持沟通,确保赛事活动的顺利进行。

3. 矩阵型组织结构

矩阵型组织结构是指把一个赛事项目的各个方面作为多个分开的实体对待。这种组织结构适用于在多个地点举行的赛事活动。例如设有分赛区的比赛活动,每一个比赛地点都有互相独立的委员会负责各自赛点的事宜。它的优势在于各负其责,避免重复工作。需要注意的是必须加强协调工作,加强交流与合作,使赛事成为一个整体。

4. 多组织或网络型组织结构

赛事的类型多种多样,其组织机构也不尽相同。多组织或网络型组织结构是指有些赛事的组织可能创造出"虚拟组织"来举办赛事,这个虚拟组织在赛事结束后即刻消失。这种组织结构的管理层仅有很少或者只有一个人。管理中,主要是通过签订契约而征集许多服务商为赛事服务。它的好处在于可以通过与外公司订立合同来迅速建立组织机构,行使具体职能。在大型赛事活动中,这种组织机构是常见的。但它的不利因素是有可能出现对立约者的管控不力而导致赛事质量与供给的缺失。

(三)大型综合性赛事的组织结构

大型综合性赛事一般采取职能型组织管理结构。我们以中华人民共和国全国运动会(简称"全运会")为例,来看这种赛事的组织结构(见图9-2)。

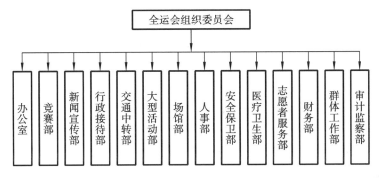

图 9-2　全运会组织委员会组织结构示意图

全运会是中国国内水平最高,规模最大的综合性运动会。在比赛项目上,除武术外基本与奥运会相同。全运会的办会宗旨是为国家的奥运战略锻炼新人、选拔人才。全运会每四年举办一次,一般是在奥运会年前后举行。前九届全运会是由北京、上海、广东三地轮流举办的。2001年,国务院办公厅正式发布了《关于取消全国运动会由北京、上海、广东轮流举办限制的函》。此后,分别在江苏、山东、辽宁、天津举办。2021年,第十四届全国运动会将在陕西省举办。

在组织结构上,全运会由国家体育总局主办,承办单位为各级省(直辖市)人民政府,一般是由主办单位与承办单位共同组成全运会组织委员会,同时成立纪律检查委员会,组委会是全运会的实际运营管理机构。

每一届全运会组委会的组织结构不完全相同。一般来说,"办公室""竞赛部""新闻宣传部""行政接待部""交通中转部""大型活动部""场馆部""安全保卫部""财务部""人事部""志愿者服务部"以及"监察审计部"等主要的职能部门设置是相同的,但是,有时也会根据需要增设相应的管理部门,如第九届全运会还设有"集资委员会""信息通讯部"和"兴奋剂检查部"等;第十届全运会增设了"气象保障部"和"电力保障部"等。

以"全民全运、全运惠民"为主题的第十三届全运会由国家体育总局局长刘鹏任组委会主任,天津市委代理书记、市长黄兴国任组委会执行主任。组委会的组织架构包括52个委

员单位、23个工作部门、25个赛事承办单位等。

大型综合性赛事的组织管理结构也是丰富多样的。不同的赛事就有不同的组织体系（参见相关链接9-4）。

相关链接 9-4　国际特殊奥运会组织

国际特奥会是为全世界智障人士参与体育活动而设立的国际组织,也是国际奥委会认可并可以使用"奥林匹克"名义独立开展活动的组织,多年来一直致力于在全球范围内推动特奥运动的发展。

国际特奥会成立于1968年,总部设在美国华盛顿哥伦比亚特区。它是一个为全世界智力残疾儿童及成年人提供体育训练和比赛的国际体育运动民间团体。其主要任务是帮助和推动世界各国开展智障人体育运动,定期举办世界特殊奥林匹克运动会,指导各国特殊奥运会活动的开展。国际特奥会由美国前总统约翰·肯尼迪的妹妹尤尼斯·肯尼迪·施莱佛女士创立。该组织负责举办国际特殊奥运会,其经济来源主要依靠美国及一些发达国家的跨国公司财团的捐赠和资助。目前,参加国际特奥会组织及活动的国家和地区已有160多个,中国智障者体育协会（现对外称中国特奥会）是国际特奥会的正式成员。

国际特奥会是全球特奥运动的管理机构,总部设在美国华盛顿特区,负责管理和指导世界性的特奥活动,监督国际及各国的特奥运动会及教练员的组织工作,并为重要的发展计划、国际会议及培训班提供支持和帮助。同时国际特奥会还设有区域领导者议会、国际顾问委员会、项目规则委员会等,采纳个人和团体的有益的建议,不断发展和完善其章程和竞赛规则。

（资料来源：国家体育总局网站. http://www.sport.gov.cn/）

二、赛事项目运作与管理实施

赛事项目管理是一个十分复杂的系统。在整个赛事运作过程中,管理是保障,它是赛事活动能否成功的关键。

（一）赛事项目管理概述

在赛事项目管理中,我们不仅需要弄清楚它的含义,还要了解赛事管理的相关制度以及管理的职权划分。

1. 赛事管理的含义

赛事是各种比赛事项的集合。运动员、教练员和裁判员是赛事的直接提供者,这其中,运动员又是赛事的核心。

赛事管理是在赛事的全过程中为组织比赛而进行的前期筹备、现场运行以及赛后收尾等工作的集合。

从目标上来说,赛事管理要建立公开、公平、公正的竞争机制,为运动员展示技能,创造好的成绩提供服务。通过管理促进赛事竞技水平的提高。

在赛事管理中,不仅要制定公开、公平、公正的规则,而且还需要保证规则的严肃执行。它需要管理者能够提供安全、完备、性能良好的竞赛环境,进行科学合理的赛事安排,建立严谨、周密、及时的竞赛成绩统计系统等。

2. 我国的赛事管理制度

以体育赛事为例,在我国,按照国家体育总局颁布的《体育赛事管理办法》(参见相关链接9-5),举办体育赛事实行审批等级制度。

相关链接 9-5 体育赛事管理办法

第一章 总则

第一条 为进一步加强和规范全国体育赛事的管理工作,根据《中华人民共和国体育法》制定本办法。

第二条 本办法所称的体育赛事是指已在我国(不包括香港、澳门特别行政区)正式开展的体育运动项目的全国综合性和单项体育比赛。

第三条 在我国举办的国际综合性运动会、国际单项体育赛事的组织管理按照相应国际体育组织的有关规定执行。

第四条 举办体育赛事遵循谁主办谁负责的原则,实行分级分类管理。

国家体育总局(以下简称体育总局)负责对在我国举办的全国性体育赛事的监管。全国单项体育协会(以下简称全国单项协会)负责本项目全国性体育赛事的具体监管。各省(区、市)政府体育主管部门或地方单项体育协会(以下简称地方单项协会)以及全国行业体育协会负责对本地区、本行业的相关体育赛事的具体监管。

第二章 体育赛事分类

第五条 全国性体育赛事:

(一)体育总局主办的全国综合性运动会,包括全国运动会、全国冬季运动会、全国青年运动会。

(二)全国单项协会主办的全国性单项体育赛事,包括但不限于《全国性单项体育协会竞技体育重要赛事名录》(以下简称《赛事名录》)内所列举的竞赛。

(三)全国单项协会主办的涉及国家安全、政治、军事外交等方面的特殊项目赛事,即健身气功和航空项目的全国性和跨省、区、市的体育赛事。

(四)全国性行业体育协会主办的相关体育赛事。

第六条 地方性体育赛事:地方政府体育主管部门或地方单项协会主办的综合性或单项体育赛事。

第七条 我国举办的国际性体育赛事:

(一)A类赛事:由国际体育组织主办的综合性和单项体育赛事;由体育总局主办或参与主办的重要国际体育赛事;由体育总局相关单位或所属全国单项协会主办的跨省(区、市)的国际体育赛事,以及举办涉及海域、空域及地面敏感区域等特殊领域的国际体育赛事。

（二）B类赛事：由体育总局相关单位或所属全国单项协会主导，与地方共同主办或交由地方承办的国际体育赛事。

（三）C类赛事：地方自行举办的国际体育赛事；由地方主导，体育总局相关单位或所属全国单项协会参与主办、协办的国际体育赛事。

第三章　国内体育赛事申办

第八条　申办由体育总局主办的全国运动会、全国冬季运动会和全国青年运动会，由申办地省、自治区、直辖市人民政府按照现行的审批程序执行，报国务院批准举办。

第九条　全国单项协会主办的《赛事名录》内所列举的体育赛事，由主办单位自行确定承办单位和举办地点。

第十条　全国单项协会举办的特殊运动项目体育竞赛按照现行程序办理相关手续。

第十一条　商业性、群众性体育赛事取消审批，合法的法律主体（包括全国单项协会）均可依法组织和举办，自行确定或协商确定举办地点。

第四章　国际体育赛事申办

第十二条　申办A类国际体育赛事，需列入体育总局年度外事活动计划，按照现行规定和审批权限报体育总局或国务院审批。

第十三条　申办B类国际体育赛事，需列入体育总局外事活动计划，原则上由承办地有外事审批权的地方人民政府或有关部门审批。

第十四条　申办C类国际体育赛事，实行报备制，由地方有外事审批权的地方人民政府或有关部门审批。

第五章　体育赛事名称使用

第十五条　体育赛事的名称应当与实际内容一致。

第十六条　全国单项协会主办或作为主办单位之一的体育赛事，其名称可以使用"中国""全国""国家""中华"字样或具有类似含义的词汇。未经相关部门确认，其他体育赛事不得冠以"中国""全国""国家""中华"字样或具有类似含义的词汇。

第十七条　未经相应的国际体育组织确认，体育赛事名称不得冠以"世界""亚洲"字样或具有类似含义的词汇。

第六章　体育赛事组织工作规范

第十八条　全国综合性运动会竞赛组织工作按照体育总局制定的全国综合性运动会组织管理工作办法和相关规定实施。

第十九条　《赛事名录》内所列举的体育赛事，执行以下规定：

（一）执行本运动项目正式的国际规则和裁判法，以及全国单项协会的竞赛规则和规程，遵循公开、公正、公平的竞赛原则。

（二）执行体育总局和全国单项协会制定的裁判员选派监督管理规定和赛风赛纪的工作要求。

（三）执行体育总局和全国单项协会制定的竞赛经费使用的相关规定。

(四)执行国家的《反兴奋剂条例》,接受和配合国家反兴奋剂机构的检查工作。

(五)接受竞赛承办地人民政府相应主管部门的监管。

第七章 体育赛事赛区工作管理

第二十条 全国综合性运动会赛区组织工作按照体育总局制定的综合性运动会组织管理办法实施。

第二十一条 举办全国单项体育赛事,应当成立体育赛事赛区组织委员会(以下简称赛区组委会)和裁判、技术、仲裁、安全等有关专业机构,负责竞赛的筹备、组织和安全等工作。组委会成员中应当包括但不限于赛区当地政府或体育主管部门的代表。

第二十二条 赛区组委会应按照体育总局和全国单项协会制定的裁判员选派监督管理办法对参与赛事工作的裁判员、辅助人员、赛区工作人员等进行监督管理。

第二十三条 赛区组委会应按照本项目竞赛规则、规程规定提供符合竞赛规则规定的竞赛场地(馆)和竞赛器材,制定赛区参赛指南、技术手册,制作竞赛秩序册、成绩册等。

第二十四条 为确保比赛顺利进行,赛区组委会应制定竞赛组织和安全工作等相关预案,并采取有效措施应对突发事件。

第八章 体育赛事赛区处分

第二十五条 承办《赛事名录》内和全国单项协会主办的其他体育赛事,如发生违规事件,全国单项协会应对赛区做出处分。对违规赛区的处分分为:警告,通报批评,取消申办、承办全国性体育赛事2—3年的资格。

第二十六条 发生以下情节,全国单项协会应当对赛区做出警告处分:对未能提供符合竞赛规则规定的场地(馆)、竞赛器材的;赛区组委会和有关专业机构不健全的;赛事组织和安全工作方案不完善的。

第二十七条 发生以下情节,全国单项协会应当对赛区做出通报批评处分:受到警告处分,拒绝整改或未能进行整改的;竞赛组织工作违背公开、公正、公平的竞赛原则,存在虚假比赛和违背体育精神的行为的;发生影响社会和公共安全以及体育赛事安全事件,造成较大社会影响的。

第二十八条 发生以下情节,全国单项协会应当对赛区做出取消申办、承办全国性体育竞赛2—3年资格的处分:因赛事组织和安全等工作疏漏,导致赛场比赛秩序严重混乱不能正常进行比赛的;发生危害社会和公共安全以及体育赛事安全事件,造成严重社会影响的。

第二十九条 全国单项协会在其体育赛事的竞赛组织和赛区管理工作中发生以上问题的,体育总局将依照有关规定对其进行处分。

第九章 附则

第三十条 全国单项协会和全国性行业体育协会可依据有关法律、法规和本办法制定本项目、本行业的体育赛事管理办法以及商业性、群众性体育赛事监管的实施办法或实施细则。

第三十一条 开展职业联赛的全国单项协会可参照本《办法》自行制定职业联赛的管理办法或实施细则。

第三十二条　地方综合性运动会和单项体育赛事的管理，以及商业性、群众性体育赛事的监管，由各省（区、市）政府体育主管部门或地方单项协会依据地方法律、法规和参照本办法研究确定。

第三十三条　本办法自2016年3月1日起施行。

国家体育总局

2015年12月21日

根据《体育赛事管理办法》，在我国境内开展的体育赛事项目，其审批程序一般如下。

(1)各项目管理中心（体育协会）起草申请报告，报送国家体育总局竞技体育司。

(2)国家体育总局竞技体育司审核后，报局领导审批。

(3)局领导审批后，由竞技体育司行文批复该项目管理中心（体育协会）。

(4)通告新设立的体育项目。

3. 赛事管理的职责划分

我国实行赛事主管部门管理赛事的制度，通常是"谁审批谁主办"。

一般来说，赛事的主办单位对赛事拥有知识产权，同时，也负责对赛事的领导、协调和监督管理工作。主要有以下管理职责。

(1)负责制定与解释赛事规则。

(2)确定赛事开始的时间、地点以及开幕式等事项。

(3)制定赛事日程、方案等。

(4)审定赛事秩序册。

(5)审定与赛事相关的重要活动安排。

(6)审定或检查验收赛事场馆、器材、设备等。

(7)审定竞赛运动员资格、技术官员人选、成绩公报方案、奖励方案等。

(8)建立仲裁委员会，处理竞赛纷争等。

需要指出的是，主办单位的管理职责要根据具体的赛事而定，其管理的权限以相关的法律法规为依据。

对于赛事项目的承办方来说，要在主办单位的领导下，负责赛事项目的管理计划、筹备与实施。具体职责包含但不限于以下内容。

(1)制定赛事总体方案，上报主办单位审批，根据工作进度开展工作。

(2)制定赛事具体编排方案，上报主办单位审批。

(3)制定赛事秩序册，上报主办单位审批。

(4)制定与赛事相关的重要活动安排，上报主办单位审批。

(5)制定竞赛运动员资格、技术官员人选、成绩公报方案、奖励方案等，上报主办单位审批。

(6)根据主办单位要求，落实场馆、器材、设备等赛事工作。

(7)收集、整理、编印赛事文件。

(8)协助主办单位做好运动员报名、注册、资格审定工作。

(9) 对赛事管理人员进行培训。

(10) 负责赛事现场的组织与管理工作等。

(二) 赛事项目管理的主要工作

赛事项目管理工作千头万绪,主要包括赛事管理机构的设置、赛事常规文件的编纂以及竞赛场馆、设备与器材的管理等。

1. 赛事管理机构的设置

对于赛事而言,明确了主办单位和承办单位之后,还需要建立相应的管理组织机构。

综合性赛事项目规模大、项目多,一般需要建立组委会,设置竞赛部等职能部门。竞赛部在组委会中是负责赛事统筹运行的管理部门,主要任务是制订、管理和实施赛事工作的计划、方案,指导管理赛事的总体工作。

单向竞赛的管理组织机构一般比较简单,可以采用单一型的组织结构形式。管理机构中的部门也不再需要另设处室。工作人员直接由部门主管管理。

2. 赛事常规文件的编纂

常见的赛事文件主要有赛事规则、赛事秩序册以及赛事总结等。

赛事规则是赛事管理的纲领性文件。一般包括但不限于以下内容。

(1) 赛事名称和简称。

(2) 赛事日期、地点。

(3) 赛事项目。

(4) 参加单位。

(5) 参赛资格、参加办法。

(6) 竞赛办法。

(7) 兴奋剂检测(体育赛事)。

(8) 录取名次、奖励办法、成绩公布。

(9) 报名与报到。

(10) 技术官员、仲裁委员会。

(11) 其他未尽事宜。

赛事秩序册的编排是保证赛事顺利进行的重要内容之一。这份文件一般由承办单位编排,主办单位审定。主要事项包括但不限于以下内容。

(1) 赛事名称。

(2) 赛事日期、地点。

(3) 主办单位、承办单位。

(4) 竞赛组织结构图。

(5) 竞赛规程。

(6) 组委会、各部、室人员名单。

(7) 各场馆、竞赛委员会、仲裁委员会、裁判长名单。

(8) 参赛单位名录。

(9) 赛事日程表。

(10) 与赛事相关的活动日程表。

(11) 赛事场馆分布图。

赛事总结是在赛事结束后对赛事管理的全面总结文件。在撰写时需要实事求是,以总结经验教训为主,也可以提出今后需加以改善的建议等。

3. 竞赛场馆、设备与器材的管理

场馆、设备与器材是赛事活动必备的物质基础,在管理上必须保障其使用的安全、合格、到位。

场馆管理主要是要确保功能上到位,一方面,要保证赛事用房如技术代表室、运动员休息室、运动员更衣室、新闻中心、医疗室等的使用;另一方面,要保证赛事系统控制如指挥系统、比赛显示及控制系统、计时与成绩处理系统、仲裁录像系统、网络通信系统、消防报警系统以及温控系统等的完好畅通。

用于赛事的设备与器材必须要达到规定标准的最低限度。必要时要对设备与器材进行反复调试,并且要对器材的使用、保管、分配以及赛后处理等作出合理的方案,确保安全运行。

大型赛事活动还要考虑到大屏显示系统、升旗控制系统、电视转播系统以及消防报警联动系统等智能化系统的使用与管理等细节问题。

(三)赛事项目相关人员管理

赛事项目参与人员众多,有运动员、教练员、裁判员、领队、医生、兴奋剂检测人员以及赛事组织工作人员等,需要精心的组织与管理,才能确保赛事工作的顺利与成功。

1. 运动员管理

赛事对运动员的管理主要集中在参赛资格、安全以及反兴奋剂等方面。

在资格管理方面,赛事的主办单位通常会将对运动员的资格要求以文件的形式规定下来,并予以宣传,使广大参赛人员广为知晓。一般会围绕运动员的籍地要求、身份限制以及年龄限制等进行资格审查。

在运动员的安全管理方面,不仅需要考虑运动场馆、设备与器材等是否符合安全要求,还必须对诸如运动员是否有遭受人身攻击的可能等安全问题多加考虑,做好预案,投入足够的安保力量。

兴奋剂是指在运动训练和比赛中,因违反体育道德和医学道德被国际体育组织所禁用的药物与方法。兴奋剂问题目前已成为困扰国际体坛的难题之一。滥用兴奋剂不仅对运动员身体健康与生命安全有害,也严重影响到体育赛事道德与公平。兴奋剂的管理包括制定兴奋剂检查分布计划、挑选受检运动员、样品的收集与传送、样品的检测、结果管理与监督等工作。需要指出的是,除了加强对兴奋剂的检测工作之外,赛事管理部门还应该加强对反兴奋剂的宣传与教育,防微杜渐。

2. 技术官员管理

赛事活动中的技术官员主要是指仲裁委员会委员、裁判员、辅助裁判员等,他们是一支在赛事活动中的执法队伍。为了确保赛事活动的公平与公正,加强对技术官员的管理是必要的。

我们以对裁判员的管理为例。一般来说,赛事活动对裁判员的管理主要包括选派、培训和监督等内容。

在裁判员的选派方面,必须要依照相关的标准与选派办法,根据实际需要进行选派。通常,赛事的主要裁判员由主办单位选派,其他裁判由承办单位等选派。

裁判员的培训要根据赛事的需要有所侧重,一般来说,对二、三级裁判员的培训重在基础,对一级裁判员的培训重在提高。

赛事活动的主办方与承办方应该肩负起对裁判员的监督使命。加强对裁判员工作作风、职业道德以及裁判水平等的监督和评议,建立起良性的监督机制、管理办法以及奖惩制度等,确保裁判工作的顺利进行。

三、赛事项目市场开发与管理

(一)赛事项目市场开发概述

赛事项目需要利用所拥有的各种资源,通过市场交换的方式,为赛事活动赢得收入,这一过程就是赛事项目的市场开发。

赛事项目的市场资源包括无形资产、有形资产以及由这两种资产结合在一起的能够获得政府支持的政策资源等。

赛事的无形资产资源包括冠名权;赛事名称、会徽以及吉祥物等的使用许可权;赛事委员会的名誉职位;赛事合作伙伴等。

赛事的有形资产包括纪念币、纪念碑等的特许经营授予权;赛事场馆的广告资源;印刷品广告资源;电视转播权以及开幕式、闭幕式、门票等。

政府政策资源包括举办地政府特许专卖区域;政府市场准入支持;税收优惠政策;举办地的户外广告等政府支持或扶持资源。

此外,还包括社会捐赠、相关活动经营权以及体育彩票的发行、经营等衍生资源。

在工作程序上,赛事市场开发要做好以下几个方面的工作。

1. 设置机构

赛事的市场开发组织一般设置在组委会领导下的开发部门。在组织结构上,项目开发部门可以下设办公室、财务部、社会捐赠部、广告专利部、文体活动部、旅游接待部、进出口贸易部以及监察审计部等部室。各部门按照市场开发业务的内容,在各自的业务范围内开展工作,同时又有互相协作的关系。

2. 统筹资源

赛事项目的市场开发首先要做的工作是对市场资源进行详细的调查与统计、整理与分析。资源统筹是一个需要多部门分工合作的过程。它需要与各部门之间不断地协调与沟通,达成共识。

3. 确定目标

赛事项目的市场开发需要确定目标,即所期望达到的赛事市场开发收入。具体目标可以是现金、物资或者服务等。

4. 确定规则

赛事项目市场开发的规则包括总体规则和相关规定。如《赛事项目市场开发总体计划》

《赛事项目广告管理规定》《赛事项目捐赠管理规定》以及《赛事项目市场开发代理规定》等。

5. 制定方案

需要制定的方案有赛事项目市场开发总体计划和各项开发的具体方案。赛事项目市场开发总体计划一般包括确定开发目标、制定销售目标、制定销售策略与销售方式等。各项开发的具体方案主要有赞助销售方案、特许经营销售方案、门票销售方案等。

6. 实施方案

赛事项目的方案实施是指在市场开发总体计划和各项开发的具体方案指导下,有计划、有步骤地开展市场开发的实施工作。

在方案实施过程中,完成预定的市场开发目标以及求得开发对象的认同与满意是两项重要的指标。

7. 总结评估

这一阶段的主要工作有建立市场开发专项工作档案、撰写总结评估报告、举行答谢活动以及表彰激励相关人员等。

(二)赛事商业赞助

从概念上来说,赛事赞助是指企业为赛事活动提供经费、实物或相关服务等支持,赛事组织者以允许赞助商享有某些属于赛事项目的权利,如赛事的冠名权、赛事标志的使用权以及赛事项目活动的特许销售权等。作为交换与回报,赛事组织者还可以为赞助商在赛事活动过程中进行商业宣传。

商业赞助的实质是双方在资源或利益上的交换与合作。所以,对于一项成功的商业赞助来说,必须是双方互利互惠、互有所得的,因而,赛事的商业赞助其实也是法制化市场经济的产物。赞助是双方在资源上的重新配置与深度合作。

赛事的组织者通过赞助活动,能够为赞助商提供与合作伙伴及客户增进感情、交流、谈判以及签订协议、争取新投资或客户的机会,所以,赛事赞助往往深得企业的青睐。

据调查,企业赞助赛事活动主要有以下几个目的。

首先,提升企业形象、扩大品牌知名度。

第二,有利于产品促销。

第三,能增强与消费者的亲和力与沟通。

第四,可以促进企业文化的发展,以及增强企业职工的凝聚力与自豪感。

第五,可以为企业公关及招待客人提供机会。

正是因为赛事赞助能得到明显的好处和丰厚的回报,所以说,赞助是赛事与企业可以获得双赢的一项工作。

对于赛事活动的组织者来说,当确定要运用市场手段开展商业赞助时,则需要通过策划,整合资源,形成旨在吸引企业的商业赞助实施方案。

一般来说,商业赞助实施方案应包括"赞助的宗旨及意义""赛事组织机构""赛事情况""媒体推广情况""赞助回报权益"以及"赞助费用"等内容。不过,不同的赛事项目,其赞助方案在撰写上也有所不同(参见相关链接9-6)。

相关链接 9-6 第七届世界军人运动会赞助方案

世界军人运动会是由国际军事体育理事会主办,代表世界军事体育最高水平的国际大型综合性运动会,被誉为"军人的奥运会"。第七届世界军人运动会(以下简称"武汉军运会")于2019年10月在武汉举办,这是我国首次承办的国际最高级别的综合性军事体育赛事。有100多个国家的1万余名军人参赛,全球有数千名媒体工作人员聚焦此项赛事,同时还有数以亿计的观众在现场或者通过电视及网络等方式观看武汉军运会盛况。为做好武汉军运会市场开发工作,特向社会公开征集赞助企业,具体方案如下。

(一)市场开发宗旨

(1)遵守《2019年第七届世界军人运动会承办合同》及其附件的有关约定。

(2)推动世界军事运动的发展,巩固世界军人运动会作为国际军事体育运动最高水平运动会的地位,提高赛会在国内外的影响力与品牌知名度。

(3)为武汉军运会筹集必要的资金、可靠的技术和服务支持。

(4)为参与和支持武汉军运会的国内外企业提供独一无二的市场营销平台,提高企业形象和产品品牌价值。

(5)为赞助企业提供优质服务,确保赞助企业权益回报得以落实。

(二)市场开发原则

(1)保护国际军体名称、标志和世界军人运动会知识产权和防范隐性市场。

(2)公开、公平、公正地赞助销售。

(3)防止过度商业化。

(三)赞助计划

武汉军运会的市场开发严格遵守国际体育市场营销规定和中国法律,结合军运会和武汉特点,制订武汉军运会赞助计划。赞助企业享有使用武汉军运会品牌进行市场营销和推广的权利。赞助计划包括赞助层级、赞助产品类别、赞助企业选择标准、赞助销售、赞助企业权益回报与服务等内容。

1. 赞助层级

执委会将赞助企业设定为三个层级,分别是:

第一层级:合作伙伴。

第二层级:赞助商。

第三层级:供应商。

不同赞助层级的赞助企业享有不同的权益回报;在赞助计划中,按赞助层级的不同,设定了不同的基准价位;同一赞助层级的不同产品类别的基准价位会有所差异,以体现不同行业之间的差别,具体价位将在销售过程中向潜在赞助企业作出说明。

在第一层级"合作伙伴"、第二层级"赞助商"以及第三层级的"独家供应商"中,

每一个产品类别中只征集一家赞助企业,该赞助企业将在中国境内(不包括港、澳、台)享有市场开发的排他权。

2. 赞助产品类别

(1) 合作伙伴。

银行、保险、手机、石油化工、电力、乳制品、基金和债券、能源和新能源、互联网服务、中国国内广播电视(影视、视听)服务等。

(2) 赞助商。

军工企业、房地产、网络设备、电信设备、计算机设备、移动电信运营服务、固定电信运营服务、信息技术服务、音响设备、物流快递、有色金属、农业、制药、零售、啤酒、媒体广告、创意策划、文体活动、酒店、旅行社、餐饮服务、接待服务、电器等。

(3) 供应商。

数字图像、新闻出版服务、语言服务、法律服务、培训、体育器材、临时建设、电子商务、软件应用、办公家具、皮革生产等。

上述赞助产品类别将根据具体情况适当调整,以最终签署合同为准。

3. 赞助企业选择标准

选择赞助企业时,主要参照以下标准。

(1) 资质因素:赞助企业必须是具有雄厚实力的行业领先企业,企业经营及财务状况、发展前景良好,有充足的资金支付赞助费用,并能为赛事举办提供充足可靠的产品、服务、技术和人员。

(2) 品牌因素:企业必须注重社会责任,须具有良好的社会形象和企业信誉,企业的品牌和形象与赛事举办理念相得益彰,产品符合国家环保标准。

(3) 推广因素:企业在市场营销和广告推广方面投入足够的资金和做出其他努力,在充分利用赛事平台扩大企业营销宣传的同时,积极宣传推广赛事。

(4) 报价因素:企业的赞助报价须满足相应层级的赞助基准价位要求,并有意愿和能力按期支付赞助费用。

(5) 特定因素:企业因某种经济行为对赛事的市场营销和推广形成有力的推动作用,并且其模式新颖,具有显著社会效果。

4. 赞助销售

(1) 征集方式。

坚持"公开、公平、公正"原则,根据行业的不同情况采取以下不同的征集方式。

公开征集,通过武汉军运会官方网站或其他媒体,面向社会发布征集公告,公开征集企业赞助意向。

定向邀约,向具备相关技术条件的企业发出赞助邀请。

个案征集,直接与具备专业技术资质的企业进行销售洽谈。

(2) 销售进度。

合作伙伴:根据合作伙伴开发情况,时间可根据实际情况作适当调整;赞助商、供应商:公布日至开赛前1个月。

(3) 销售步骤。

①执委会面向社会公开征集企业赞助意向。
②企业提交赞助意向书及企业信息表。
③执委会进行企业资格评审。
④执委会市场开发部会同财务、法务、监察等相关部门与企业洽谈赞助方案。
⑤企业提交正式的赞助方案。
⑥执委会确定赞助企业。
⑦签订赞助合同。

5. 赞助企业权益回报与服务

按照赞助企业对武汉军运会和执委会贡献的价值不同,不同赞助层级的赞助企业将享有不同的权益回报。执委会给予赞助企业的主要回报方式包括以下几种。

(1) 使用武汉军运会"合作伙伴""赞助商""独家供应商""供应商"的称谓。

(2) 在国内使用武汉军运会名称、会徽、吉祥物等特定称谓、特殊标志进行市场营销活动。

(3) 提供特定产品或者服务类别的排他权。

(4) 武汉军运会电视转播、网络、报刊等媒体以及武汉军运会各类印刷品刊登广告,协助取得城市公共场所户外广告设施的优先使用权。

(5) 在武汉军运会场馆(含运动员村)或重大活动现场展示产品或服务、售卖等资格。

(6) 享有武汉军运会提供的服务机会的权利,包括门票分配、酒店预订、制证等。

(7) 享有参加并优先赞助武汉军运会相关赞助活动的权利。

凡有意向参与武汉军运会的赞助企业,可联系武汉军运会执委会市场开发部,我们将为赞助企业提供优质的服务,打造强大的国际营销平台。

联系人:柴云洁　　电话:027-87179398、15935929506
邮箱:sckfb@wuhan2019mwg.cn
地址:武汉市江岸区后湖大道95号
2018年11月23日

(资料来源:第七届世界军人运动会执行委员会。)

(三) 赛事门票销售

门票销售是赛事市场开发的重要组成部分。尤其是体育赛事,其门票收入常常是市场开发的重要甚至是主要来源。门票的销售状况甚至会直接或间接影响到赛事市场开发的其他工作。

1. 准备工作

赛事门票销售的准备工作主要包括门票的数量、座次统计,座位区域的划分,票面的设计与印刷等。

在票面的设计与印刷环节,需要考虑票面的编号,赛事名称字体设计,赛事日期、价格、类别(全价票、赠票、优惠票)、等级(普通票、贵宾票、嘉宾票)、座位及指定区域(用不同色彩区分)、赛事信息(交通图、注意事项等)、赞助商信息以及联系信息等。

2. 管理工作

赛事门票销售的管理首先需要制定销售策略。主要包括销售的时间策略、定价策略、门票的分类策略以及销售网点策略。其次,需要考虑门票的销售方式与渠道。一般有赛事运作管理机构的直接销售、全权委托票务代理机构销售以及两种方式的结合等方式。最后,是对门票销售的登记管理。

(四)赛事活动电视转播权的开发

赛事活动与电视媒体的结合一方面可以互利共赢,另一方面也极大地促进了赛事的商业化运作。赛事活动电视转播权是指赛事的主办单位有权决定是否给予某一电视机构对赛事进行转播报道的权利,并且有对电视报道机构提出相应要求的权利。

在国际上,体育赛事的转播权一般分为新闻报道权、赛事集锦权以及实况转播权等3个部分。按照电视媒体的性质又可以分为有线转播权、无线转播权以及卫视报道权。按照地域又可以划分为全球版权、洲际版权、国家版权以及地区版权等。

赛事活动的电视转播权是国际公认的一种知识产权。其销售方式主要有公开招标、议价购买、中介运作、广告置换和一揽子计划等(参见相关链接9-7)。

相关链接 9-7　国际大型体育赛事电视转播权发展

在奥运会、世界杯、NBA篮球赛等国际几大赛事的大力推动下,电视转播权得到了最大化开发,转播费也成倍上升。1988年汉城奥运会上,奥组委仅电视版权费就突破了4亿美元,是1980年莫斯科奥运会的4倍。在奥组委的收入中,电视转播费成为主要的经济支柱。2000年悉尼奥运会成为历届奥运会以来,运用电视营销收益最大化的体育赛事,仅电视转播费用就达13.18亿美元。2008北京奥运会,电视转播权达到了16.97亿美元。随着奥运会的成功营销,电视转播费的不断攀升之际,另一影响极为广泛的国际赛事——足球世界杯赛转播权也随之得到发展,自1954年首次电视转播以来,经过一段缓慢的发展后,20世纪90年代,世界杯转播权开始走上快速发展阶段。1987年,瑞士ISL公司以3.4亿美元的价格买进1990年、1994年、1998年3届世界杯的电视转播权。1996年,对于电视转播权的发展,部分专家认为,转播权开发有点过度了,同时转播费也让赛事主办方大大受制于电视传媒。

(资料来源:www.sohu.com/a/279892707_99957125/)

本章小结

现代赛事活动的策划与管理对赛事的主办单位和承办单位都有不同的要求。在策划环节,需要确定赛事的主题、宗旨和规模,比赛的项目,参赛人数和赛事级别,赛事目的及影响等问题。在赛事的实施环节,接待管理、签到管理、开幕式管理、赛事现场管理、餐饮管理、成绩统计与播报、颁奖流程管理、安全保卫以及危机管理等都需要精心安排。赛事活动之后还需要及时做好相关宣传与统计,感谢媒体,做好赛后回访、赛事总结、赛事所有文字和图像资料存档等。

 复习思考题

1. 名词解释:赛事项目。
2. 赛事项目有哪些种类?
3. 简述赛事项目策划的流程。
4. 赛事项目策划书的主要内容有哪些?
5. 常见的赛事运作管理机构有哪几种类型?
6. 赛事项目管理主要有哪些工作?
7. 赛事市场开发要做好哪几个方面的工作?
8. 阅读下列案例并讨论问题。

 案例分析

世界技能大赛

世界技能大赛由世界技能组织举办,被誉为"技能奥林匹克",是世界技能组织成员展示和交流职业技能的重要平台。

世界技能大赛比赛项目共分为 6 个大类,分别为结构与建筑技术、创意艺术和时尚、信息与通信技术、制造与工程技术、社会与个人服务、运输与物流,共计 46 个竞赛项目。大部分竞赛项目对参赛选手的年龄限制为 22 岁,制造团队挑战赛、机电一体化、信息网络布线和飞机维修四个有工作经验要求的综合性项目,选手年龄限制为 25 岁。

世界技能大赛的举办机制类似于奥运会,由世界技能组织成员申请并获批准之后,世界技能大赛在世界技能组织的指导下与主办方合作举办。第 41 届世界技能大赛于 2011 年 10 月在英国伦敦举办,第 42 届世界技能大赛于 2013 年 7 月在德国莱比锡举办,第43届世界技能大赛于2015年8月在巴西的圣保罗和阿联酋的阿布扎比举办,第44届世界技能大赛于2017年10月在阿联酋阿布扎比举办,第45届世界技能大赛将于2019年8月在俄罗斯喀山举办。2017年10月13日,中国上海获得2021年第46届世界技能大赛举办权。

世界技能大赛竞赛规则规定了:(1)适用范围和基本原则;(2)组织(大赛组织者的职责、持续时间、技能的种类、技术说明、测验项目);(3)相关各方(参赛者、残疾人参赛者、每一种技能的最少参赛人数要求、评委会主席和评委);(4)比赛(注册、评估、世界技能大赛的奖杯和奖章、公共关系、秘书处、职责、质量管理系统、试验项目);(5)纪律处罚程序(原则、程序、原告与被告、过程)等。并附上了参赛选手指导手册、评委会主席与评委会职责、首席专家职责、专家职责、工作场地监督员(现场监督员)职责、引入示范性技能的指导原则、首席专家和副首席专家的选举过程、实验性项目、世界技能测试项目设计和管理的道德标准、保密和专业协议、笔译员和口译员行为规则等文件。

思考并讨论:

1. 世界技能大赛的比赛项目有哪些?
2. 世界技能大赛竞赛在规则上对哪些内容作出了相应的规定?

第十章

会展后续事项管理

引言

会展活动结束后,不论是展会的组办机构还是参展商都有一些后续事项需要处理。会展后续事项主要有向客户邮寄展会的总结并致谢;更新展会客户的数据库;发展和巩固客户关系;进行展会的绩效评估;进行展会的总结;处理展会可能存在的一些遗留问题以及准备下一届的展会等。

在展会的后续事项中,会展客户关系管理十分重要,在管理策略上,要以会展客户为中心,协调和统一企业与客户之间的交往,获取、发展、留住有价值的客户,挖掘潜在客户,提高客户满意度,培育会展客户忠诚度以实现企业盈利的最大化。会展客户关系管理的核心是全面理解会展客户创造价值的过程。如果不能全面理解会展客户的价值创造过程,会展企业很难与客户建立一种互利双赢的关系。

会展项目评估与总结是会展后续工作中的重要内容。进行扎实的会展评估与总结工作也是建立品牌展会的需要。评估与总结的结果不仅适用于某一单个会展项目,也适用于整个会展行业。它可以为展会项目的进一步实施运作提供有益的借鉴与参考。

建议本章用 4 课时教学。

在学习过程中,可以参考《会展策划》《会展管理》《会展项目策划与管理》等著作进行深入学习。

学习要点

1. 会展的后续事项
2. 会议后续工作流程
3. 撤展管理
4. 会展客户关系管理概述
5. 会展客户关系管理的内容
6. 会展客户关系管理的策略
7. 会展评估与总结的概念
8. 会展评估管理
9. 会展总结管理

第一节　会展后续事项管理概述

一、会展的后续事项

会展活动结束后,对于组办者来说,并不意味着会展管理工作的结束。会展的后续事项也必须做好。

(一)致谢与后续宣传工作

会展活动后续工作的主要内容是巩固、发展客户关系,进行产品和服务的深化沟通,洽谈贸易以及签订成交合同等。会展的后续工作是客户关系管理的重要环节。

1. 致谢

会展活动结束后,应尽快向提供帮助的单位和人员致谢。对于重要的客户,甚至需要登门致谢,或通过宴请等表示谢意。对于不能亲自致谢的人员和单位可以通过电话、短信、微信或者是发函致谢。

致谢是会展活动后续的例行工作之一。它对与客户之间建立良好的关系有促进作用。如果在致谢环节上能对接待时的一些问题再发挥一下,效果会更好,这是比较深入的一种交流方式,它表现出的是对客户的重视。

调查显示,如果在展会闭幕后继续与新建立关系的客户加强联系,参展企业的销售额可以多2/3。所以,美国著名会展专家艾伦·可诺派奇博士曾建议展出者应将预算的百分之15%—20%用于会展的宣传和后续工作。

通常,后续工作应该在会展活动开始时就做出计划,而不是在展会闭幕后才考虑这项工作。根据情况,会展的后续工作可以安排较长一段时间。

2. 后续宣传

会展活动结束后,相关单位可以将会展活动的成果通过媒体宣传的形式向社会发布,这是会展后续的宣传工作。一般来说,会展后的宣传可以获得比较突出的宣传效果,加强参观者的印象。这项工作引起人们越来越多的重视。

(二)发展与巩固客户关系

会展活动闭幕之后,应抓紧时间访问关键的新客户。一般来说,虽然在展会上与许多客户会建立联系,但最后只能与其中少数的客户建立起实际的合作关系。

1. 更新客户名单

客户是企业生存与发展的重要因素,一般分为现有客户和潜在客户。要保持、巩固与现有客户的关系,主动接触潜在客户,发展与潜在客户的关系是展会后续工作的重要任务。

展会结束后,客户的名单可能会有一些变化,要对客户进行编制调整,梳理并更新名单。要及时发现和调整对客户工作的方向,调整宣传、广告、公关等工作的重点和方式。

2. 发展客户关系

发展客户关系是展会的一项重要任务。它包括巩固现有客户的关系和发展潜在客户的关系。潜在客户是企业未来发展的希望。一般来说,展会期间是要尽可能多地接触和认识客户,客户工作重数量;而展会之后的客户工作则应重质量,重在加深与客户的深入了解,建立相互之间的信任关系,将认识关系发展成合作伙伴关系。

3. 促进贸易成交

一般来说,展会期间企业展示并推销原有的产品或服务,相对来说客户的认知度会高一些,但对于新的产品或服务则需要在展会之后继续努力。

展会的后续工作就是要向那些显示出购买兴趣的客户继续做工作,引导他们的购买意向,并争取洽谈成交。不论是产品还是服务,洽谈并签订合同才是展会的最终目的。

(三)筹备下一次的会展活动

对于参展企业来说,如果结识的客户多,展出效果好,则可能希望继续参加下一届的展会。一般来说,展会的组织者都会与参展商进行接触和商洽,希望它们尽早提出申请,甚而会以给予优先挑选场地位置等条件来吸引参展商继续下一届的参展。

美国展会形象的策划专家阿诺德说过,展会的成功是参展商、展会组织者以及后勤提供商三方面关系协调的结果。对于参展商来说,一次展会的结束并不意味着是工作的终点。优秀的参展企业会不断地进行自我的改造、革新和修缮,为将来的会展做准备。

二、会议后续工作流程

会议虽然结束了,但一些后续工作仍需要继续。会议的后续工作主要有会议清退工作、会议评估、会议总结和会议文件归档等,会议后续工作流程图如图 10-1 所示。

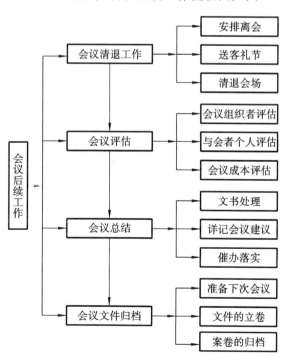

图 10-1 会议后续工作流程图

在会议的后续工作中,从安排与会者离会到清退会场最重要的是要有条不紊。要掌握与会者各自返程的交通工具及其时间、车次,编制成表协调指挥,分别安排好送站的车辆。与会者离开现场后,会议的组织者与会务人员要进行会议现场的清理工作。包括会议剩下的文件资料、可回收的现场布置物品、视听设备等都需要进行清理或退还。

重要的会议结束后,会议的组织者总结会议工作经验,肯定成绩,找出差距,对整个会议的流程进行评估等都是至关重要的问题。

最后,在会议资料的归档环节,需要对会议现场的相关记录、与会者名单、嘉宾发言稿原件和打印件以及会议的决议等文字性资料、会议现场录音录像资料等进行整理归入专门的档案。

三、撤展管理

展览会的闭幕意味着本届展会正式结束。但是,对于展会的组织者来说,对展览会闭幕后的撤展工作还需要进行必要的管理。一般来说,展览会的撤展工作主要包含:展位的拆除、参展商租用展具的退还、参展商展品的处理和回运、展览现场的清洁以及撤展的安全保卫等工作。

(一)展位的拆除

展览结束后,参展商的展位要进行拆除,拆除的标准是使展览场地恢复原貌。一般来说,展位的拆除工作是在展品取下展架后才进行的。

对于委托施工的标准展位,其拆除工作一般是由承建商负责的;而对于参展商自行施工搭建的特装展位,其拆除工作一般是参展商自行负责。

和布展工作一样,展位的拆除工作也是一项较为复杂且有一定危险性的工作。它需要展会的组织方对各参展商或承建商进行必要的监督,要求他们按规定的程序进行展位的拆除,确保安全。

(二)租用展具的退还

展览会结束之后,参展商临时租用的展具需要及时退还。展具的租借方可能是展馆的租赁服务部门,也有可能是展会的设计搭建商。这期间,在参展商与展具的租借方之间有可能会出现一些纠纷,作为展览会的组织方应该本着安全有序、合法合规的原则主动积极地予以协调处理。

(三)展品的处理和回运

一般来说,参展商的展品有以下几种处理办法:出售、赠送、销毁和回运等。允许出售展品的展会,一般会在展览结束后将展品尽量出售给观众。也有的参展商会将展品赠送给重要的客户。有些展品不便赠送也没有出售,参展商往往会根据展品价值的大小决定就地销毁还是将它们运回去。

(四)展品出馆管理

为了确保出馆人员带出展馆的展品是自己的物品,在展览期间以及展览会结束后,展会的组织方要对所有的出馆展品进行查验才给予放行。相应的参展商要与展会的组织方密切配合,确保展品的安全妥当处置。

(五) 展场的清洁工作

展览会撤展时一般会产生大量的垃圾。展会的组办方需要指定承建商及时处理。不能在展会结束后留下大量的垃圾，也不能弄脏或者损坏展场地面以及其他相关的展览设施。

(六) 撤展的安全保卫工作

展览会在撤展的时候往往会比较杂乱，展会的组织方要加强对撤展现场的安全和消防保卫工作。一般来说，对展览会撤展管理的准备工作要提早准备就绪，确保在展览会撤展时工作有条不紊，不混乱。

第二节 会展客户关系管理

一、会展客户关系管理的概念

一次展览会结束之后，对于会展企业而言，最重要的工作之一是要对通过展览会而形成的客户关系进行梳理、分析、归类，为今后与客户之间的进一步合作打下坚实的基础。

通常，会展客户至少包含参展商、观众和会展服务商三个方面。这三者之间互相的关系就构成了我们所说的会展客户关系。

参展商是办展单位的主要收入来源。它在会展客户群体中处于核心地位。一个展会中的参展商在行业中的影响力和代表性直接关系到展会的层次与品位。展会是否具有高质量的参展商往往是成功与否的关键，因而，参展商是会展客户管理的中心内容。

观众是展览会客户关系中的另一个核心群体。观众分两种，即现有观众和目标观众。现有观众是指已经来展览会现场的观众，目标观众是指将来有可能来参加展会的观众。

对于参展商而言，一般会按专业观众和一般观众的分类进行管理。专业观众是展会潜在的客户，很可能在展览会的平台上变为参展商的直接客户；而普通观众的内容比较广泛，不一定都带有商业目的，如媒体记者等，但在进行客户关系管理时也是必须考虑的。

会展服务商是指能够为展会提供专门服务的配套服务公司，如展览公司、会展设计搭建公司、广告公司、运输代理公司、旅游代理公司、指定接待酒店和指定安保机构等。会展服务商一般可以从不同的方面代理完成展会的一些专门事项。

会展服务商在为展会提供服务的过程中，可以代表展会去和参展商、观众打交道。从会展组织者的角度来看，会展服务商也是非常重要的客户。

此外，会展活动是一个庞大的系统工程，客户关系也是相互的。因此，会展主办者、会展场馆以及相关的会展活动支持部门如政府机构、科研机构、保险、海关、防疫、法律咨询部门等也都可以构成会展的客户关系。

所谓的会展客户关系管理，是指展会的组办单位通过手机并掌握客户的信息与资料，在分析客户的需求与行为偏好的基础之上共享客户信息，并且有针对性地对不同的客户提供具有个性化的展会服务，从而赢得客户的信任，获得客户对展会的忠诚度与美誉度，长期合作、互利共赢的过程。

进行会展客户关系管理能实现会展组办方与客户之间的信任与合作。对于会展的举办方来说,会展客户关系管理能起到增加销售、提高服务质量、降低销售成本、提高客户满意度等作用。

会展客户关系管理的技术支持来自会展经营管理战略支持、会展营销战略支持和CRM应用软件系统支持等三个方面。

从技术层面来说,CRM是一个管理信息系统,它以客户中心理念为基础,支持企业实现以客户为中心的管理模式。

会展客户关系管理(Exhibition Customer Relationship Management,简称ECRM)是一种借助于现代计算机技术和电子商务技术,通过最有效的客户关系管理来实现会展企业核心竞争力的经营战略。

会展的组办单位以客户为中心,以客户全面满意为目标,通过收集和管理客户信息,了解并适应客户不断变化的需求,从而针对性地提供个性化的服务,以此来培养和加强客户忠诚度,达到与客户精诚合作、实现双赢的最高境界。其核心思想是将客户作为最重要的企业资源,通过完善的客户服务和深入的客户分析来满足客户的需求,保证实现客户的目标价值。运用会展客户关系管理(ECRM)系统,能够在会展企业各部门之间共享信息数据库,能大大提高与客户之间的沟通、互动与交流。

二、会展客户关系管理的内容

会展客户关系管理主要包含会展客户信息数据库的建立、会展客户关系的建立与维护以及与会展客户交流信息等几方面的内容。

(一)会展客户信息数据库的建立

从展会组办的角度来说,会展客户主要是指参展商和观众;从参展企业的角度来说,它的客户主要是指各种类型的客商,包括国内外客商以及服务供应商等,要进行客户关系管理,必须收集关于客户的完整数据资料。

1. 参展的客户数据信息

参展客户的信息数据主要包括参展企业的信息、相关人员信息以及展出的产品或服务的信息等。

在收集渠道上,参展客户的有关信息可以通过行业企业名录、商会和行业协会、政府主管部门、专业报刊、同类展会、外国驻华机构、专业网站以及电话黄页等进行收集。信息数据的收集要尽可能详细。除了企业的名称、地址、联系电话、传真、E-mail和网址、联系人等基本信息外,还要收集关于该企业的产品种类、目标市场、企业规模等信息。

将上述的各种信息数据收集到之后,可以利用电脑和网络技术,建立参展客户的数据库。建立客户信息数据库需要注意以下几点。

(1)按标准对数据进行分类。

在对客户数据进行分类时,既要考虑行业产品的分类特点、招展的需要,还要考虑进行数据库使用与管理的便利性。例如,手机行业可以分为制造商、运营商、配件商等。分类标准确定后,要严格按该标准进行分类,建立相应的数据库。

(2)确定数据库的基本字段。

客户数据库中的每一条信息的最后一般是以表格的形式出现的,这里所说的基本字段,是指该表格中基本不变的项目,例如"企业名称"就是一个字段,在这个字段之下,可以填进N个企业具体的名称,再例如"地址""电话""传真"等也都可以作为字段。数据库基本字段是对数据分类进行的具体执行,它可以使数据检索具有便利性。

(3)选择合适的软件。

数据库的建立要借助于计算机和网络技术的支持。要考虑数据量的内容、速度、安全性、便利性以及成本等因素,选择合适的软件来编数据库的应用程序。

(4)输入目标参展商信息。

有些数据库的数据量可能很大,甚至会多达几万或几十万条,在输入数据时,要注意确保输入的完整性与准确性。

2. 参观客户的数据信息

一般来说,参观客户是指展会的专业观众,也称专业买家。这部分客户对于展会来说是具有实质性意义的客户。采集参观观众数据样本,特别是专业观众以及境外观众的资料,其主要途径是通过展会的现场报到处和客商登记与观众注册登记表等来完成的。

(1)观众登记、现场实时取样。

展会的组织者根据专业观众进场前的登记,每天从展会的现场进行数据统计,由此得到实时的客户信息。

(2)网络注册取样。

利用展会专业网站开通的网上电子登记系统,将所需取样的内容制成表格,以电子请帖的形式提供给观众填写。也有通过展会组办方所公布的展会公共信箱获取专业观众的登记信息,并由此采集到专业观众的数据信息,将取样的文字内容编入数据库系统中。

(3)展会身份识别信息管理软件。

随着信息技术的发展,有些展会已经使用展会信息识别系统来进行观众管理,如利用人脸识别等客户管理软件来收集客户信息。

需要指出的是,在建立参观客户信息数据库时,要注意确保信息的准确性,并且对数据库中的信息要及时更新。在对数据进行分类时要力求科学性,达到易于查找与检索的目的。

一般来说,对观众信息的描写主要有以下内容。

基本信息,包括观众的姓名、性别、年龄、国籍、属地、单位、部门、职务等信息和电话、手机、传真、Email、邮址等。

需求信息,根据所采集到的信息,对每个观众进行定义,尤其是根据观展目的和个人主要需求进行定义,以找到具有针对性的实用价值。

行为信息,利用先进的信息技术可以方便地采集到观众在展会现场进出各场馆、访问各展台、参加有关会议和活动等观展行为信息。此类信息对展会和展后的有关服务的分类管理都具有重要参考价值。

(二)会展客户关系的建立与维护

通过展会活动建立起客户关系之后,需要制定更具体的管理方案来推进和维护客户关系的发展。

会展活动的举办者进行会展客户关系管理的根本目的是与有潜力的客户建立互相信任的合作关系。因而，会展客户信息数据库建立之后，展会的举办者进行客户关系管理的重要内容就是要根据不同的客户信息，区分客户类别，针对不同的客户类型，投入不同的人力、物力、财力资源，采取不同的管理措施，加强对参展商以及专业观众等客户关系的管理。

(三)会展客户交流信息

有了丰富的会展客户信息数据库，要保持企业与会展客户之间的良好关系还需要实现双方之间的有效的信息交流。

展会的举办方与客户之间信息沟通的主要内容包括两个方面。

一是展会的举办方要充分利用现代信息技术手段及时将展会的产品与服务信息更详细地提供给参展商、专业观众以及会展服务商，并给予这些客户相应的技术支持与良好的售后服务；二是展会的举办方需要从客户中收集到他们对展会评价与建议等方面的重要信息。展会客户所反馈的信息，既是衡量展会企业承诺实现程度的重要指标，又是组展企业及时发现展会举办过程中出现相关问题的重要途径。及时正确地处理好客户的投诉，切实维护客户的利益，赢得客户的满意与信任，这对于展会的举办者来说是非常重要的。

三、会展客户关系管理的策略

会展客户关系管理其实质是会展企业与客户之间建立关系并引导关系健康发展的过程。在具体的实施步骤上，通常会展客户关系管理会从客户细分、关系发展、资源分配以及关系健康发展等方面进行。会展企业会采取留住老客户、开发新客户、建立会展信息反馈机制以及进行会展客户跟踪服务管理等策略。

(一)留住老客户

老客户是会展最有价值的资产。研究表明，开发一个新客户所花费的成本要比留住一个老客户高出许多倍。因而，成功的会展企业会把留住老客户作为企业发展的头等大事来抓。

留住老客户的有效途径和方法主要有以下几种。

1. 培养忠诚客户

(1)组办方应采取更多优惠措施给到客户，如数量折扣、赠品等；要经常和客户进行沟通交流，保持融洽的关系与和睦友好的气氛。

(2)对于特殊客户需要特殊对待。会展企业要根据客户本身的价值来细分客户，并密切关注具有高价值的客户，保证他们可以获得应得的特殊服务和待遇，使他们成为忠诚的客户。

(3)要能够为重点客户提供系统化解决方案，为他们量身定做一套适合的系统化解决方案，在更深的层次上关心和支持客户的发展。

2. 与客户之间建立良好关系

留住老客户，与他们深入地进行感情交流是非常重要的工作。交流的方式有日常拜访、节假日的真诚问候以及生日的祝福等。会展企业需要快速地和每一个客户建立良好的互动关系,为客户提供个性化的服务,使客户在购买过程中还能获得产品以外的良好心理体验,这些都有助于良好关系的建立。

3. 满足客户的需求

会展企业应及时将企业经营战略与策略的变化信息传递给客户,以便客户工作的顺利开展。不仅如此,还要善于倾听客户的意见和建议,建立相应的投诉和售后服务沟通渠道,鼓励客户提出意见,要从尊重和理解客户的角度出发,站在顾客的立场去思考问题,要善于为客户解决问题。

4. 培养忠诚的企业员工

忠实的员工才能够带来忠实的客户。要保持客户的忠诚必须从培养忠诚的员工着手。主要策略有注重员工的培训、教育,为企业员工提供发展、晋升的机会;为员工尽可能创造良好的工作条件,以利于他们高效地完成各项工作;切实了解员工的各种需求,并有针对性地加以满足;提倡和谐融洽的会展企业文化,倡导团队合作和协作精神等。

(二)开发新客户

新客户是展会可持续发展的后备资源,新客户的数量与质量对每一个展会都具有十分重要的意义。

1. 在目标市场中寻找潜在客户

一个展会,包括参展商和观众在内,其潜在客户数量有时高达数万、数十万。新客户的开发可以通过市场细分选定目标市场,在特定的目标市场中收集目标客户的信息,将这些客户信息建立客户数据库,通过聚类分组等办法将客户按展会的需求分成不同类群,再通过数据挖掘技术,从大量的数据中发掘有用的信息,寻找到展会的潜在客户。

在客户数据库中,目标客户资料可能是海量的,怎样才能甄别出有用的客户信息特别重要。一般的做法是先通过聚类分组来分析,将客户进行统计和归类。掌握客户的行业属性、产品特性和需求特点,然后再通过数据挖掘技术来筛选出符合展会定位需求的潜在客户,并将他们作为展会开发新客户的来源。

2. 与潜在客户沟通

与潜在客户沟通的策略主要有以下几方面。

(1)确定沟通的目标。

展会潜在的参展商在哪里?潜在的观众在哪里?潜在参展商能展出的产品是什么?潜在观众主要采购什么样的产品?潜在的参展商和观众都是分布在什么地方,各有什么特点?这些都是在确定沟通目标时所应该掌握的。

(2)确定预期的沟通目标。

潜在客户参展(参观)有一个从知晓、认识到接受、确信、参展(参观)的过程。一般来说,从接触展会信息开始,潜在客户期望进一步了解展会。这时,对于展会的组织者来说,需要围绕目标不断进行沟通,最终潜在客户就有可能变成新的客户。

(3)设计与客户沟通的信息。

与客户的沟通要想达到预期的目标,展会的组织者必须根据展会自身的优势和特点,结合客户的需求来对沟通信息进行精心的设计。不同内容的信息对不同的客户所起的作用是

大不相同的。

(4) 沟通渠道的选择。

与客户沟通的渠道是多种多样的。展会的组办方是通过报纸、杂志、电视、互联网、电子邮件、广播等媒体宣传，还是采用人员推销、公共关系、赞助、营业推广等沟通渠道，需要研究与分析潜在客户接收信息的渠道偏好，并且将客户的主张与展会的定位结合起来选择合适的沟通渠道进行沟通。

3. 将潜在客户转化为现实客户

与潜在客户进行有效的沟通是将潜在客户转化为现实客户最为关键的一步。接下来，展会还要通过各种手段促进潜在客户向展会现实客户的转化。一般需注意以下几个方面。

(1) 重视客户的需求。

展会要从客户的需求出发，在与潜在客户沟通时，强调展会的特点、品质与客户需求之间的一致性，这样，潜在客户才有可能逐渐接受该展会。

(2) 完整地传播展会信息。

在展会宣传上，组办方要通过精心策划的、多渠道和多途径的展会营销来完整地向潜在客户传播展会的信息，使潜在客户在最初阶段就对展会有一个全面而完整的认识，从而促进他们参展（参观）。

(3) 尽量降低客户的成本付出。

把客户的利益放在第一位，这就要求展会的组织者必须考虑到潜在客户的成本付出。客户参展（参观）的成本包括货币成本、时间成本、精力成本和心理成本等方面。展会应全面考虑降低客户的参展（参观）成本。

(4) 重视与客户的每次接触。

展会组办方与潜在客户的接触通道包括人员接触和媒体接触两种。对于不同的客户，展会可以选择不同的接触通道。展会与客户的接触一般要解决两个主要的问题：一是展会最能影响潜在客户信息传递的关键通道是什么？另一个是展会最能影响潜在客户参展（参观）决策的关键通道是什么？

(5) 了解客户的参展（参观）阻力。

客户参加展会有很多难以预期的阻力，对于展会的组办方来说，要及时了解潜在客户所面临的参展（参观）阻力是什么？并能及时地采取相应的措施，对展会营销与客户沟通策略进行有针对性的调整，尽量消除潜在客户的参展（参观）阻力，促使他们顺利参展（参观）。

(6) 尽可能多地提供参展（参观）便利。

对于潜在客户而言，他们可能没有参加本展会的经历，他们对如何参加本展会、如何办理各种参展（参观）手续、如何解决参展（参观）期间的食、住、行等问题基本不了解，存在一定的参展（参观）困难，这就要求展会的组办方能够站在潜在客户的角度考虑如何解决这些问题。展会组办方只有将解决问题的信息准确地传递给潜在客户，让他们以最便捷的方式来参展（参观）才能赢得潜在客户的信赖，使他们充满信心地前来赴会。

(三) 建立会展信息反馈机制

展会的组办机构与参展商和展会观众的合作不是一次性的，而是长期的。一次展会活动的开始正是下一次新的合作的开始。所谓的信息反馈机制就是建立在会展组办机构与客户之间的桥梁。展会的组办机构应及时提供和反馈展会信息,以便吸引和鼓励他们积极参展,同时做好参展的各项准备。

媒体反馈信息的重要渠道、展会的组办机构应主动联系媒体,向他们提供各种资料,供他们选择发布,争取他们的支持。媒体报道可以进一步扩大展会的影响力。

会展信息的通报应当具有连续性。展会发布反馈信息的内容大体包括以下几个方面。

(1) 展会的历史和办展宗旨。
(2) 展会的近期尤其是上一届的业绩,包括各种统计数据。
(3) 展会主办者及其服务机构。
(4) 预定的展出项目,展会的主题、时间以及筹备进程。
(5) 展馆及展位,以及已经预定的展馆、展位。
(6) 展馆的各种设备和附属设施。
(7) 招商引资办法及实施细节。
(8) 展会的交通情况。
(9) 展会的其他配套服务(如接待、食宿、布展等)。

以上会展信息可以在社交媒体上发布,面向全体客户。对于重点客户还应当寄发纸质文档,以期引起注意。展会的组办机构还应当设有专门的咨询服务机构,以解答客户的疑难,提供相关信息。

(四)会展客户跟踪服务管理

会展活动结束后,作为会展工作的延续,会展客户跟踪服务十分重要,它是实现会展目标和价值并最终达到会展营销目的的主要工作阶段。

在管理上,会展客户跟踪服务是要建立一个有效的展后"跟进"系统。对于参展企业来说,在展会上和潜在客户进行了良好的接触,对他们进行了全面的产品展示,在他们离开之前许诺将在会展后很快联系他们,这就会在潜在客户的心目中建立起初步的良好印象。展会结束后,再通过跟踪服务,最终达到营销目的。

所谓的会展客户跟踪服务其实就是在展会结束之后,管理者一如既往地为客户提供信息和方便,做好服务,解决问题。

会展客户跟踪服务管理的内容主要有以下几个方面。

一是解决展会期间的未了事宜,如与展会参与人员的洽谈与参观安排、海外展品留购的手续、一些没结清费用的处理等。

二是展会信息的处理,如展会期间的相关信息数据的汇总、展客商所提出的新的需求和市场信息收集等。

三是解答客户疑问,如对展客商要求展会进出馆时间的充裕安排、展位费价格国内外一致等各种问题的解答与协调。

四是整理展会的资料,包括对展客商名录、媒体的宣传报道以及征询意见等资料进行汇总、整理,并编印成册。

五是与客户建立良好的沟通合作关系。

对于大型展会来说,展会结束意味着新的展会的开始,会展企业需要及时将本届展会的总结情况、下一届的准备情况、企业的其他相关信息等及时向客户发布。这期间,持续不断地与客户之间的沟通十分重要。美国的一项调查显示:第一份资料(从展台上得到),一周内有8%的参观者阅读;第二份资料(参展企业邮寄),45天内有13%的参观者阅读;第三份资料(参展企业邮寄),90天内有17%的参观者阅读;第四份资料(参展企业邮寄),5个月内有21%的参观者阅读;第五份资料(参展企业邮寄),8个月内有25%的参观者阅读;第六份资料(参展企业邮寄),11个月内有28%的参观者阅读;第七份资料(参展企业邮寄),14个月内有33%的参观者阅读。调查还显示,由参观展会导致的实际成交中有20%的成交率是在展会之后11—24个月达成的。

由此可见,展会的跟踪服务管理工作以及后续寄发资料工作的频率对达成最后的成交有着相当大的作用。

第三节　会展评估与总结管理

会展评估与总结管理是会展后续工作的重要环节,也是会展产业链中不可缺少的组成部分。实践证明,开展会展评估与总结工作是提升展会质量、建设展会品牌的一个重要途径。

一、会展评估与总结的概念

(一)会展评估的含义

评估即评价和估量。会展评估是对会展活动价值与效果的评价和估量,也可以说会展评估是对会展的举办环境、会展活动的各项工作以及会展所产生的效果进行系统的、深入的评价。

从广义上来说,会展评估是对会展活动所产生的社会效益、经济效益以及服务过程等方面的综合评价。

从狭义上来说,对于会展活动的举办者或者参加者而言,一次展会活动往往需要投入大量的人力、财力和精力。有很多宝贵的经验和教训需要借鉴和总结。

会展评估有利于会展的举办方不断改善会展项目的市场开发和运营管理,以便及时调整会展活动的举办方向和运作方式,完善会展产品和提高服务能力。此外,对于参展商来说,通过对参展成本、效果、成交金额以及观众和买家反映情况等多个层面的综合评估,能够方便下一次选择成本低而效果更好的优质会展项目。

会展评估工作,根据其评估内容的侧重点不同,可以有几种分类方法。从宏观角度看,可分为对会展社会效果的评估和对其经济效果的评估;从表现形式角度看,可分为对会展交易效果的评估和会展本身效果的评估;从时间角度看,可分为对会展即时效果的评估和其潜在效果(长期效果)的评估。从管理者的角度看,会展评估可以按照评估的对象、性质,进行会展政策评估、计划评估、项目评估、机构评估、人员评估以及产品评估等;也可以根据评估的时机,进行事前评估、事中评估、事后评估、跟踪评估等。

会展评估对一个会展项目的运营状态、实际效果和各方反映等情况进行调查、取证、分析和评价,从而使各会展项目之间或同一项目的各届会展活动之间能够进行客观的比较评价。作为会展运作流程中一个承上启下的环节,它也是一个从根本上解决重复办展、无序竞争的最有效手段。

一般来说,评估展会的后台工作主要是对会展环境以及会展筹备和组织工作进行评估,在会展结束时就可以完成。评估前台工作主要是对会展人员工作水平和会展效果进行评估,它需要在会展结束时以及后续时间进行跟踪调查评估。

(二)会展总结的含义

会展总结主要包括两层含义:一是总结工作,二是总结报告。

从完整性的角度来说,总结工作所需要收集的资料和记录工作从会展项目筹备时就要开始了,收集方式与评估资料具有相同性,可结合起来做,但总结所需材料比评估所需材料的范围更广泛。

在功能作用上,会展活动总结是要统计整理展会资料,研究并分析在本届会展项目开展过程中已做过的工作,为未来要开展的会展活动工作提供数据资料、经验和建议等。因此,一份客观公正的展后总结对办好下届展会以及参展商下一次更有效地参加展会活动具有重要意义。

二、会展评估管理

(一)会展评估的工作程序

会展评估是一项时间性强、涉及面广、内容复杂的专项工作,因此,在开展评估工作时,一定要有组织、有计划,管理有序。

按照程序,会展评估一般可分为评估前的准备、组织评估小组、制订评估计划、调查收集资料、分析测算以及撰写评估报告等六个阶段。

1. 评估前准备

会展评估者在签订委托评估合同后就可以开始评估的准备工作了,主要是熟悉会展项目的情况,明确评估的重点和难点。并且,要与评估将会涉及的相关人员建立起沟通渠道,指定评估工作的项目负责人和联络人等。

2. 组织评估小组

会展评估应根据会展项目的行业特征和繁简程度,由项目经理选择专家组成评估小组。在人员组成方面,一般包括:市场分析人员,负责会展项目举办的必要性、市场分析等评估内容;工程技术人员,负责场馆设施的技术要求、设备安装、环境保护等数据整理与评估内容;财务、经济分析人员,负责会展项目的投资估算、财务分析、资金来源和经济评价等评估内容;其他辅助人员等。

3. 制订评估计划

会展评估小组成立后应首先制订一个详细的项目评估计划,以指导评估工作的正常进行。评估计划一般包括如下内容。

(1)评估的内容。按照会展项目的特点、性质,提出需要解决的问题,明确评估目的。

(2)评估的重点。根据会展项目的具体情况,提出评估重点,如会展题材所在市场状况

及其发展趋势、会展地点选择是否恰当、投资估算及资金落实情况、会展本身的领先与适用性、主要参展商及目标观众选择的合理性、财务及经济效益等。

（3）资料清单。包括展出品的市场分析资料、投资估算依据、场馆设施的技术资料、财务和经济分析的基础数据、会展服务商（物流、旅游、住宿等）的资质证明等。

（4）评估的具体进度安排等。

4. 调查收集资料

根据评估计划和人员分工情况，需要各负其责地对评估所需资料和信息进行调查、收集，并加工处理。通常，会展评估需要收集的资料有会展市场资料，包括展出品市场的供求现状、趋势、价格、来源和销售方向等；会展项目可行性研究报告中的各项原始数据及必要依据；相关的会展制度、规定、规范和办法等。在调查和收集这些资料的过程中，应注意数据资料的真实性、可靠性、准确性和完整性。

5. 分析测算

在对所调查的资料进行加工整理的基础上，应该对会展项目进行全面的分析，并且要测算会展计划的执行情况。分析测算主要包括会展市场分析、技术分析、基本财务及经济数据预测、财务分析、经济分析、风险分析和社会评价等内容。

6. 撰写评估报告

会展评估报告是评估机构依据评估要求，将分析测算的结果按照既定格式所形成的文字报告。评估报告反映会展市场状况的有关信息并包括某些调研结论和建议。会展评估报告是会展评估活动过程的直接结果。因而，评估报告不能以会展项目相关利益方的口气来撰写，而应站在第三方的立场上，用数据说话，大量运用比较分析的方法，客观真实地提供有说服力的评估结论。

(二) 会展评估报告的撰写

1. 会展评估报告的内容结构

一般来说，会展评估报告因其评估的具体内容而有所不同，但总体上应该包括以下几方面。

（1）评估背景和目的。

会展项目的调研人员要对评估的具体原因加以说明，还需阐明评估目的，最好引用相关背景资料为依据，分析会展活动在哪些方面还存在哪些问题等。

（2）评估方法和手段。

在会展项目的评估报告中，需要写明评估对象，即说明从什么样的对象中抽取样本进行评估；样本容量，即抽取多少观众作为样本，或选取多少实验单位进行评价；样本结构，即评估是根据什么样的抽样方法抽取的样本，抽取样本后的结构是怎样的，抽样是否具有代表性。

此外，还要对资料收集、处理方法和工具，尤其是用什么工具、什么方法对资料进行简化和统计处理等进行说明。并且要对会展项目的实施过程及问题处理、调查的完成情况等进行说明，要具体指出本次的调查完成率及部分未完成或调查无效的原因等。

(3) 评估结果。

将评估所获资料整理出来就是会展的评估结果。

在会展评估报告中,除了用若干统计图表来呈现结果以外,还必须要对图表中的数据资料所隐含的趋势、关系和规律等加以客观描述,要对评估的有关结果加以说明、讨论和推论。

会展评估结果所包含的内容应反映出评估目的,并根据评估标准的主次来突出所要反映的重点内容。就参展商的效果评估来说,其评估结果中应包含以下内容:展台效果、成本效益比、成交笔数、成交额、接待客户数量、观众质量等。

(4) 结论和建议。

通常,会展评估报告要用简洁明晰的语言给出结论。例如,阐述评估结果说明了什么问题,有什么指导意义,必要时可引用相关背景资料加以解释、论证。建议是针对评估结论提出可以采取哪些措施以获得更好的会展效果,或者如何处理目前存在的问题,最好能提供有针对性的解决方案。

2. 会展评估报告的一般格式

(1) 标题。

会展评估报告的标题一般由会展名称和"评估报告"字样组成,如《2019第十四届中国北京国际文化创意产业博览会评估报告》,如果是对参展商参展评估的报告则要写上"参展"字样,如《2019第十四届中国北京国际文化创意产业博览会参展评估报告》。

(2) 署名。

会展评估报告可以以主办单位或参展单位的名义撰写,也可以委托专业的评估机构撰写,署名一般在标题之下。

(3) 正文。

会展评估报告的正文一般主要由开头、主体和结尾三部分组成。

开头一般介绍本会展项目评估的目的、背景、过程和方法,也可以简要介绍该展会的基本情况。如果委托专业的评估机构撰写,撰写人要对评估的由来或委托进行该评估项目的具体原因加以说明。

主体部分是具体描述会展评估报告的各项指标与结果。在表述方法上,既可以对应会展活动的各项评估标准,列出评估结果的各项数据,也可以采用各种形式的图表,辅以文字说明等方式。报告要求做到数据准确、材料与观点统一、语言简练。

结尾一般是用简洁明晰的语言做出结论,提出建议等。

(4) 附件。

附件部分是附上说明性的图表或资料等。

(5) 日期。

会展评估报告一般是在正文的右下方写明报告提交的具体日期。

3. 会展评估报告的写作要求

会展评估报告是应用性较强的一种会展文件,在写作上一般有如下要求。

(1) 语言简洁明了,具有应用性。

(2) 结构严谨、体裁简洁,需要将调研过程中各个阶段收集的全部相关资料整合成文,重要的资料不能遗漏,但也不能将一些无关的资料没有选择地写进去。

(3) 应认真核对全部数据和统计资料，务必使数据资料准确无误。

(4) 会展评估报告应该针对所要解决的问题提出明确的结论或建议。

在具体写作过程中，根据所评估项目以及内容的不同，会展评估报告也呈现出不同的面貌(参见相关链接10-1)。

相关链接 10-1　第十二届中国(深圳)国际文化博览会参展工作财政支出项目绩效评价报告

(一)项目概况

第十二届中国(深圳)国际文化产业博览交易会于2016年5月12日至16日在深圳举行。

根据中宣部办公厅《关于做好第十二届中国(深圳)国际文化产业博览交易会组织工作的通知》(宣电〔2016〕22号)精神，我省按照"生态立省，海洋强省"的发展战略，组织参加了本届博览会，博览会着力推介文化、广电、出版、体育等重点项目，集中展示近年来文化产业新成果、新产品和新面貌，吸引更多的国内外金融机构、产业集团和区域合作项目共同发展，促进我省文化产业加快发展。

(二)项目资金使用及管理情况

本届博览会资金来源：2016年省财政预算资金15万元，文化产业专项资金100万元，海口、三亚参与办展经费60万元，总计：175万元。

项目资金管理由厅财务处负责，项目开支由财务处审核，报分管厅领导审定。大额项目资金，按照政府采购办法执行，各项开支均严格按照相关规定标准使用经费。

(三)项目组织实施情况

(1) 成立工作小组，全力做好筹备工作。本届博览会成立参展工作领导小组，由省委宣传部、省文体厅、省商务厅、省旅游委、省贸促会、海口市、三亚市组成，指挥协调筹备工作。领导小组下设办公室，设置项目招展组、新闻宣传组和后勤保障组等工作小组，具体负责展馆设计搭建、展品筛选、组织参展及宣传报道、保障等工作。

(2) 积极组织企业参展。我省共组织恒大海花岛产业集团、海口文化创业园、中国游戏数码港、海口观澜湖冯小刚电影公社、海口热带野生动植物园有限公司、海口火山口互联网小镇、长影海南"环球100"、三亚"亚特兰蒂斯"、三亚千古情文化旅游景区、南山文化旅游景区、三亚崖韵文化有限公司、三亚海南省动漫产业基地、索契投资发展有限公司、海南沉香产业协会、海南黄花梨协会、海南椰雕协会，文昌会文镇佛珠企业等50多家企业或社会组织参展，参展人数近300人。

(四)项目绩效情况

(1) 项目招商推介效果显著。5月11日，举办了文化产业重点项目推介会暨签约仪式活动，与会人员120多人，深圳市人大常委会副主任、深圳市文化旅游局负责人代表文博会组委会应邀出席了会议。恒大集团"中国海南海花岛"、海口热带野生动植物园有限公司、海南福海湾旅业开发有限公司、海口文化产业园、三亚福禧旅业开发有限公司等企业做了项目介绍。广电恒大集团"中国海南海花岛"文化产业项目达成总投资1600亿元合作协议;海南联合资产管理有限公司与海南大发房地产开发有限公司投资50亿人民币建造文化体育综合体"五环城";海南百荟香文化传播有限公司与韩国明宝国际航空株式社会达成合作意向;海南天涯在线网络科技有限公司与清华大学清控三联开展IP文化产业战略合作;三亚科技创新投资有限公司与海南省电子竞技协会达成合作意向,项目总签约金额达2100亿元。这是我省在深圳博览会期间举办招商推介暨签约活动中签约金额最大的一次。

（2）参展项目和产品特色鲜明。本次博览会展出了多个文化项目和文化创意产品,集中展示了我省文创产业发展新成果。文博会历时5天,海南展商销售总额达200多万元,海南黄花梨、沉香等文化产品,展示了海南独特的人文环境和厚重的文化底蕴。文昌会文镇的佛珠项链、万宁的"小椰壳"套装产品,经过设计包装及产品品质提升,吸引了北京、福建等地多位客商前来洽谈合作业务。昌江县黎陶创意产品在海南非遗展馆首次亮相,产品创意奇特、朴质生动,吸引许多游客驻足观赏。

（3）宣传效果明显。海南日报等省内主流媒体派出记者随团采访报道,全方位、多角度报道我省参加成果,进一步提升和扩大了我省文化创意产业的知名度和影响力。中国新闻网、人民日报海南视窗、光明日报网、深圳特区报、特区商报、香港凤凰卫视新闻网、中国消费者报、搜狐、网易、篮网、天涯在线、南海网、今日头条等多家新闻媒体对我省参加博览会的活动进行了报道,宣传效果显著。

（4）参展成果显著,荣获多项奖励。本届博览会我省荣获优秀组织奖和优秀展示奖;吴孔德的木雕作品——丹凤朝阳荣获金奖;吴名驹、林慧的椰雕作品——多子多福,邹鸿、杨传华的海南黄花梨作品——四出头官帽椅,蒋艺鸿的海南黄花梨作品——清明上河图荣获银奖;周凤娇的海南黄花梨作品——曲壶及东方市文化馆的——手工织天然植物染色黎锦围巾系列荣获铜奖。

(资料来源:海南省人民政府网。)

三、会展总结管理

(一)会展总结的概念

会展活动结束后,会展的主办方、组展方以及参展商等都需要对办展或参展行为作出总结。展后总结涉及展会的策划、筹备、招展招商以及宣传推广、会展管理与服务等工作,内容广泛。

对于展会的组办方来说,会展总结主要侧重于对办展的各项组织工作或组展工作安排等方面进行自查,较多采用定性描述和分析方法。

对于参展商来说,参加完展会之后,公司展会负责人需要提交一份公司或个人的展会总结报告。报告的目的不仅是对展会进行总结,而且,通过参加展会应上升到对行业市场的具体分析。

展后总结一般具有以下作用。

首先，通过总结各种经验，发扬好的做法。一次展会活动，从策划到实施，从筹办到现场服务管理，有若干个环节。每一项工作只有通过具体的实施才能体会出其中的经验，总结这些经验并引以为鉴，今后的工作将更加顺利。

其二，通过总结发现问题有助于以后加以改进。会展活动是一项参加人员众多、涉及面广的群众性活动，工作繁复。通过总结，及时发现工作中存在的问题，扬长避短，可以减少问题的发生。

第三，通过展后总结为办好下一届展会做准备。展后总结其实是一个总结经验教训、发扬成绩、规避风险的过程。它对于改进展会的策略，改进服务，办好下一届展会具有重要的参考作用。

(二)会展总结报告的主要内容

从展会的组办方来说，会展总结报告内容丰富，要做的总结可以包含会展工作的全过程，也可以是某一方面单项工作的总结。主要有以下几方面。

(1) 对会展项目策划进行总结。主要包括会展项目举办时间、地点、展品范围、会展项目的规模、展会定位、会费和展台的价格、人员分工、展览品牌形象策划以及展会的亮点等方面(参见相关链接10-2)。

相关链接 10-2　2018杭州·云栖大会亮点(节选)

主题为"驱动数字中国"的2018杭州·云栖大会于9月19—22日圆满召开，四天时间里，阿里举行了2场主论坛、170多场前沿峰会，涵盖金融科技、智联网(IoT)、区块链、机器智能等众多前沿创新领域。此外，还有ATEC大会、生态科技展、云栖虾米音乐节、云栖智能运动会等活动，吸引了全球60多个国家和地区超过10万人参会。

阿里云首席智联网科学家丁险峰宣布启动"达尔文计划"，这一计划旨在通过一系列的包括平台、芯片和微基站在内的全链路生态服务，交付给企业一张自有可控的物联网。

作为"达尔文计划"的一部分，阿里云展示了一架印有"天空物联网LoRa站"字样的飞艇。阿里的物联网战略中，阿里云IoT的定位是物联网基础设施的搭建者。本次云栖大会上亮相的"天空物联网"则是物联网基础设施的一次具象化表现。

(资料来源：凤凰科技。)

(2) 对会展项目筹备工作进行总结。如筹备的可行性、系统性、前瞻性等方面的工作。

(3) 对会展招商工作进行总结。主要包括目标参展商数据库的建立和维护情况、展区和展位划分及执行情况、会展题材的契合度情况、招展价格的合理性情况、招展分工、招展代理、招展进度、招展宣传推广、招展策略等方面的情况。

(4) 对会展招展和宣传推广进行总结。主要包括目标观众数据库的建立和维护情况、招展分工、招展宣传推广、招展进度、招展渠道的建立、成本效益比等方面的情况。

(5) 对会展管理与服务情况进行总结，主要包括管理服务质量和提供方式两方面。

(6) 对会展现场管理工作进行总结。

(7) 对会展供应商方面的工作进行总结。

(8) 对会展的工作日程表执行情况等进行总结。

(9) 对会展的客户关系管理的情况等进行总结。

(10) 对会展活动召开的主要成果进行总结。组办机构往往会列举展会中的亮点与核心成果，以数据的方式写进总结中。

一般来说，大型品牌展会都会组织相关部门对展会项目进行全方位的展后总结。但更多的是就展会在某一方面所取得的成果进行总结，并通过相关媒体予以发布，以达到进一步宣传推广的目的(参见相关链接 10-3)。

相关链接 10-3　贵阳数博会总结报告

2018 年 5 月 26 日，中国国际大数据产业博览会(简称"数博会")在贵阳成功举办，受到了国内外广泛的关注。"贵阳数博会"已连续成功举办了三届，2017 年正式升级为国家级博览会，现已成长为全球大数据发展的风向标和业界最具国际性、权威性的平台。

(一) 关注热度节节高

2018 年贵阳数博会的举办时间是 5 月 26 日至 5 月 29 日。天翼大数据对 26 日前后数博会关注度的变化趋势进行了分析，数据显示，贵阳数博会开始前三天，全国关注度一直保持成倍增长趋势，会议开始后的三天，全国的关注度也在持续上升，5 月 28 日达到顶峰。

(二) 早十午二最热闹

天翼大数据对数博会期间国际会议展览中心的人流量分析发现，每天早上十点和下午两点是人流量高峰期。其中，27 日人流量为 4 天会期中最多的一天，26 日下午两点与 27 日上午 10 点参观人数达到整个会期的峰值。

(三) 国际化创新受青睐

本次展览设六大展馆，1 号馆至 6 号馆分别为国际综合馆、数字应用馆、前沿技术馆、数字硬件馆、国际双创馆、VR/AR/AI 特色主题体验馆。

天翼大数据对 5 月 26 日至 29 日各展馆的总人流量分别进行了统计分析，数据显示，充分体现了国际化和创新性的 5 号馆和 3 号馆的人流量占全部六个场馆总人流量的 60% 以上。

5 号馆为"国际双创馆"，设置了双创展区，国内外大数据方面的小微和初创企业的创新成果在这里进行了展示。本馆以创业大街形式，由国内知名孵化器领衔

20多家高成长性创新创业大数据示范企业、领军企业参展。从数据分析结果看,5号馆吸引了三分之一以上的参观人群,反映出参观者对于"大众创新,万众创业"的强烈关注。

3号馆为"前沿技术馆",主要展示智能数据平台的完整数据应用体系、数据可视化解决方案。此外,以色列展团、俄罗斯展团、马来西亚展团、英国展团、印度展团等30家企业在3号馆的"一带一路"国际合作伙伴展区进行了展览。"前沿技术"和"一带一路"成为吸引大家参观的亮点。

(四)数博会之高峰论坛

(1) 27日与28日参加高峰论坛和演讲的人数显著增多,且集中在上午。

由工信部信息中心、贵阳大数据交易所联合承办的2018第四届中国(贵阳)大数据交易高峰论坛是"数博会"核心论坛,此次将汇聚大数据领域政企代表、学术代表、国内顶级大数据领军人物同台论道,共同探讨数据流通的要素、规则以及趋势,围绕数字经济发展、大数据国家治理、大数据应用等核心议题,以理论创新与实践经验推动数字经济发展,助力数字中国建设。

此次数博会高峰论坛受到广泛关注,从去听高峰论坛和演讲的人流曲线分析中,我们看到,27日与28日参加高峰论坛和演讲的人数显著增多,且人流集中在上午,在9:00—10:00达到最高峰。其中阿里巴巴创始人马云,在5月27日9:00—10:00就精准扶贫问题进行高端对话,腾讯创始人马化腾于5月28日9:00—11:30就数字经济进行对话。两位互联网巨头公司创始人的演讲对话将论坛的关注度引向高潮。

(2) 参加高峰论坛的人流主要来源是贵州,北京、广东的参会者也占有一定比例。

这是一个属于互联网的时代。从门户网站革命到电子商务爆发,到移动互联网联通万物,再到大数据覆盖全球,这一切的变革仅仅发生在最近的30年之间。而城市是诞生革命的载体,也是被变革的主体。纵观我国互联网城市版图格局,从数字经济总体量来看,广东一马当先,北京、上海、浙江、江苏、福建则尾随其后。从全国版图来看,依然遵循东部＞中部＞西部的格局,与整体的经济水平呈正相关。这些省份所占有的互联网资源、政策优势、人才都要明显强于其他城市。这也解释了参加高峰论坛的人流除了来源于举办地贵州,北京、广东的参会者也占有一定的比例。

(五)本届展会受关注的关键因素

本届数博会,大众对人工智能、区块链、精准扶贫的关注度程度较高。

从关键词搜索次数的分析来看,本届数博会,大众对人工智能、区块链、精准扶贫的关注度程度较高。对工业互联网、物联网、数字经济、智慧医疗的关注没有很显著。数博会对精准扶贫关注程度高于全国平均水平。

(资料来源:天翼大数据。)

本章小结

会展活动结束后,标志着本届展会的闭幕,但并不意味着展会活动的完全结束。展会结束后的撤展工作以及展会的客户关系管理、展会评估与总结等工作还需要投入一定的人力、物力、财力进行管理。

会展活动的组织者需要听取会展活动管理工作组的汇报,听取会展活动策划工作组的汇报、征询意见和建议。在开展会展评估与总结工作时,需要心平气和地看待来自各方面的反馈意见。要善于从会展活动的评估与反馈中吸取精华,有效利用展会评估的结果。这样,在进行下一次展会的策划时就可以扬长避短了。

复习思考题

1. 名词解释:会展客户关系管理。
2. 简述会议后续工作的基本流程。
3. 撤展管理主要包含哪些工作?
4. 建立客户信息数据库需要注意哪几点?
5. 留住老客户的有效途径和方法主要有哪些?
6. 与潜在客户沟通的策略主要有哪些?
7. 会展客户跟踪服务管理的内容主要包含哪几个方面?
8. 阅读下列案例并讨论问题。

案例分析

2018世界VR产业大会晒成绩单

2018世界VR产业大会晒成绩单:157个项目,总投资额超600亿。

10月20日,2018世界VR产业大会产业对接会上,江西省政府亮出了VR大会招商成果,157个协议项目达成意向,总投资额631.5亿元。据介绍,157个协议和项目中,合作框架协议3个,硬件项目76个,软件项目32个,应用类项目46个。

产业对接现场安排了3个战略合作框架协议和25个投资合作项目现场签约。3个战略合作框架协议分别是,南昌市政府与杭州海康威视数字技术股份有限公司签署的战略框架合作协议、南昌市政府与华为技术有限公司签署的战略框架合作协议、南昌市红谷滩新区与微软(中国)有限公司签署的战略合作备忘录。

25个投资合作项目中有4个重点项目,分别是科莱电子触控显示一体化项目、启

明星辰网络安全产业中心项目、德信光电子项目、智能VR视觉设备项目。江西省政府副省长吴晓军、工信部电子信息司副司长吴胜武出席产业对接会并致辞。产业对接会由江西省政府副秘书长陈敏主持。

(资料来源:江西日报。)

思考并讨论:

1. 从展会总结的内容来看,"2018世界VR产业大会晒成绩单"属于哪一方面的总结?

2. 案例中的"157个""600亿"等数据在会展总结中的目的何在?

References 参考文献

[1] 俞华,朱立文.会展学原理[M].北京:机械工业出版社,2005.
[2] 王春雷,陈震著.展览会策划与管理[M].北京:中国旅游出版社,2006.
[3] 舒波,冯麟茜.会展策划与管理[M].北京:清华大学出版社,2016.
[4] 肖庆国,武少源.会议运营管理[M].北京:中国商务出版社,2004.
[5] 向国敏.会议学与会议管理[M].北京:首都经济贸易大学出版社,2011.
[6] 华谦生.会展管理[M].广州:广东经济出版社,2008.
[7] 华谦生.会展策划与营销[M].广州:广东经济出版社,2004.
[8] 张学海,付业琴.会展项目策划与管理[M].西安:西安交通大学出版社,2016.
[9] 许传宏.会展策划(第三版)[M].上海:复旦大学出版社,2014.
[10] 许传宏.会展项目策划与组织[M].重庆:重庆大学出版社,2007.
[11] 许传宏,郑耀星,胡林.会展策划与组织[M].北京:高等教育出版社,2010.
[12] 马勇,马克斌.会展典型案例精析[M].重庆:重庆大学出版社,2007.
[13] 程爱学,徐文锋.会展全程策划宝典[M].北京:北京大学出版社,2008.
[14] 吴虹.会展项目管理[M].重庆:重庆大学出版社,2007.
[15] 朱迪·艾伦.活动策划完全手册[M].北京:旅游教育出版社,2006.
[16] Milton T. Astroff,James R. Abbey.会展管理与服务[M].宿荣江,译.北京:中国旅游出版社,2002.
[17] 刘松萍.会展营销与策划[M].北京:首都经济贸易大学出版社,2006.
[18] 刘松萍,郭牧,毛大奔.参展商实务[M].北京:机械工业出版社,2005.
[19] Leonard Nadler.成功的会议管理——从策划到评估[M].刘祥亚,译.北京:机械工业出版社,2003.
[20] Robinson,A.会议与活动策划专家[M].沈志强,译.北京:中国水利水电出版社,2004.
[21] JeAnna Abbott,Agnes DeFranco,王向宁.会展管理[M].北京:清华大学出版社,2004.
[22] 张策.会展业务流程[M].北京:高等教育出版社,2008.
[23] 刘嘉龙.会展策划与管理[M].北京:中国旅游出版社,2011.
[24] 郑建瑜.大型活动策划与管理(第二版)[M].重庆:重庆大学出版社,2017.

[25] 刘清早.体育赛事运作管理[M].北京:人民体育出版社,2006.
[26] 冯丹.展览现场管理[M].北京:中国劳动社会保障出版社,2007.
[27] Deborah Robbe.如何进行成功的会展管理[M].张黎,译.北京:高等教育出版社,2004.
[28] 胡平.会展管理[M].北京:高等教育出版社,2004.
[29] 瓦拉瑞尔 A.泽丝曼尔,等.服务营销[M].北京:机械工业出版社,2005.
[30] 张以琼.会展场馆管理与服务[M].广州:广东经济出版社,2007.
[31] 贺刚,金蓓.会展管理信息系统[M].北京:中国商务出版社,2004.
[32] 卢晓.节事活动策划与管理[M].上海:上海人民出版社,2006.
[33] 黄向,李正欢.会展管理——原理、案例[M].广州:暨南大学出版社,2009.
[34] 薛晨皓.会展企业客户服务[M].北京:电子工业出版社,2007.
[35] 任国岩,骆小欢.会展组织与管理[M].北京:高等教育出版社,2004.

教学支持说明

普通高等学校"十四五"规划旅游管理类精品教材系华中科技大学出版社"十四五"规划重点教材。

为了改善教学效果,提高教材的使用效率,满足高校授课教师的教学需求,本套教材备有与纸质教材配套的教学课件(PPT电子教案)和拓展资源(案例库、习题库)。

为保证本教学课件及相关教学资料仅为教材使用者所得,我们将向使用本套教材的高校授课教师免费赠送教学课件或者相关教学资料,烦请授课教师通过电话、邮件或加入旅游专家俱乐部QQ群等方式与我们联系,获取"电子资源申请表"文档并认真准确填写后发给我们,我们的联系方式如下:

地址:湖北省武汉市东湖新技术开发区华工科技园华工园六路

邮编:430223

电话:027-81321911

E-mail:lyzjjlb@163.com

旅游专家俱乐部QQ群号:758712998

旅游专家俱乐部QQ群二维码:

群名称:旅游专家俱乐部5群
群　号:758712998

电子资源申请表

填表时间：_____年___月___日

1. 以下内容请教师按实际情况写，★为必填项。
2. 相关内容可以酌情调整提交。

★姓名		★性别	□男 □女	出生年月		★职务	
						★职称	□教授 □副教授 □讲师 □助教

★学校		★院/系	
★教研室		★专业	
★办公电话		家庭电话		★移动电话	
★E-mail（请填写清晰）				★QQ号/微信号	
★联系地址				★邮编	

★现在主授课程情况	学生人数	教材所属出版社	教材满意度
课程一			□满意 □一般 □不满意
课程二			□满意 □一般 □不满意
课程三			□满意 □一般 □不满意
其他			□满意 □一般 □不满意

教 材 出 版 信 息

方向一	□准备写 □写作中 □已成稿 □已出版待修订 □有讲义
方向二	□准备写 □写作中 □已成稿 □已出版待修订 □有讲义
方向三	□准备写 □写作中 □已成稿 □已出版待修订 □有讲义

请教师认真填写表格下列内容，提供索取课件配套教材的相关信息，我社根据每位教师/学生填表信息的完整性、授课情况与索取课件的相关性，以及教材使用的情况赠送教材的配套课件及相关教学资源。

ISBN（书号）	书名	作者	索取课件简要说明	学生人数（如选作教材）
			□教学 □参考	
			□教学 □参考	

★您对与课件配套的纸质教材的意见和建议，希望提供哪些配套教学资源：